本书受 2017 年度教育部规划基金项目"汉冶萍与近代公司治理实践研究（1890—1925）"（17YJA770025）与 2019 年度湖北省高等学校马克思主义中青年理论家培育计划重大项目"近代历史人物与汉冶萍之成败研究"（19ZD124）的资助。

汉冶萍与近代公司治理实践研究(1890—1925)

RESEARCH ON HANYEPING and Modern Corporate Governance Practice (1890—1925)

左世元 等○著

中国社会科学出版社

图书在版编目（CIP）数据

汉冶萍与近代公司治理实践研究：1890—1925 / 左世元等著. —北京：中国社会科学出版社，2022.5
ISBN 978-7-5203-9934-0

Ⅰ.①汉…　Ⅱ.①左…　Ⅲ.①汉冶萍煤铁厂矿公司—企业管理—研究—1890-1925　Ⅳ.①F426.31

中国版本图书馆 CIP 数据核字（2022）第 047060 号

出 版 人	赵剑英
责任编辑	耿晓明
责任校对	赵雪姣
责任印制	李寡寡

出　　版	中国社会科学出版社
社　　址	北京鼓楼西大街甲 158 号
邮　　编	100720
网　　址	http://www.csspw.cn
发 行 部	010-84083685
门 市 部	010-84029450
经　　销	新华书店及其他书店
印　　刷	北京明恒达印务有限公司
装　　订	廊坊市广阳区广增装订厂
版　　次	2022 年 5 月第 1 版
印　　次	2022 年 5 月第 1 次印刷
开　　本	710×1000　1/16
印　　张	18.25
插　　页	2
字　　数	300 千字
定　　价	98.00 元

凡购买中国社会科学出版社图书，如有质量问题请与本社营销中心联系调换
电话：010-84083683
版权所有　侵权必究

目 录

前 言 ………………………………………………………………… (1)

第一章 汉冶萍公司体制变化与权力变迁 ……………………… (1)
  第一节 体制与权力的变迁概述 …………………………………… (1)
    一 官办时期 ……………………………………………………… (1)
    二 官督商办时期 ………………………………………………… (6)
    三 完全商办时期 ………………………………………………… (8)
  第二节 盛宣怀由短暂失势到重新掌权 …………………………… (14)
    一 汉冶萍公司机构改组 ………………………………………… (14)
    二 盛宣怀幕后推动汉冶萍公司"国有"案 …………………… (18)
    三 孙宝琦协助盛宣怀重新掌握轮船招商局和汉冶萍公司的
       权力 …………………………………………………………… (22)
    四 叶景葵被迫辞去经理职 ……………………………………… (24)
    五 盛宣怀推动汉冶萍"官商合办" …………………………… (27)
  第三节 孙宝琦与汉冶萍机构改革 ………………………………… (32)
    一 孙宝琦出任公司董事会长 …………………………………… (32)
    二 孙宝琦与汉冶萍机构改革 …………………………………… (36)

第二章 汉冶萍人事管理与机构整顿 …………………………… (49)
  第一节 管理层、技术人员、工人的聘用与管理 ………………… (49)
    一 汉冶萍公司管理层 …………………………………………… (50)
    二 技术人员 ……………………………………………………… (57)
    三 工人群体 ……………………………………………………… (63)

1

第二节 洋总管的更替与洋匠的管理 (73)
    一 洋总管德培的去留 (74)
    二 堪纳第继任铁厂总管 (86)
    三 铁厂对洋匠的认知与管理 (90)
第三节 汉冶萍的整顿与改革 (95)
    一 郑观应对铁厂问题的认识与整顿 (95)
    二 1925年高木陆郎的改革方案 (110)

第三章 国内资本市场的孱弱与日债的控制 (117)
第一节 汉冶萍厂矿筹资状况 (117)
    一 清末民初工矿业筹资的社会环境 (117)
    二 汉冶萍公司的资本筹措 (122)
第二节 日债对汉冶萍公司的控制 (135)
    一 辛亥革命前日债在汉冶萍公司影响力持续加强 (135)
    二 辛亥革命后日债实现对汉冶萍公司的控制 (145)

第四章 账务处理与簿记改良 (150)
第一节 汉冶萍账务处理 (150)
    一 账务处理方式的演变 (150)
    二 主要会计业务 (157)
第二节 簿记改良与稽查制度 (175)
    一 簿记改良的缘起与筹备 (175)
    二 《改良簿记报告书》的主要内容 (179)
    三 会计所的成立及其内部组织变迁 (184)
    四 会计所各股的职责规定 (187)
    五 查账员与稽查制度的建立 (192)

第五章 西方钢铁技术的移植 (196)
第一节 煤炭钢铁技术的引入 (196)
    一 汉阳铁厂创办前中国钢铁煤炭工业发展状况 (196)
    二 煤炭钢铁技术的引入 (198)

第二节　技术自主权的得失 …………………………………………（206）

第六章　政府、关系网、市场与产品销售 ………………………（212）
　第一节　铁矿石销售 ………………………………………………（212）
　　一　《煤铁互售合同》与大冶铁矿石输日的开始 ………………（212）
　　二　日本对大冶铁矿石的掠夺 ……………………………………（216）
　第二节　煤焦销售 …………………………………………………（224）
　　一　萍乡煤矿的开发与煤焦销售 …………………………………（224）
　　二　萍乡煤矿煤焦滞销的主要原因 ………………………………（232）
　第三节　钢铁产品销售 ……………………………………………（240）
　　一　晚清时期钢铁产品的销售 ……………………………………（240）
　　二　民国时期钢铁产品的销售 ……………………………………（252）
　　三　专门促销与营销机构的设立 …………………………………（264）

主要参考文献 ………………………………………………………（271）

后　记 ………………………………………………………………（279）

前　言

　　汉冶萍公司是洋务运动后期洋务派创办的最大洋务企业。1890年汉阳铁厂和大冶铁矿创办，1908年汉阳铁厂、大冶铁矿和萍乡煤矿组建为汉冶萍公司，"兼采矿、炼铁、开煤三大端，创地球东半面未有之局"①，成为中国首次使用新式机器设备进行大规模生产的钢铁联合企业。汉阳铁厂由湖广总督张之洞创办，其目的是抵制洋铁入侵，以塞漏卮。1896年汉阳铁厂由官办转变为官督商办，在盛宣怀的主持下，开发萍乡煤矿，修筑煤炭外运铁路，改良炼铁技术，送培人才，厂矿扩张，广筹产品销路，新建大冶铁厂等，汉冶萍公司进入了一个快速发展时期。1914—1918年经历了欧战时期短暂的繁荣，虽然在日本的残酷压榨和剥削下，仍获利2940余万元。汉冶萍公司采用近代技术共生产铁矿石1400多万吨，生铁240万吨，钢60多万吨，煤1500多万吨（至1928年），焦炭400多万吨（至1924年）；拥有30000余名钢铁和采掘工人，培养了一批技术人员②，但最终还是失败了。

　　至于汉冶萍公司失败的原因，最为典型的是其内部高级管理人员李维格于民初所撰《汉冶萍公司历史说略》的分析，他认为主要原因如下：

　　　　东亚创局，事非素习，自张盛二公以及二公前后所用之人，无一非门外汉，暗中摸索，何能入室升堂，此困难原因之一也；官款不继，后招商承办……又以张公铸成大错，方且引为殷鉴，指摘之不

---

　　① 张之洞：《勘定炼铁厂基筹办厂工暨开采煤铁事宜折》，光绪十六年十一月初六日（1890年12月17日），苑书义、孙华峰、李秉新主编《张之洞全集》第二册，河北人民出版社1998年版，第775页。

　　② 刘明汉主编：《汉冶萍公司志》，华中理工大学出版社1990年版，第5页。

遑, 何来附股, 其时全赖盛公与轮电两公司华商多有感情, 慨然分其公积, 作为创始股份, 及至三十四年新厂告成, 铁路渐兴, 又值厂矿注册, 成为公司……始有大批股份投入, 然迄今仍债多股少, 不但付利, 兼须拨还债本, 此困难原因之二; 事未办成何来余利, 而华商股款附入, 官利即起……岂有难如制铁事业, 方在购机建厂, 而即须付利……此困难原因之三也; 汉厂之大希望在路轨……及各路开工而洋厂争竞, 各国保其本国钢铁事业, 加重进口税, 使外铁不能侵入, 中国不但不能加重, 且并值百抽五只轻税亦豁免一, 故若欲洋轨之来, 以与汉厂斗者, 洋厂得重税之保护, 在本国获利丰厚……且铁路洋工程师于汉厂之轨种种留难, 以达其外购目的, 此困难原之四也; 萍矿之大希望在合兴公司之粤汉铁路, 而当时赎路风潮剧烈, 卒至废约, 停顿十余年, 萍矿间接直接之损失不知凡几……此困难原因之五也。①

李维格的分析还是比较中肯的, 但强调的多是客观原因, 对主观原因却少有提及。显然, 汉冶萍公司失败的原因是客观原因与主观原因交互作用的结果, 客观原因除李维格所述外还有中央政府与企业的矛盾, 鄂赣地方势力的掣肘, 保护企业法律的缺失, 日本帝国主义的侵略等, 但主观因素主要是公司内部如封建衙门式管理、机构重叠、人浮于事、任人唯亲、用人不当、营私舞弊、贪污受贿、挥霍浪费等都属于内部治理不善的问题, 却在企业生存和发展中起着决定和关键的作用。对此, 无论是时人还是后来的研究者都有共识, 如国民政府农矿部司长胡庶华认为: "吾国钢铁事业, 首推汉冶萍公司……其失败原因, 皆由于办理之未善"。湖北省清理汉冶萍公司债捐委员会称之为"废官黜侩之集团"②。后来的研究者全汉昇认为"计划不周""经营不善""用人不当""环境不良"是其失败的主要原因。其中"经营不善"主要表现为"组织的不健全", 因而导致公司管理效率低下, "弊病丛生, 积重难返, 终于无可救药"③。《汉冶萍公司志》中说, 汉冶萍公司成立后, "不是机构臃肿, 人浮于事, 就是职务紊

---

① 刘明汉主编:《汉冶萍公司志》, 第5页。
② 《汉冶萍公司及其档案史料概述》, 湖北省档案馆编《汉冶萍公司档案史料选编》(上), 中国社会科学出版社1992年版, 第5页。
③ 全汉昇:《汉冶萍公司史略》, 香港中文大学出版社1972年版, 第238页。

乱，彼此推诿，有的还争权夺利，相互攻讦"①。车维汉认为"腐败成风，经营管理不善"是汉冶萍失败的重要原因之一，具体表现为：组织松散，效率低下；营私舞弊，贪污中饱；安插亲信，任用私人；腐化堕落，上行下效。② 这都说明汉冶萍在内部治理的确存在严重的问题，但对其究竟是如何运作的，已有的研究要么简略述之，要么语焉不详，要么一笔带过，缺乏系统和深入的探讨。在半殖民地半封建社会的近代中国，汉冶萍公司存续了58年的历史，从1890年建厂至1914年，钢铁产量一直占中国市场的100%，并在一战期间有过短暂的辉煌，其经营管理远非简单的"经营不善"四字就能够概括的，其中包含了丰富的内容，总体上亦并非一无是处、完全乏善可陈，而是在很多方面都做出了积极的努力，并取得了明显成效。因此，对于汉冶萍在不同发展阶段内部治理的运作需要认真剖析与深入研究。

事实上，作为近代中国最大的钢铁企业，汉冶萍在不同发展阶段一直在公司治理的诸多方面如体制、人事管理、资本筹措、财务管理、生产技术管理、产品销售等做出了大量有益的探索，逐渐有向科学管理发展的趋势。何谓"科学管理"？近代著名实业家穆藕初认为首先整顿工厂行政组织，明确各机构部门的职责，分工合作，相互联系，组成为一个"分之责各部独立具有其运行之功能，合之则彼此相关犹若辅车之相依"的运行体制。具体而言，科学管理主要包括：（1）严格人事管理，考核录用人才。（2）实行标准化工作法，加强设备管理和物料管理。（3）改善职工待遇，并按考核成绩实行奖惩办法。（4）加强职工的职业培训教育。（5）举办职工福利事业。③ 研究汉冶萍公司内部治理发现，汉冶萍公司由官办到官督商办，再到完全商办，无论出于何种动机，主事者能根据企业发展的内在规律和外部形势对其体制加以转变，这本身即是一种进步。盛宣怀去世后，汉冶萍厂矿出现尾大不掉的问题，为加强统一管理，继任董事会长孙宝琦通过加强董事会的权威，重新任命总经理及增设总稽核处等都是有益的尝试。在人事管理方面，为发挥各层次人员的作用，公司对洋匠、中下层干部、技术工人、普通工人等分类制定了录用、考核、奖惩、退出等机制，还在兴建子弟学校，改善职工生活设施及提升福利待遇等方面做出了

---

① 刘明汉主编：《汉冶萍公司志》，第35页。
② 车维汉：《论近代汉冶萍公司的衰败原因》，《辽宁大学学报》1990年第1期。
③ 转引自沈祖炜《近代中国企业：制度和发展》，上海人民出版社2014年版，第158页。

努力。在资本筹措方面，从完全使用官款到从社会筹集资本，汉冶萍公司利用各种策略招股，并取得了不小的成效，符合股份公司发展的一般规律。汉冶萍公司利用外资，尤其是日资谋求发展亦无可厚非，但要在不丧失主权的前提下，处理好外资规模与使用效益关系的问题。在财务管理方面，公司不断改革会计记账方式，并于1918年进行簿记改良，成为近代中国率先实行新式簿记的企业之一。在产品销售方面，盛宣怀、孙宝琦等除了利用行政手段干预外，还利用各种政治和人脉关系推销产品，同时以过硬的质量赢得市场。可见，汉冶萍公司在内部治理方面不是毫无作为，而是积极尝试，并取得了明显成效。

不可否认的是，汉冶萍公司存在如官僚揽权、结党营私、贪污腐败、任人唯亲、资金浪费等严重的问题。晚清时期，国家吏治日益腐败，大小官吏都"以模棱为晓事，以软弱为良图，以钻营为取进之阶，以苟且为服官之计"①，致使吏治黑暗，贿赂公行，整个社会几乎到了无官不贪的境地。产生于这种社会大环境且完全照搬封建衙门式管理的洋务企业自然会受到衙门恶习的消极影响。当时普遍存在的是，洋务企业局厂的总理大臣或者督办皆由朝廷或地方官员担任，下属则有会办、襄办、提调、总监工、总稽查等职名，这些管理人员不可避免地把官场的恶习带进工厂，营私舞弊、贪污浪费、任用私人、排斥异己、不负责任、挂名坐食等风盛行。作为晚清著名的洋务企业，汉冶萍虽然历经官办、官督商办和完全商办的体制变迁，官场衙门管理的恶劣作风同样存在，对其公司治理产生广泛的负面影响，而且盛宣怀本身亦官亦商，在公司治理方面缺乏法制观念，不严格遵守法规法令，以致出现许多弊端，诸如人情关系、忽视股东的权利和义务、损害股东权益、公司业务不能秉公办理，甚至损害公司利益以谋取一己私利，致使汉冶萍公司虽名为商办公司，"其腐败之习气，实较官局尤甚"。无独有偶，与汉冶萍公司发展经历颇为相似的轮船招商局，在盛宣怀的操控下，出现父子兄弟世袭、安插私人、相互勾结、中饱纳贿等官场恶习，竟使营私舞弊成为公开或半公开的秘密。大大小小的贪污案相继发生，尤其是轰动一时的招商局三大案——汉口分局施紫卿、施子英、施成之、施省之父子舞弊案，天津分局麦佐之、麦次尹父子舞弊案

---

① 赵尔巽：《洪亮吉》，《清史稿》37，列传143，中华书局1977年版，第11309页。

以及积余产业公司舞弊案①，使"久已弊著"的招商局，进一步成"几于无人不弊，无事不弊"的罪薮。② 贪腐严重程度可谓较汉冶萍公司有过之而无不及。官办时期的汉阳铁厂完全处在张之洞的控制之下，官督商办时期和完全商办时期的汉冶萍公司无论用人、财政、经营管理则都由盛宣怀掌控，在这种个人专权，忽视企业内部发展规律的治理体制下，自然会不可避免地出现结党营私、任人唯亲、贪污腐败等一系列与企业发展相背离的问题。据时人披露，汉冶萍公司厂矿三处职员曾经不下1200人，"大半为盛宣怀之厮养及其妾之兄弟"③。在汉冶萍公司中，萍乡煤矿的腐败尤其严重，"主持者一意营私，苟且贪污，上下交蔽"④。在所设的12个机关中，总办、员司通同作弊，巧立名目，多设机关，名为分任，实则分肥，员司薪水较开滦煤矿高达7至10倍。⑤ 萍矿坐办林志熙为盛宣怀之姻亲，在民初甚至侵吞公款银30万两，后虽经诉讼，仍不了了之。值得一提的是，一战期间，公司获利2940万元，并没有利用这段发展的"黄金"时期乘机摆脱日债的控制，而用来发放股息、董事长及办事人员的酬劳奖金和修"盛公祠"的费用就达1060余万元，还用1000万元的代价购买永和废矿和鄱乐煤矿等，厂矿扩建的经费仅为420万元。一旦出现收不抵支的情形时，便陷入减产或停产。果不其然，汉阳铁厂炼钢炉和日产250吨的化铁炉分别于1921年和1922年停产。⑥ 更为糟糕的是，新建的大冶铁厂两座炼铁炉先后在1923年4月和1925年5月投产，但都维持不到一年，便分别于1924年和1925年底先后停炼。凡此等等，都是内部治理不善的表现。总之，对汉冶萍公司内部治理要放在当时历史大环境来讨论，对当事人和当时事抱以理解和同情，而不能以现代人的眼光加以苛责，同时还要辩证地看待，既不能因其存在腐败而否认其公司治理的努力和成效，亦不能因其在治理方面作出了有益的探索而否认其存在的治理不善的问题。

---

① 张后铨主编：《招商局史（近代部分）》，人民交通出版社1988年版，第343页。
② 樊百川：《中国轮船航运业的兴起》，四川人民出版社1985年版，第578页。
③ 孙毓棠：《中国近代工业史资料》，第2辑（上），科学出版社1957年版，第474页。
④ 江西省政府经济委员会编：《江西萍乡安源煤矿调查报告》，江西省政府统计室1935年版，《序》，第1页。
⑤ 陈真编：《中国近代工业史资料》第3辑，生活·读书·新知三联书店1961年版，第460页。
⑥ 谢家荣：《中国第二次矿业纪要》，农商部地质调查所1926年编印，第126页。

第一章 汉冶萍公司体制变化与权力变迁

1890年，湖广总督张之洞在汉阳创建炼铁厂。1891年1月汉阳铁厂正式动工兴建。1892年秋冬，机器厂、铸铁厂、打铁厂三厂先后竣工。1893年3—10月，又有炼生铁厂、炼贝色麻钢厂、炼熟铁厂、炼西门土钢厂、造铁货厂、造钢轨厂、造鱼片钩钉厂先后建成。至1893年10月，汉阳铁厂告成。"汉阳铁厂之创设，此为取法欧美钢铁冶炼工程之嚆矢。"① 铁厂官办时期，一方面是张之洞对铁厂直接实行垂直领导，另一方面是铁厂的机构层级完全照搬官府，实行衙门式管理，使整个铁厂的权力牢牢控制在其手中。在官督商办和完全商办期间，盛宣怀先后任督办、董事会会长兼公司总理，主宰公司一切事务。盛宣怀去世后，继任的董事会会长孙宝琦在外代表公司，对内实则挂名，公司权力则操控于以盛恩颐为代表的盛氏家族之手。

第一节 体制与权力的变迁概述

一 官办时期

汉阳铁厂的建设由张之洞所发起，初期建设资金由国家提供，企业属官办性质。张之洞对汉阳铁厂独揽大权，实行从上至下的垂直领导，对其有绝对的控制权，无论是铁厂的选址、经费的使用，还是管理人员的遴选等都完全取决于其个人的意志和决定。汉阳铁厂之所以选址于汉阳，原因

---

① 胡博渊：《30年来之中国钢铁事业》，《30年来之中国工程》，第799页，转见《汉冶萍公司档案史料选编》（上），"代序"第2页。

固然是多方面的，但其中的一个主要原因就是便于管理，据总办蔡锡勇猜测，铁厂选址汉阳不但为便于张之洞亲临阅视，还"实缘在黄石港设厂，离省既远，则每年用款甚巨，易启浮言"。在汉阳督、抚、藩、臬司道人人目击实在用款，则"物议无自而起"①。这虽然只是总办蔡锡勇个人的看法，但表明张之洞对官僚的腐败及其对铁厂经营管理所带来消极影响的担忧。由于所用大员都是旧属，且缺乏必要的科学知识和商务经验，在无人可用，且"用人不过亲信数人"的条件下，张之洞对铁厂的绝对控制就显得十分必要。但是，由于铁厂官办的本质及衙门式的管理，所以人员任用过滥、人浮于事、滥支糜费等腐败问题便不可避免。

一是铁厂的机构设置完全照搬官场的用人机构。在铁厂的组织结构及管理层级的设置中，几乎所有的管理人员都沿用衙门机构的职务称谓，如总办、会办、提调、委员、司事等。不仅是职位名称比照衙门，关键是管理机构的运作方式亦照同衙门，以总办—会办—提调—委员—司事等为主体的衙门式治理结构（见图1-1）。衙门式的管理带来的是具有严重腐败气息的"官场习气"。铁政总局设在省城武昌，以蔡锡勇为总办，以赵渭清、徐仲虎两观察为会办，而以藩、臬、盐、粮四位会衔。因赵渭清委办宜昌川盐、徐仲虎请假回金陵，又添扎勒哈哩及桑彬两人为提调。另外官员余正裔、彭屺之只领薪水，并不会衔。② 管理岗位的设置及人员的雇用全用官场办法，因此"习气太重，百弊丛生，不可穷诘"③。

二是张之洞对人员遴选等具有绝对的控制权。在人员遴选方面，张之洞以蔡锡勇为总办，其余不过"亲信数人"④。根据钟天纬的记载，蔡锡勇名为总办，实际上真正的总办却是张之洞，委员、司事无一不由总督委派，"用款至百串即须请示而行，蔡毅宪（即蔡锡勇）仍不过充洋务幕府

---

① 《钟天纬致盛宣怀函》，光绪十六年五月二十二日（1890年7月8日），陈旭麓、顾廷龙、汪熙主编《汉冶萍公司》（一），上海人民出版社1984年版，第15—16页。
② 《钟天纬致盛宣怀函》，光绪十六年十二月二十九日（1891年2月7日），《汉冶萍公司》（一），第25页。
③ 《钟天纬致盛宣怀函》，光绪十八年十二月十七日（1893年2月3日），《汉冶萍公司》（一），第45页。
④ 《钟天纬致盛宣怀函》，光绪十六年五月二十二日（1890年7月8日），《汉冶萍公司》（一），第16页。

第一章　汉冶萍公司体制变化与权力变迁

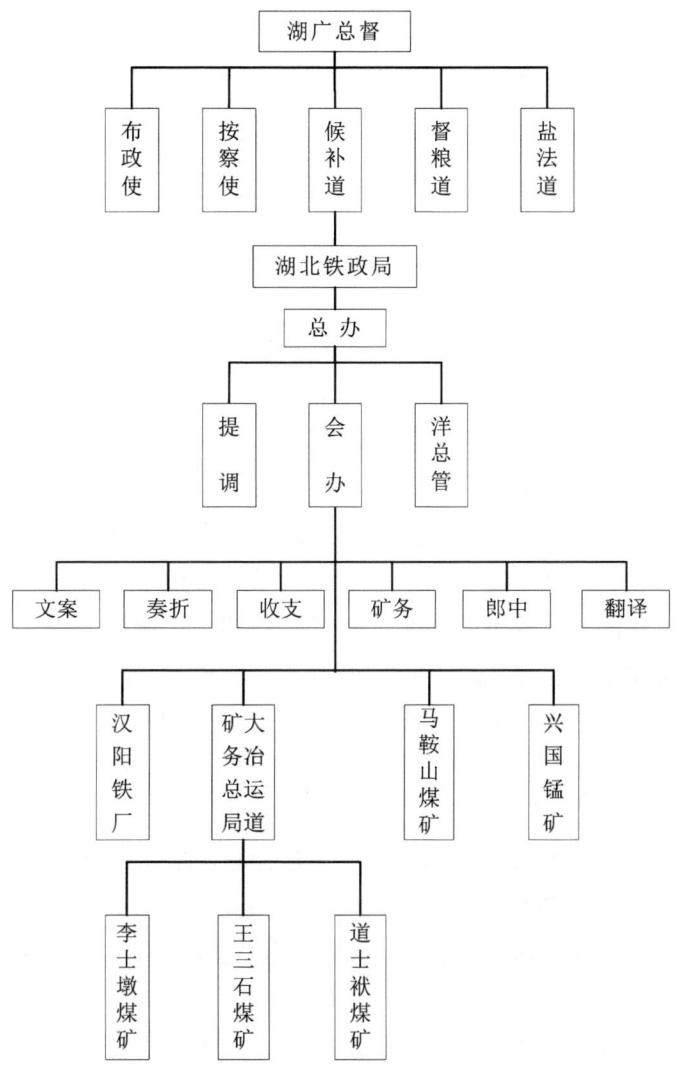

图 1-1　湖北铁政局机构设置图

资料来源：刘明汉主编：《汉冶萍公司志》，第104页。

之职"①。对人员的遴选，张之洞大都以"札委"形式实行，其中各级候补职衔人员居多。1890年，张之洞札委1名总办、6名矿务委员，其中候补

---

① 《钟天纬致盛宣怀函》，光绪十七年七月初一日（1891年8月5日），《汉冶萍公司》（一），第28页。

3

道1人,候选道1人,候补知县1人,试用知县1人,补用典史1人,试用典史1人,守备1人。铁厂各差大半系本省候补人员,"大率香帅用人喜用委员而不喜用司事,委员之中又视候选不及候补,视候补不及现任"①。这种状况的出现,大抵是张之洞在思想与价值观念上与这些饱读儒家圣贤的候补人员比较一致,将厂矿交予他们管理相对放心。当然,并非说明这些候补人员完全缺乏近代企业管理知识,很多对西学还比较精通,如铁政局总办蔡锡勇曾就读于同文馆,就职于驻美、日使馆,张之洞称他"深通泰西语言文字""熟悉洋情",对于机器商务等"无不详加精研",而且"任事诚恳、殚竭心力"。② 主管大冶铁矿的候补知府林佐,"熟悉地方情形,堪以派委专办大冶铁山运道事宜"③。需要指出的是,在所有札委人员中,并不是所有都如蔡锡勇和林佐具有一定企业管理的能力,多数是寻常庸吏办理"此种紧要洋务,靡公款而误要工"④。这种用人方式不仅会出现所用非人,还会导致才非所用的问题,如钟天纬的主要才能在于办理洋务,但在汉阳铁厂最初是帮办文案,继则协助创办矿务学堂,后又被委派校勘洋务书籍和管理自强学堂,"皆属用违其长"。钟天纬抱怨,虽然张之洞十分赏识其才能,却不知如何使用,所以就出现了"知而不知、用而不用",三年"一事无成"的尴尬结果。⑤ 由于凡大小事务张之洞皆"躬亲细务,忽而细心,锱铢必较;忽而大度,浪掷万金;忽而急于星火,立刻责成;忽而置若罔闻,延搁数月"。在这种总督总揽企业全权的条件下,导致的结果是"总办不能专主,委员更无丝毫之权"⑥。

三是存在大量的冗员和浪费。铁厂机构设置比照衙门,除了总办、会

---

① 《钟天纬致盛宣怀函》,光绪十六年十二月二十九日(1891年2月7日),《汉冶萍公司》(一),第25页。
② 《张之洞:保荐蔡锡勇片》,光绪二十年十月初七日(1894年11月4日),《张之洞全集》,第二册,第946页。
③ 《张之洞委员兴修大冶铁山运道札》,光绪十七年三月初五日(1891年4月23日),《汉冶萍公司档案史料选编》(上),第79页。
④ 《钟天纬致盛宣怀函》,光绪十七年七月初一日(1891年8月5日),《汉冶萍公司》(一),第28页。
⑤ 《钟天纬致盛宣怀函》,光绪十八年十二月十七日(1893年2月3日),《汉冶萍公司》(一),第45—47页。
⑥ 《钟天纬致盛宣怀函》,光绪十六年十月十二日(1890年11月23日),《汉冶萍公司》(一),第21页。

办、提调等中上层机构外，下层机构还设有文案、收支、翻译、矿务及大小班差遣及挂名乾脩月支薪者60余名，而作为文案的钟天纬居然"大半尚未谋面"，其才具之优绌亦非总办蔡锡勇所知晓，但"每出一差，则委员必十位八位，爵秩相垺，并驾齐驱，以致事权不一，互相观望"①。铁厂事务本来由蔡锡勇总办，但不知出于何种原因，张之洞又札委大桃知县王廷珍任铁厂总监工，"综理一切"，副提调朱滋泽"督率稽查"，并赋予其"随时禀撤"怠惰不力的委员司事的权力。② 10个月之后，鉴于铁厂建设事务繁多，又添派候补知县蔡国桢同为铁厂总监工，"会同王令综理铁厂工程一切事宜"③。这种互相牵制的管理方式看似多人负责，管理效果应该更好，实则互相扯皮，无人负责。又如马鞍山煤矿一处，所用"委员、司事三十余人"，"河下收发煤炭，另派专员，所有原局委员，河下各事，竟可置之不问"④。"每差可用一人而必派两人者，是为钤制之术。"⑤ 以文案一职而言，开始时设有三人，但其中二人并不到差，只有钟天纬一人主持，之后又增至四人。⑥ 冗员增多必然导致各级管理人员的舞弊和浪费，"王三石煤矿滥用司事，多立名目，浮支薪资，局丁、巡丁、县差重复开支"。由此出现的结果是"各房点灯洋油月用十箱，窿工食盐月一千斤，日食三十三斤，尤骇听闻……种种荒谬离奇，不可殚述"⑦。尽管各厂委员司事月糜薪水不赀，各厂日用亦不少，却"实在作工能造枪炮、安机器、出钢铁之工匠总不肯多雇"⑧。

---

① 《钟天纬致盛宣怀函》，光绪十六年十二月二十九日（1891年2月7日），《汉冶萍公司》（一），第25页。
② 《张之洞委王廷珍总监工札》，光绪十七年八月二十五日（1891年9月27日），《汉冶萍公司档案史料选编》（上），第104—105页。
③ 《张之洞添派蔡国桢充总监工札》，光绪十八年六月二十四日（1892年7月17日），《汉冶萍公司档案史料选编》（上），第105页。
④ 《汪钟奇致盛宣怀函》，光绪二十二年六月十八日（1896年7月28日），《汉冶萍公司》（一），第144页。
⑤ 《赵锡年：铁厂条陈》，光绪二十二年六月二十一日（1896年7月31日），《汉冶萍公司》（一），第153页。
⑥ 《钟天纬致盛宣怀函》，光绪十六年十二月二十九日（1891年2月7日），《汉冶萍公司》（一），第25—26页。
⑦ 《张之洞严札申斥王三石煤局委员文》，光绪十八年十一月三十日（1893年1月17日），《汉冶萍公司档案史料选编》（上），第77页。
⑧ 《致武昌蔡道台》，光绪二十一年五月二十六日（1895年6月18日），《张之洞全集》，第八册，第6446页。

官办时期由于张之洞极力铺张,洋人任意挥霍,于是分局愈添愈多、机器愈买愈广。煤铁之外,委员四出,开鹤峰铜矿、兴国州锰矿、富池口铅矿,并在德安府勘探铜矿、大冶银矿。为节省资金,汉阳铁厂后虽改用包工,每月用度一万五千金,委员薪水、洋人薪水、匠目工食、添买物料尚不在内。大冶路工每月经费三千金,大冶王三石煤矿月费五千金,道士洑、李士墩两煤矿月费二千金、马鞍山煤矿月费三千金,洋人薪水月费五千金,委员司事月费二千五百金,局用杂费二百五十金,故每月经费总须五万金。在经费不继的条件下,张之洞只得从织布局等处东挪西借,以保证铁矿的建设。汉阳铁厂建设预算246.8万余两,结果实用去官款568余万两,如连同广州"闱饷"拨还的购机定银13万余两和官款不敷分欠华厂洋厂各商号之款10万余两,总计用去经费582万余两。①

二 官督商办时期

1896年5月,汉阳铁厂交由盛宣怀官督商办。在《铁厂承办议定章程折》中规定:"铁厂奉委商办之后,用人理财,筹划布置,机炉应否添设,款项如何筹措,委员司事、华洋工匠人等如何裁撤,及应办一切事宜,悉照轮船、电报各公司章程,遵照湖广总督札饬,均由督办一手经理,酌量妥办。但随时择要禀报湖广总督考查"。同时又明确规定:"督办应由众商公举,湖广总督奏派;总办及委员应由督办禀派;办事商董、查账商董应由众商公举;司事由总办及驻局商董公举"。② 在盛宣怀的掌控之下,"众商"形同摆设,规定形同具文,从来都没有在汉阳铁厂执行过。盛宣怀除在汉阳铁厂总厂设总办外,并派总董三人:一司银钱、一司制造、一司收发,以后又增设稽核处、提调等职务,均设一员一董,分任其事(见图1-2)。员董以下设委员,少则几人,多则十余人。

盛宣怀大权独揽,总办则无权,却承担着经营管理铁厂的重大责任。商办之后不久,汉阳铁厂总办郑观应曾请求盛宣怀放权,"惟一国三公,

---

① 许涤新、吴承明主编:《中国资本主义发展史》第二卷(上),人民出版社2005年版,第437页。
② 《张之洞奏铁厂招商承办议定章程折》,光绪二十二年五月十六日(1896年6月26日),《汉冶萍公司档案史料选编》(上),第135页。

呼应不灵,事多扞格,虽有管乐之才,亦无施其技也"①。1904 年李维格亦向盛宣怀提出事权,希望获得用人行政的"专一全权",明确指出,"总办人可撤换,而事权不可不一"。在郑观应和李维格的强烈要求下,盛宣怀再也不能推脱敷衍,同意铁厂用人办事"给予全权",承诺今后"必无丝毫掣肘"。此后,总办权限扩大,管理稍有改善。

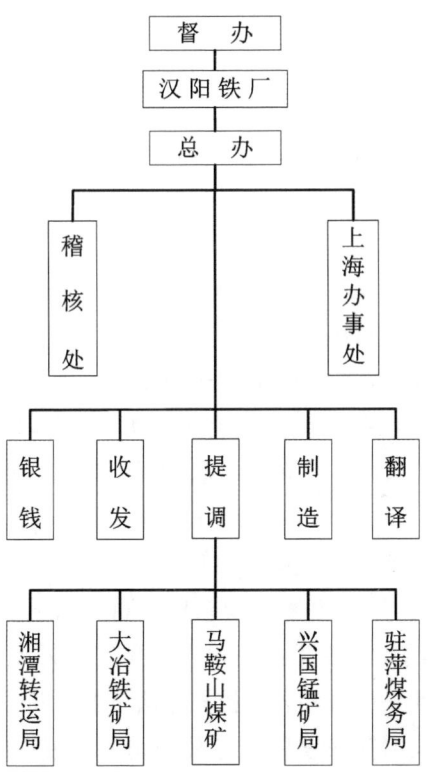

图 1-2　汉阳铁厂总厂机构设置图(光绪二十二年三月至
　　　　光绪三十四年元月)

资料来源:刘明汉主编:《汉冶萍公司志》,第 104 页。

萍乡煤矿开办后,盛宣怀委张赞宸为总办,陆续招股 100 万两库平银。萍乡煤矿从开办时起至 1908 年组成汉冶萍公司止,是独立于汉阳铁厂总厂

---

① 《郑观应致盛宣怀函》,光绪二十三年六月二十六日(1897 年 7 月 25 日),《汉冶萍公司》(一),第 603 页。

的另一机构。萍乡煤矿的行政管理、生产经费均由萍乡煤矿总办对盛宣怀负责。

三 完全商办时期

官督商办的汉阳铁厂、大冶铁矿、萍乡煤矿经营状况一直不佳，长期不得不靠借债来过日子。为扩大社会资本的投资，盛宣怀决定将汉冶萍厂矿合并组建为股份有限公司，遵商律合股以"坚通国商民之信"，遵商律注册以"保守坚固"，注册立宗旨以"鼓舞商情"。鉴于铁厂、铁矿同煤矿业务互相维系，"相依为命"，"若何分作两公司，久而久之，难免畛域之见，致有掣肘之虞"，三厂遂"公议归并（为）一公司，以期融洽一气，永无扞格"①。1907年10月汉冶萍煤铁有限公司拟定大概章程，规定了宗旨、资本、利益、发起人、开办、员董、会议、决议权、股票买卖等事项。② 11月，汉冶萍公司组织章程定名为"汉冶萍煤铁有限股份公司"，对所招总股份、股数、老新股政策、权理董事、查账人、官利等都作了明确的规定。③ 1908年4月，《商办汉冶萍煤铁厂矿有限公司推广加股详细章程》出台，从宗旨、股本、股东会、名誉员、董事、查账人、总协理、办事员、预算、会计、负责十个方面加以说明。④ 7月，三厂筹议出台《合并招股章程》和《汉冶萍钢铁煤焦股份公司章程》，议定公司股本为1000万元，分作10万股，并议改督办为总理，同时添举协理一人。同年8月22日，三厂以"汉冶萍制铁采矿公司"的名义对外发布《公告》。9月三厂《公议汉冶萍制铁采矿合并公司扩充办法条款》将公司股本扩大为1500万元，并定名为"汉冶萍煤铁厂矿有限公司"，决议"照章注册，悉照商律浓所载有限公司章程办理"。同期，公司众股商援照各省商办铁路总理名称，请求销去"督办"字样，并推盛宣怀为总理。⑤ 1908年2月汉冶萍

---

① 李玉：《晚清公司制度建设研究》，人民出版社2002年版，第127页。
② 《汉冶萍煤铁有限公司大概章程草议》，光绪三十三年九月（1907年10月），陈旭麓等主编《汉冶萍公司》（二），上海人民出版社1986年版，第638—640页。
③ 《汉冶萍公司组织章程》，光绪三十三年十月初一日（1907年11月6日），《汉冶萍公司档案史料选编》（上），第231页。
④ 《商办汉冶萍煤铁厂矿有限公司推广加股详细章程》，光绪三十四年三月（1908年4月），《汉冶萍公司档案史料选编》（上），第236—239页。
⑤ 李玉：《晚清公司制度建设研究》，第128页。

公司拟定《呈农商部注册文》，将公司名号正式定为"汉冶萍煤铁厂矿有限股份公司"，注册资本2000万元，每股50元。3月26日，农工商部根据汉冶萍公司的呈文及湖北省武昌府大冶县、湖北省汉阳府汉阳县、江西省袁州府萍乡县等地方所述实际情况，准其注册，发给执照。①

汉冶萍三厂矿合并组建公司一方面是盛宣怀为扩招资本，谋求新的发展的需要，另一方面则是其为乘机巩固、扩大自身的利益的结果。官督商办期间，汉冶萍厂矿亏损甚巨，"萍矿……每月不敷八九万之巨。兼之汉市欠款一百五六十万，移东补西，筹措为难，其拮据情形实属日紧一日。总局毫无进款"②。当时汉厂、萍矿所费投资已达1300万两，但所招股本不过250万两。厂矿所需支出，除了日本预付的矿石货款、预支京汉铁轨两项合银300万两外，其余的主要依赖钱庄、商号的借款，计达700余万两，年支付利息六七十万两之多。③ 在如此沉重的利息负担之下，一遇金融市场出现紧张时，汉厂、萍矿便面临"追呼勒逼"，"性命绝续于呼吸之间"④。为打消"汉厂人皆震惊于旧亏太巨，成本过重，虽老股亦不肯加本，新股更裹足不前"⑤，为更好地吸引社会资本，盛宣怀决定将"萍乡有利之煤矿，并入汉阳亏本之铁厂"⑥，同时大力宣传要优待"老股"，"老股"其实绝大部分是盛宣怀挪移的轮船招商局、电报局、通商银行等企业的余利或公积资金，通过这种公开的"优待"方式，加上盛宣怀"以少积多，捏冒舞弊"等营私手法，使盛宣怀得以在企业转型之际，肆意扩充自己的私利，很快成为"公司中一大股东"。本来在《奏请改督办为总理并改铸关防片》中，盛宣怀说销去官督商办时职务名称中的"督办"字样，

---

① 《农工商部注册局颁发执照》，光绪三十四年二月二十四日（1908年3月26日），《汉冶萍公司档案史料选编》（上），第235页。
② 《盛宣怀致李维格函》，光绪三十三年七月十四日（1907年8月22日），《汉冶萍公司》（二），上海人民出版社1986年版，第614页。
③ 《盛宣怀致张中堂》，光绪三十三年七月初六日（1907年8月14日），《愚斋存稿初刊》卷72，第29页，思补楼1939年刊本。
④ 《盛宣怀致袁世凯函》，光绪三十三年十月下旬（1907年11月下旬至12月初），《汉冶萍公司》（二），第658页。
⑤ 《盛宣怀致张之洞函》，光绪三十三年七月二十一日（1907年8月29日），《汉冶萍公司》（二），第616页。
⑥ 《盛宣怀致吕还寰函》，光绪三十三年七月二十日（1907年8月28日），《汉冶萍公司》（二），第615页。

仍推为完全商办的职务"总理"。"将来总理一席……由股众商推举，湖广总督奏派"，但目前督办名目虽改，但仍重总理责成，这是因为各省商智初开，若事权不一，意见分歧，难以收效。① 随后，盛宣怀奏委李维格为公司协理。② 在咨农工商部注册文中，盛宣怀推荐的各总董为：李维格、杨学沂、林志熙、王锡绶、张赞埶、卢洪昶、王勋、顾润章、金忠讃九人。③ 尤其是督办盛宣怀，摇身一变而成公司"总理"，就连他自己也承认名称之变"皆是官样文章"④。1909年5月16日，在招股不足的条件下，汉冶萍公司在上海召开了第一届股东会。会长盛宣怀宣布历年办事始末及以后续拟推广情形；李维格报告接办汉阳铁厂以来历年成效；林志熙报告萍乡煤矿目前出货、销货及炼焦各项发达情形；冶矿总办王锡绶报告冶矿情形；沈敦和报告铁轨销售情形。⑤ 会议公布一百股以上股东名单（均可被选为查账董事）、五百股以上股东名单（均可被举为权理董事）和五百股以上合格股东到会名单。⑥ 无论是从章程还是程序方面来看，汉冶萍公司从形式上成为一个完全的股份有限公司。

在股份有限公司企业中，股东大会或股东代表大会是公司最高的权力机构。股东大会确定董事、监察的人选，审批公司的章程、年度预算方案，有权对企业盈利的分配、公司规模的扩大、合并或关闭等重大问题参与决策，但无权过问企业的经营业务活动，因此股份有限公司另有一套控制和管理企业的机构。由股东大会（或股东代表大会）选出的董事会，便是企业的最高决策机构，它在股东大会授予的权限范围内，负责制定或审定企业的战略性决策和经营方针，然后委托受聘于董事会的专职经理人员

---

① 《盛宣怀奏请改督办为总理并改铸关防片》，光绪三十四年二月十一日（1908年3月13日），《汉冶萍公司档案史料选编》（上），第232—233页。

② 《盛宣怀奏委李维格为公司协理片》，光绪三十四年二月十一日（1980年3月13日），《汉冶萍公司档案史料选编》（上），第233页。

③ 《盛宣怀咨农工商部注册文》，光绪三十四年二月二十日（1908年3月22日），《汉冶萍公司档案史料选编》（上），第233—234页。

④ 李玉：《晚清公司制度建设研究》，第86页。

⑤ 《汉冶萍公司第一次股东大会》，宣统元年三月二十七日（1909年5月16日），陈旭麓、顾廷龙、汪熙等主编《汉冶萍公司》（三），上海人民出版社2004年版，第77—78页。

⑥ 《汉冶萍公司第一次股东大会五百股以上股东名单》，宣统元年三月二十七日（1909年5月16日），《汉冶萍公司》（三），第89—91页。

具体执行。①董事会是由股东大会选举产生的公司常设决策机构，受股东大会以及全体股东的委托，代理股东负责实施企业的大政方针、战略决策、投资方向等。由于中国近代企业中大多数小股东"所关心的只是如何收受股息，对于企业的经营并不感兴趣……毫不关心企业的经营情况如何"；"遇召集股东总会之际，并不出席，以致一切重要议案，听由重员之操纵，以为形式的议决"。所以在股东大会的权力无形让渡于董事会，董事会是否在公司治理中发挥应有的作用就显得至关重要。但在实际生活中，公司"虽有时召开股东大会，而营业报告是否表现事实，账目有无虚报，股东无由知悉，监事与董事皆谓常任，往往沆瀣一气，以蒙蔽一般股东"②。汉冶萍公司厂矿跨鄂、赣两省，交通不便、信息不畅、制度不严、执行不力等因素都影响股东大会和董事会作用的发挥。另一方面，盛宣怀既是公司董事会长又是公司总理，在公司发展过程中逐渐掌握了多数股份，控制公司最大话语权。据1912年出任汉冶萍公司收支所长项兰生记载，自1908年汉冶萍公司改组后，其事务向由盛宣怀包办，"一切行政财政事务，用人、购地、招股等，悉盛只手秘密主持，外人不得插足"③，使得作为股份有限公司的汉冶萍公司在实际运作过程中背离了公司的应有之义，变得有其名而无其实。

一般而言，在公司的治理结构中，公司经理阶层必须服从董事会的决策。根据1904年颁布的《公司律》之规定，"董事局会议议定之事，该公司总办及各司事人等必须遵行"；"公司总办或总司理人、司事人等均由董事局选派，如有不胜任及舞弊者，亦由董事局开除，其薪水酬劳等项均由董事局定"④。在汉冶萍公司，无论是官督商办时期的督办，还是商办时期的董事会长和总理，盛宣怀均是实际的控股人和控制人，地位凌驾于董事会之上。辛亥革命期间，盛宣怀承认，若按照《公司律》的规定，作为总理的盛宣怀和协理的李维格并非股东公举，理应辞职，为防止自己遁逃日本而出现大权旁落的不利状况，盛宣怀拟推举李维格、林志熙、王勋、杨

---

① 沈祖炜：《近代中国企业：制度和发展》，第131—132页。
② 张忠民：《艰难的变迁——近代中国公司制度研究》，上海社会科学院出版社2002年版，第408、436页。
③ 宣刚整理：《项兰生自订年谱（二）》，《上海档案史料研究》（10），上海三联书店2011年版，第300页。
④ 张忠民：《艰难的变迁——近代中国公司制度研究》，第448页。

学沂等心腹出任董事，但又担心外间"正疑我等朋比"、"坐实人疑"，所以提出他们先期告退，通过其他方法另行举荐。在盛宣怀看来，若上述熟手一起告退，将置大局于何地？还辩称："自古非性情不洽不能同事，况今日时局，非党派岂能办事？"①

　　监察人亦是股份有限公司组织结构中的重要组成部分，是与董事会、经理层三者形成相互制衡的制度安排。为了保证企业行为的有效执行，股东大会选举产生的监事人选，对企业的决策与业务情况进行监督，也对公司企业高层人员的职务行为进行监督。监察人在股份有限公司中独立的业务与财产监察主体，形成对股东会负责，与董事会制衡的公司上层权力体系。监察人的职责包括调查董事提出之簿册是否正确、调查董事提出之簿册对于法令或章程以及股东会决议是否违背、检查会计账簿上之谬误、防止会计上之欺诈或其他不正当行为、提出监察建议等。监察人职能的发挥，有助于公司财政基础之巩固，有助于提高公司对外之信用，股东及公众之利益可借以保护。1909年5月17日，汉冶萍公司在上海召开第一次股东大会，选举顾晴川等二人为"查账董事"，李厚祐等9人为"权理董事"。监察人制度从公司成立至1948年被国民政府接收，名义上一直存在，尤其在盛宣怀及盛恩颐父子掌权时期，汉冶萍公司的监察人人选由其控制的董事会操纵，"法律上监察人原以左右董事者，而事实上则反为董事所左右"，使监察人的独立监察职能难以发挥。

　　由于缺少有效的法人治理结构，特别是一些大企业虽然形式上已经是公司组织，但管理上却仍然沿袭旧的衙门式管理方法和管理作风，由此造成企业治理结构以及管理的效率极度低下。汉冶萍公司治理存在四大弊端：第一是机构臃肿，部处林立，组织松散，效率低下；第二是营私舞弊，贪污中饱；第三是安插亲信，任用私人；第四是腐败颓废习气充斥，腐化堕落，上行下效。早在1898年，员司陈忠直直接上盛宣怀禀帖，陈述铁政局自创造以来，所用委员、司事"奸诡诈伪者亦不少"，"自古及今，未有如铁政局之陋规也"。对于所有买卖之中存在的各种营私舞弊，"为上者想贪货相宜，不分美恶，以致受其朦"。重点披露了炭行老板胡万椿贿

---

　　①《盛宣怀致李维格函》，1912年4月1日，《汉冶萍公司》（三），第240页。

赂铁政局黄雨田、冯敬庵、管大位、宗得福等合伙舞弊的严重问题。① 据项兰生记载，公司腐败不堪，公私不分，"接收将及一年，无财产目录，无职员名册、股东名册及股本数目账目，机关林立，人类不齐，负债累累，到期但见转期，漫无稽考，百弊丛生，商业等于署衙，无所不为，无所不至，一切事宜均由盛氏掌握，股册亦存盛处，股份由盛任意填发，甚至盛氏用煤，亦由公私承付，函查亦不答复"②。正是由于汉冶萍公司内部治理存在严重问题，所以导致1913年萍矿坐办林志熙肆无忌惮地贪污巨额公款30万两，虽经起诉，但法院碍于其侵吞款项的地点不明，或在汉口，或在长沙，并且涉及江苏、湖北、湖南、江西四省，导致总公司所在的上海公堂无权判决，其他省公堂则更不相宜，"惟有提归中央法庭审判，庶合法理"③。最终不了了之。

辛亥革命期间，盛宣怀因与日本签订合办汉冶萍公司的合同而遭受各方责难，其权威受到严重挑战。武昌起义爆发后，盛宣怀被清廷革职永不叙用，在日本的保护下辗转经过青岛、天津，遁逃日本。1912年，南京临时政府成立。因财政竭蹶，孙中山及临时政府拟与日本合办汉冶萍公司，谋求日方的借款。在临时政府、盛宣怀及日本三方的策划下，汉冶萍公司与日本在极其机密的条件下签订了借款合同，由日本向汉冶萍公司借款300万日元，其中250万日元由公司交由临时政府，另50万由公司自己使用。中日合办汉冶萍公司的消息泄露后，"各省反对，舆论哗然"。对合办的危害，汉冶萍公司大多数股东十分清楚，如叶景葵在致聂其杰、何范（二人亦是董事）的电文中明确说："今汉冶萍引日资合办，是不啻举全国钢铁业拱手授诸外人，危险何堪设想！"敦请聂、何二人"联合股东切实研究，以资匡救"④。在叶氏等人的推动下，公司董事会致电盛宣怀，"闻汉冶萍厂矿有与日本合办之约，各股东疑虑，群来诘问……接各股东来

---

① 《陈忠直上盛宣怀禀帖》，光绪二十四年八月（1898年9—10月），《汉冶萍公司》（二），第56—60页。
② 宣刚整理：《项兰生自订年谱（二）》，《上海档案史料研究》（10），第301页。
③ 《公司董事会呈工商部文》，1913年2月20日，《汉冶萍公司档案史料选编》（上），第463页。
④ 《叶景葵致聂其杰、何范之电》，1912年2月2日，《汉冶萍公司档案史料选编》（上），第327页。

函，均以此事有损国权、商业，极不赞成，应请照合同第十条取消"①。公司上海股东亦致电盛宣怀，指责其在未与股东开会议决的前提下，"辄以私人资格擅与外人订约，不独国权，亦我等血本所关，断难承认，而全国舆论哗然，湘、鄂、赣三省人民起而反抗，将恐激成变端，我等同受其累，决不甘心。望即迅速取消，勿稍延迟，致贻后悔"②。至于出现盛宣怀擅自代表公司与日本签订合同的原因，湖南股东认为，虽然股东对于公司有议决改革及查账之权，以防办事员舞弊，但"中国股东向来习惯放弃权责，股票到手，视同田业，只求官息之得失，不问成效之有无"，即如本公司去年续借日款六百万元及此次擅订合办之约的重大事件，"盛氏独断独行，股东尚无一知者，遑言其他"③。在各方股东及舆论的压力下，借款合同被取消，盛宣怀在公司的威信大为受损。

第二节　盛宣怀由短暂失势到重新掌权

一　汉冶萍公司机构改组

民国初建，汉冶萍公司的当务之急是重建新的领导机构，稳定局势，谋求发展。在股东常会召开之前，汉冶萍公司高层即酝酿经理等重要人事问题，李维格力劝叶景葵出任总经理，叶氏则推荐项兰生担任总收支，还特别强调项氏"有公心，能办事，精于簿计，人亦入情入理"④。李维格随即将上述人选问题向盛宣怀做了报告。随后召开的汉冶萍公司股东常会，明确"目前最要者，改良本公司之组织，统筹全局之金融，方能进行"。"现接总协理函电辞职，董事等照本公司章程亦已期满，应再另举，公司此后之进行办法，应俟新董事筹画"。关于改良的办法是，公举董事九人，"公共担负本公司完全责任，不再用总协理名目，由董事公共选派总、副

---

① 《公司董事会致盛宣怀电》，1912年2月26日，《汉冶萍公司档案史料选编》（上），第336页。

② 《汉冶萍公司股东致致盛宣怀电》，1912年2月26日，王尔敏等编《盛宣怀实业函电稿》（下），第957—958页。

③ 《公司临时股东大会议案》，1912年3月22日，《汉冶萍公司档案史料选编》（上），第256页。

④ 《李维格致盛宣怀函》，1912年4月11日，《汉冶萍公司》（三），第242页。

经理，归董事节制"①。选举赵凤昌、盛宣怀、杨学沂、聂其杰、王存善、沈敦和、何声灏、朱葆三、袁思亮九人为董事，朱志尧、杨廷栋为查账董事。② 本来，对于总经理人选盛宣怀与李维格属意于叶景葵，但在议定公司该人事过程中，代表湖南公股的熊希龄执意要求张謇出任公司总经理，以借重其"名望"将来与"政府说话方能有济"。"揆意如格担任，渠意无辞"，所以叶景葵和李维格同被董事会公推为经理。③ 为改变辛亥军兴以后汉冶萍厂矿局势散漫，无所稽核的不利局面，李维格陈请盛宣怀在汉口设一办事总机关，就近控驭。具体办法是：以汉口为中心，由董事会公举办事董事数名，明定权限，代表董事在汉办事，便于与厂矿一切事务息息相通，上下人工感情融洽，以收一德一心、群策群力之效。推荐卢鸿昶（专管株汉运务及地方交涉）、王勋（专管商务）、吴健（专管厂务）、王显臣（专管机器）、董绍三（拟专管厂务）五人在汉口组成总经理处，代表董事会办事；每年由一人轮充议长，遇例行以外之事，五人会议，必须三人同意，方能决议，如二人议可，二人议否，则由议长决议。④ 该提议显然有利于对各厂矿的就近管理，提高办事效能，对汉冶萍的发展是有益的，可能是分解了董事会的部分权力，不利于盛宣怀将来的集权与控制，故而未得到其回应。4月19日，汉冶萍公司召开新董事会议，公推赵凤昌为会长。通过《董事会办事细目》《董事会对于公司所负责任大纲》。经全体决议，推定张謇为总经理，李维格、叶景葵为经理；李维格兼任厂务所长，林志熙为矿务所长，王勋为商务所长，项兰生为收支所长⑤，从程序上对上述人选加以确认。此次改组，在一定程度上暂时削弱了盛宣怀的权力。

公司此次改组所形成的高级管理团队的阵容十分强大，主要的人选都是基于所拥有的政治资源的角度来考量的，这与汉冶萍公司所面临的国内政治环境息息相关。改组后的组织机构设置如图1-3所示。会长赵凤昌

---

① 《公司股东常会议案》，1912年4月13日，《汉冶萍公司档案史料选编》（上），第258—259页。
② 《汉冶萍公司股东大会记录》，1912年4月13日，《汉冶萍公司》（三），第245—246页。
③ 《李维格致盛宣怀函》，1914年4月17日，《汉冶萍公司》（三），第247页。
④ 《李维格：汉冶萍公司组织办事机关节略》，1912年4月中旬，《汉冶萍公司》（三），第250—252页。
⑤ 《汉冶萍公司董事会常会记录》，1912年4月19日，《汉冶萍公司》（三），第248页。

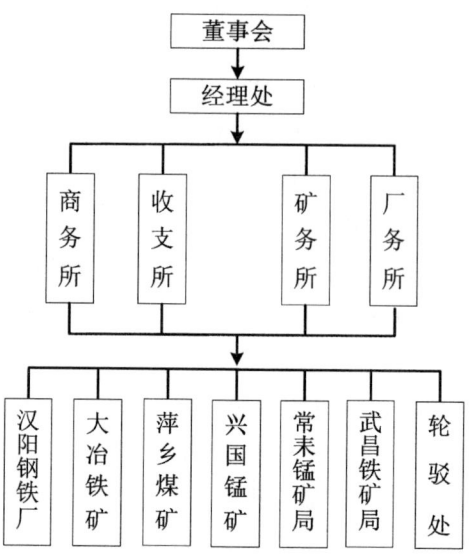

图1-3　1912年汉冶萍公司组织机构图

资料来源：刘明汉主编：《汉冶萍公司志》，第105页。

（1856—1938），江苏武进人，与盛宣怀同乡，虽是一介布衣，会长之衔亦是临时挂名，却是一个呼风唤雨的人物。赵凤昌曾长期担任湖广总督张之洞的幕僚，不仅与晚清政要张之洞、赵尔巽、刘坤一、盛宣怀等人交好，在清末宪政期间与江浙财团的重要人物张謇、汤寿潜、沈曾植等气味相投，过从甚密。辛亥革命期间，被称为"民国诸葛""精神领袖"和"山中宰相"的赵凤昌不仅与南方革命党人关系密切，与北方袁世凯之间的联络也十分频繁，南北和谈的主要条款就是在其沪上寓所惜阴堂秘密达成的。① 总经理张謇，虽然表示"不办事，亦不负责任"，但其在晚清以状元从商，曾任江苏咨议局议长，是清末倡导君主立宪的中坚人物，在政界和商界具有重要影响力。盛宣怀在邀请张謇的函中说其"名望卓绝"和"商界伟人"②，表达的也是这层意思。张謇后来先后长北京政府的工商总长、农商总长，在公司申请国有和官商合办过程中，的确在维护汉冶萍公司权

---

① 李新总主编：《中华民国史·人物传》第8卷，中华书局2011年版，第5262—5268页。
② 《盛宣怀等董事致张謇函》，1912年4月19日，《汉冶萍公司》（三），第250页。

益方面给予了一定的支持。显然,挂名的会长和总经理只是出于稳定汉冶萍公司局势的需要,不会威胁到盛宣怀在公司任何既得利益,便于盛氏幕后操控,但同时也意味着不会有多大作为,这就决定过渡时期对公司发展能真正起作用的乃是经理李维格和叶景葵。李维格是公司元老,深为盛宣怀所倚重,其经营管理才能与对盛宣怀的忠心自不待言,主要负责对内事务。叶景葵在实业成就与政治声望方面虽不及张謇,但毕竟亦是当时声名卓著的人物,一方面其仕途经历丰富,与晚清民国时期的政治人物如赵尔巽和赵尔丰兄弟、载泽、张謇、熊希龄、陈锦涛等交往甚密,积累了深厚的人脉资源;另一方面曾在大清银行、浙江兴业银行等任事,具有丰富的实业经营与管理经验。由此可见,民初公司高级管理团队对汉冶萍公司大局的稳定及发展前途具有十分重要的意义。

当时,汉冶萍公司面临的环境十分凶险。一方面是鄂、湘、赣三省官绅对汉冶萍公司提出"省有"要求,图谋利用民国初期的混乱政局占有所属厂矿。辛亥革命期间,鄂、湘两省官绅先后对汉冶厂矿和常耒锰矿采取接管行动。1912年2月,鄂省以张大昕、夏寿康等官绅为首的临时议会咨军政府文,称汉冶萍公司不是股份公司,股东和股票皆系盛宣怀伪造,要求政府将其"收作公产,为鄂人所有,财权由鄂人共享"①。并向汉冶萍公司提出事权、财权和地权问题,由此掀起了长达十数年的接管汉冶厂矿的活动。在鄂、湘两省官绅的鼓励下,赣督李烈钧先是利用赣绅龙无锡1912年在萍乡创办的煤矿公司——集成公司——同萍乡煤矿竞争,企图迫使汉冶萍公司屈服,在无法奏效的情势下,又派军队直接占领萍乡煤矿。叶景葵等一面联名致电李烈钧,吁请"转饬地方,保护维持"萍乡煤矿,一面向大总统袁世凯等呈书申诉,据理驳斥公司为盛氏一人私产之说②,请求中央政府保护汉冶萍公司。③ 随后得到袁世凯关于汉冶萍煤铁厂矿系股份公司,"成案具在",要求赣省依法保护股东财产的批示。④ 另一方面汉冶

---

① 《湖北省临时议会咨军政府文》,1912年约2月下旬,《汉冶萍公司》(三),第220—222页。
② 《汉冶萍公司呈黎元洪文》,1912年6月30日,《汉冶萍公司》(三),第287—290页。
③ 《汉冶萍公司董事会常会记录》,1912年4月27日,《汉冶萍公司》(三),第255—256页。
④ 《汉冶萍公司董事会常会记录》,1912年7月27日,《汉冶萍公司》(三),第305—306页。

萍公司欠债（1660万两）、建造新厂（约600万两）及所需活本（约200万两）三项需银2460万两①，严重的资本短缺使得其无法开工。由于当时刚刚经历中日合办案，汉冶萍公司成为国人关注的焦点，因此不可能明目张胆继续寻求日本的贷款，乃不得不寄望北京政府给予资金支持，或由政府担保，以川粤汉轨价作抵，由汉冶萍公司向英、美、德、法四国银行团借款；或继续履行1911年李维格与日本小田切签订的预支铁价1200万日元的草约合同。②

当时，北京政府正在推动中央集权，而地方实力派则以地方自治相对抗，鄂、湘、赣三省的官绅并没有停止接收厂矿的活动。为消弭地方官绅的干预，在盛宣怀的授意下③，公司董事会决定向北京政府提出"国有"申请，并拟定甲、乙两套方案。甲案主要解决政治问题，即汉冶萍公司由"国家权力指挥开工，一切扞格自可化除"；乙案着眼于资金问题，希望政府对汉冶萍公司"减轻利息，切实维持"，同时还提出停止官利，外债延迟还款期限，庄号欠款减轻利息，停止铁捐、进口机器材料和出口钢铁煤焦免税，前清邮传部及大清、交通两银行借款停止利息，政府保护开工，并予特别补助，国家所办铁路各项材料交公司承办八条办法。④对叶景葵所主张的甲案，盛宣怀认为中国共和名虽统一，实分省界，汉冶萍公司须数省"呵成一气"，"断非国有不办"，因此盛赞"所见者大，尤能痛切发挥"，政府大借款办成，"必达到此目的"。同时担忧若由政府出面向日本抵押借款支持汉冶萍公司，大总统袁世凯及参议院估计均难通过，提出所有已借和未借之外债皆只需政府承认即可，意在为公司将来向日本借款作铺垫。⑤

二 盛宣怀幕后推动汉冶萍公司"国有"案

董事会经公决，决定采用绝对多数赞同的甲案，议定由董事袁思亮⑥、

---

① 《李维格致中村函》，1912年4月30日，《汉冶萍公司》（三），第256—257页。
② 《汉冶萍公司董事会常会记录》，1912年5月31日，《汉冶萍公司》（三），第268页。
③ 《盛宣怀致向瑞琨函》，1913年4月中旬，《汉冶萍公司》（三），第472页。
④ 《汉冶萍公司董事会常会记录》，1912年8月1日，《汉冶萍公司》（三），第306—307页。
⑤ 《盛宣怀致李维格函》，1912年8月3日，《汉冶萍公司》（三），第309页。
⑥ 袁思亮，字伯揆，原上海道台、两广总督袁树勋（海观）之子，同工商部次长向瑞琨有交情，且在原工商部工作过，通晓北京政府部内情况。参见《汉冶萍公司档案史料选编》（上），第298页。

查账员杨廷栋、经理叶景葵三人赴京进呈办理。① 董事会还拟定具呈大总统、国务院、工商部呈稿一件，表达股东希望收回股本的不得已的苦衷，请求政府协助办理。② 为推动"国有"案的进展，叶景葵专门撰写《述汉冶萍产生之历史》一文发表于上海《时事新报》，叙述了张之洞创办汉阳铁厂的缘起、所遇到的燃料和经费困难及盛宣怀招商承办后招股、开发萍矿和改造机炉等艰辛历程。最后指出：盛宣怀承办十余年，公司前后股款债项3300余万两，而银行庄号利息及股东所得官息总计不下1300余万两。③ 同日该杂志同卷同号刊载赣省特派调查员周泽南的报告《汉冶萍公司之内容》④。该文指出股本和债票两部分：股本包括国有财产600余万两和商股约1000万两（含农商部股）；债票则包括汉冶厂矿和萍矿共计内外债务2440余万两。⑤ 周泽南的报告只是详细罗列了汉冶萍公司的股本和债票详情，未做任何评价。值得注意的是，两者关于汉冶萍公司的负债数据虽有差异，不知主编是有意还是无意将两文放在一起，周泽南的报告正好对叶景葵文形成补充，很好地说明了汉冶萍公司负担沉重，处境岌岌可危，需要政府维持的现状。

经与北京政府初步交涉，叶景葵了解到政府有补偿汉冶萍公司辛亥军兴损失之意。⑥ 这本对汉冶萍公司是一个好消息，但盛宣怀却在致叶景葵的函中云："钢铁价目日腾，若银价一落，获利尤厚。东人定购我料，已大取赢。去夏弟在京续订预支铁价合同，彼厂甚愿进行"，明显表现出对"国有"态度的踌躇。盛宣怀担心的是：政府的保护"有名无实"，因此只是勉从甲案；若政府真欲将汉冶萍公司收归国有，巨款从何而来？鉴于此，盛宣怀开始为政府筹措巨款支招：只需将萍矿另做抵押借款数百万两，便可偿还股东款项；或由公司利用向日本新借的900万元抵还日本旧欠582余万元，另140万两则可消除许多抵押合同，所以无论国有或商办

---

① 《汉冶萍公司特别股东大会记录》，1912年8月12日，《汉冶萍公司》（三），第315页。
② 《汉冶萍公司呈大总统、工商部文》，1912年8月21日，第319页。
③ 《叶景葵年谱长编》（上），第233—234页。
④ 周泽南：《汉冶萍公司之内容》，陈真《中国近代工业史资料》第3辑，生活·读书·新知三联书店1961年版，第511—512页。
⑤ 《叶景葵年谱长编》（上），第234—235页。
⑥ 《上海高木陆郎致盛宣怀电》，1912年9月2日，《汉冶萍公司》（三），第1287页。

"均该如此"。① 希望叶景葵与袁思亮、杨廷栋等密商，并将此建议转达给北京政府。此际，赣省"拟日内接收"，所派代表"到矿后通布各机关，择要加派员司；一面联合湘、鄂，渐揽运销"，加强了对萍矿的压迫。② 在现实面前，盛宣怀极度矛盾：希望政府加快接收汉冶萍的步伐，"方能消散"地方官绅的干预，同时又希望政府在接收后仍将公司交予商办。③

尽管北京政府对国有案"一时难定方针"④，而汉冶萍公司牵涉日方债权，尤其是大冶铁矿更关乎日方核心利益，所以日本一直对此保持警惕。汉冶萍甫一提出"国有"案，拟定叶景葵作为与北京政府的交涉人选时，公司驻日本商务代表高木陆郎即拜访叶氏，转告日方对汉冶萍公司无论是"国有"或"官督商办"等涉及其组织变更的问题，"须加以充分考虑，不能轻易同意"⑤。在获悉政府有意补偿汉冶萍公司军兴之损失，日正金上海分行经理儿玉谦次郎提议多估计损失，还将详细说明书送与叶景葵。在儿玉看来，公司损失已决定由北京政府承担，对公司而言，国有"谎言"已达到目的，因此日本明确向北京政府反对汉冶萍公司国有。⑥ 对盛宣怀而言，"国有"提出的主要目的并非完全在于政府补偿军兴损失，而在于消除地方官绅干扰与获得政府的巨额财政支持，因此盛宣怀在致叶景葵的函中说：鄂赣官绅对汉冶萍厂矿的干涉及股东防止外人垂涎，是公司申请国有的主要因素，若政府愿收，铁厂第四炉即将完工，每年出铁21.5万吨，完全可以满足华轨和日铁的需求；将来兵工厂势必归并，黑山可添做两大炉，每年可净盈利500万两。盛宣怀还对政府资金支持提出上、中、下三策：上策是政府与六国（英、法、美、德、日、俄）财团协商公债2000万镑，从中拨出200万镑交给汉冶萍公司，公司作为借款认本还息。中策是政府拨付100万英镑，同时以国家名义另借100万镑的资金，汉冶

---

① 《盛宣怀致叶景葵函》，1912年9月2日（东京），《汉冶萍公司》（三），第329—330页。
② 《上海李维格、林志熙致袁思亮、叶景葵电》，1912年9月3日，《汉冶萍公司》（三），第1287—1288页。
③ 《盛宣怀致叶景葵函》，1912年9月10日，《汉冶萍公司》（三），第336页。
④ 《盛宣怀致孙宝琦函》，1912年9月18日，《汉冶萍公司》（三），第346页。
⑤ 《叶景葵与小田切谈话记录》，1912年9月14日，《汉冶萍公司档案史料选编》（上），第298页。
⑥ 《正金上海分行经理儿玉谦次郎致总行副总经理井上准之助电》，1912年9月4日，武汉大学经济系编《旧中国汉冶萍公司与日本关系史料选辑》，上海人民出版社1985年版，第392页。

萍公司以生铁作抵，预支日本铁价偿还日本借款，便可获得以铁偿金、取消抵保合同及八厘息减为六厘息三大好处。下策是如100万镑亦不能拨，请将萍乡所属官绅产业的煤铁矿另抵一二百万镑以偿还公司债欠。如以上方案皆不可行，则吁请大总统命令鄂赣都督，保护汉冶萍公司开工。① 上、中两策道出的实质是：政府出资支持，但汉冶萍仍由盛宣怀掌控。对盛宣怀而言，这两个方案其中之一若能实现，便达到了申请"国有"的多重效果。盛宣怀估计难以通过袁世凯及北京政府，所以能保护汉冶萍开工便是对北京政府的最低要求。

为减轻日方对"国有"案实施的阻挠，叶景葵与正金银行北京分行小田切万寿之助进行了沟通，认为赣省欲没收萍矿的主要原因是，汉冶萍将所欠湘省株萍铁路50余万元及对湖南之大清、交通两银行30余万元借款换成80万元的公司股票，引起赣督李烈钧的妒忌。如上项股票为中央政府所有，或由赣、湘两省分配，结果则难以预料。对公司的处境，小田切表示理解，"收归国有并非我等所敢赞成，但因各地官宪对公司财产处置粗暴，以致股东们为保护本身利益宁愿收归国有"，同时担心一旦收归国有，公司之中坚人物如李维格等必须辞职，则公司事业的成功殆成绝望。建议姑且向政府提出国有请愿书，因为其坚信以目前政府之恶化财政，不可能将汉冶萍收归国有。② 事实亦是如此，由于北京政府窘迫的财政状况，工商部对"国有"或"商办"不置可否，态度模棱两可，只说汉冶萍"国计攸关，功败垂成"，无论是国有还是商办均要对其力予维持。③ 工商部还委张轶欧等视察汉冶萍厂矿，"即将来国有或辅助张本"④。对工商部的调查，小田切"甚为阻挠"。日制铁所的中村雄次郎"力劝（盛宣怀）中止"国有。

由于汉冶萍国有案不仅涉及国家出资，还涉及鄂湘赣地方各省、股东及日本利益问题，所以北京政府难以决断并给予明确政策。⑤ 公司乃提议借用南京公债1000万元，如国有问题得到解决，该公债即由政府偿清；如

---

① 《盛宣怀致叶景葵函》，1912年9月10日，《汉冶萍公司》（三），第337页。
② 《公司赴京代表叶景葵在正金北京分行对小田切谈话记录》，1912年9月14日，《旧中国汉冶萍公司与日本关系史料选辑》，第393页。
③ 《工商部批文》，1912年9月17日，《汉冶萍公司档案史料选编》（上），第299页。
④ 《北京袁思亮、叶景葵致汉冶萍董事会电》，1912年9月18日，《汉冶萍公司》（三），第1292—1293页。
⑤ 《汉冶萍公司董事会常会记录》，1913年1月8日，《汉冶萍公司》（三），第400页。

国有问题被否决，则由公司分五年偿还。但工商部认为与部中计划有矛盾而否决。① 汉冶萍董事会再呈北京政府请求"拨济巨款"，终于获准拨发公债票500万元，以救公司燃眉之急。北京政府明确规定该公债只作公司开炉之用，不准挪移填补亏损，并由工商部派员监督开支。② 为使公债票变成可资利用的资金，工商部遂与叶景葵等约定办法四款："一、只准抵押，不准出售；二、利息由公司担任；三、还本期限照票面分年成数，按期归还；四、债票出纳归部派监督监管。"③ 为进一步推动公司"国有"，叶景葵在京补撰《述汉冶萍产生之历史》末节，并将全文印成小册子，分送各界人士，引起当局和社会舆论的普遍关注。张謇、李维格与叶景葵联名致函交通部次长朱启钤，要求政府承认公债票在日本正金银行押款。④ 同时，张謇代表汉冶萍致函袁世凯等，要求该债票具有抵押权⑤，在得到政府同意后，李维格与叶景葵得以代表汉冶萍与日正金银行上海分行签订规银250万两的借款。⑥ 此为叶景葵等一个多月在京奔波交涉的实际结果。

三 孙宝琦协助盛宣怀重新掌握轮船招商局和汉冶萍公司的权力

盛宣怀虽然遭到革命的打击，但在其姻亲、袁世凯的换帖兄弟、曾任山东巡抚的孙宝琦的疏通之下，很快回国又重新掌握了轮船招商局和汉冶萍公司的权力。袁世凯上台后，极力将轮船招商局收归国有，实际上是褫夺盛宣怀的控制权，遭到坚决反击。盛身在日本一方面致函局总办郑观应，要他联合粤股并会合各省股东"为阋墙御侮之计"⑦，另一方面则在致

---

① 《日正金银行驻北京董事小田切致总行副总经理井上函》，1912年10月8日，《旧中国汉冶萍公司与日本关系史料选辑》，第395页。
② 《北洋政府国务院致公司董事会电》，1912年10月10日，《汉冶萍公司档案史料选编》（上），第299页。
③ 《工商部致王治昌函》，1912年11月9日，《汉冶萍公司档案史料选编》（上），第299页。
④ 《张謇、李维格、叶景葵致交通部函》，1912年11月29日，《汉冶萍公司档案史料选编》（上），第301页。
⑤ 《张謇致北洋政府大总统函》，1912年12月5日，《汉冶萍公司档案史料选编》（上），第302页。
⑥ 《汉冶萍公司与日本横滨正金银行借款合同》，1912年12月7日，《汉冶萍公司档案史料选编》（上），第379页。
⑦ 《复郑陶斋函》，1912年8月16日，夏东元编《盛宣怀年谱长编》（下），上海交通大学出版社2004年版，第958—959页。

董事张仲炤函中说，必须"暂设股东维持会"以为过渡。即"招商局一日有股东，即当一日有董事；而董事一日不完全，即当有股东维持会以协助之"。利用股东和股东会抵制袁世凯的国有企图。由于"议价时粤人之念必更奢，因其办事之念更殷殷"的特点，盛宣怀提出"国有"招商局，由孙宝琦牵线，与杨士琦达成协议，由国家出资800万两获得价值1600万两的产业，"事权悉归国家操之"。① 其实质是，一方面希望通过政府投入800万两，以期做到旧局翻新，不售不租，而坐得800万新股票，以图将来大获其利；另一方面，利用招商局以"一班粤人盘踞其中，终难整顿"的现状，为谋求自己出山创造条件，"闻各股东以鄙人老马识途欲举会长"，"如有此举，拟推泗洲（杨士琦）为长，吾为次"。② 在盛宣怀和孙宝琦的谋划下，招商局召开股东大会选举董事会，杨士琦为会长，盛宣怀副之；郑观应亦当选为董事。这样既平衡了与袁世凯的关系，也缓和了与粤帮的矛盾，同时将招商局的权力牢牢掌控在自己手中。③

对汉冶萍，孙宝琦积极参与策划并推动其"国有"化，以此压迫袁世凯政府。民初汉冶萍"国有"问题实是公司不得已之举，一方面是因为鄂、赣地方官绅欲将其"省有"，侵夺其所有权④；另一方面则因为辛亥军兴后，汉冶萍急需巨额资金重新开工，而这些均需取得袁政府的支持。汉冶萍向袁政府提出"国有"，表示"公司所订合同，政府派员接办，无不承认"。为推动政府"国有"，盛宣怀建议孙宝琦向袁世凯请缨，由政府委孙氏先到上海，然后赴汉冶萍，"一路查办，究竟能否国有，抑仍可商办，与各都督、各股东妥筹，再行定夺"。因"国有"问题涉及财政与外债交涉，盛宣怀认为"财政与外交相为表里，与实业相为始终"⑤，而孙宝琦为"交涉老手"，为大总统所信任，于地方、商务、外交三者均能融洽，故而极希望孙氏能谋得外交总长职，"公私两神"。在盛宣怀等策划下，孙宝琦

---

① 《致张仲炤函稿》，1912年9月5日，《盛宣怀年谱长编》（下），第960页。
② 《盛宣怀致孙宝琦函》，1913年6月20日，陈旭麓等编《辛亥革命前后》，上海人民出版社1979年版，第291页。
③ 《致孙慕韩函》，1913年6月22日，《盛宣怀年谱长编》（下），第967页。
④ 《叶景葵与小田切谈话记录》，1912年9月14日，《汉冶萍公司档案史料选编》（上），第298页。
⑤ 《盛宣怀致孙宝琦函》，1912年5月13日（神户），《辛亥革命前后》，第277页。

果然入阁，并获得外交总长职，承诺今后关涉盛宣怀诸事均可"暗为维持"①。由于政府对汉冶萍"国有"计划已"无疑议"，但为这一动议者不止一人，盛宣怀担心孙宝琦不在袁世凯左右，"恐落孙山"。毫无疑问，最终是否"国有"的裁定权还是在于袁世凯。盛建议孙宝琦向袁世凯毛遂自荐，"先言公事如何沉重，再言无智识人无可托"，把握主动权。盛还分析了公司内部关于"国有"的主要分歧：经理叶景葵"国有"之议"骨子与我关切，面子亦相睽隔"；董事袁伯揆因主张"国有"，与袁世凯交情颇深；总经理张謇亦主张"国有"，与国务总理熊希龄"甚通气"。并请孙宝琦在京与张謇密谈。②"国有"提出之后，袁世凯政府派员对公司情况进行了调查，知其需要一大笔资金，同时遭到了日本的蛮横阻挠，根本无法实施。结果是，通过"国有"压迫袁政府的策略果然奏效，汉冶萍不仅平息了地方官绅的攘夺，同时还获得了袁政府的资金支持。此际，盛宣怀认为时机已经成熟，直接致函袁世凯，请求维持轮船招商局和汉冶萍公司，并希望能出任汉冶萍公司总理。③ 由于总理人选牵涉股东、公司及鄂赣湘三省都督的意见，袁世凯认为，汉冶萍为商办公司，总理应由公司公举，而不应由中央直接任命，"俟举定后由中央核准即可"④。在无人可取代盛宣怀的情势下，1913年3月汉冶萍公司召开特别股东大会，盛还是被顺利当选为总理，旋即又被举为董事会会长。⑤

四 叶景葵被迫辞去经理职

袁世凯并非不欲顺水推舟，乘机将汉冶萍收归国有，但涉及对日交涉、股金及公司档案缺失等棘手困难，所以最终不得不放弃。⑥ 应该说，叶景葵等推动汉冶萍"国有"已尽最大的努力，借此不仅了解到北京政府的真实意图，而且还获得一笔资金，因此并不是无功而返，而是取得了一

---

① 《孙宝琦致盛宣怀函》，1912年10月19日，《盛宣怀年谱长编》（下），第961—962页。
② 《盛宣怀致孙宝琦函》，1912年9月18日，《汉冶萍公司》（三），第344—346页。
③ 《盛宣怀致袁世凯函》，1913年1月初旬，王尔敏等编《盛宣怀实业函电稿》（下），香港中文大学中国文化研究所1993年版，第796—797页。
④ 《孙宝琦致盛宣怀函》，《盛宣怀实业函电稿》（下），第1494页。
⑤ 《秘密总纲》，1913年3月下旬，《汉冶萍公司》（三），第444页。
⑥ 《汉冶铁矿收归国有计划》，《时报》1915年1月3日，陈真编《中国近代工业史资料》第3辑，第480—481页。

定的成效。正如前所述，对盛宣怀而言汉冶萍"国有"本身不是目的，而是压迫政府的手段；同时影响该方案实施的因素很多，尤其是日本的干预和北京政府的财政困难均超出了叶景葵的料想，非其所能左右，所以从一开始就注定该计划成功的可能性甚微。"国有"计划受挫后，赵凤昌突然以病请辞汉冶萍董事会会长职，将李维格和叶景葵二人推到了前台。李、叶二人不得不联名向董事会报告公司申请国有以来，"一时实无解决之望"，而进行各事亦"因阻力横生"的"种种艰难危情"：一是政府应还公司250万日元的款项不能到位；二是汉阳砖厂及近厂洋房均为军人占领，迄未交还；三是官办象鼻山铁矿请鄂省让予公司亦未能如愿；四是兴国官绅倡言公司所采之银头山锰矿为人民公产；五是与赣省关于萍矿问题迄未解决；六是煤焦运销地跨三省，军民华洋杂沓，缺乏中坚主持之人掌握全局。表示虽"忍辱负重"，"心力交瘁"，但公司仍"四面楚歌，千疮百孔"，"实无回天之方"，不能"再担此人力难施之重任"①。在此困境下，叶景葵建议采用工商部王槐清之策，即将公司前欠交通部款改作股份，湖北、江西作为股东，有选董事之权；财政部前辅助公司之公债票，亦可改作股份，如是内而三部（工商部、交通部、财政部），外而三省（鄂、湘、赣），均为公司之股东，各派一人为董事，合原有之董事，筹划进行。如此不仅地方问题大致解决，还能借一大宗外债，从根本上实施整顿。对此"变相国有"办法，是于"无可设法之中，而为千虑一得之计"，因而获得董事会的赞同，表示待股东会公决之前，由工商部密商鄂、赣两省，再行决定。

  平心而论，"国有"在短期内难以竟其功的前提下，既要消除地方官绅的接管，又要获得国家的资金支持，无非是要最大限度满足相关方的利益关切，所以"三省三部"之策不失为解决汉冶萍所面临困难比较稳妥的办法。上述方案的关键是，三省三部都是公司股东，都有权推举董事，公司实质上变成了官商合办体制，一旦实行不仅会极大地削弱盛宣怀的权力，而且有可能喧宾夺主，达到由政府控制的结果，故而遭到盛宣怀的强烈反对，"既云俟股东公决，又令电部提议密商鄂、赣，矛盾已极矣。此等议案，可笑可恨！"②在盛宣怀的授意下，董事吕景端利用董事会首先发

---

① 《叶景葵年谱长编》（上），第247—248页。
② 《汉冶萍公司董事会常会记录》，1913年3月8日，《汉冶萍公司》（三），第421页。

难，称汉冶萍"国有"，"部员先到，部电继至，皆叶所运动"，叫嚷要先将"作祟"的叶景葵"公布驱除"，"还我股东全权"；攻讦叶景葵以国有名义，"唆使外人立索债款，运动股东邀求还本，然后可望俯股东所请，此围魏救赵之计"。污蔑李维格和叶景葵是"间谍"，"奸险已到极处"①。面对诘难，李维格与叶景葵不得不向股东大会解释"国有"起因：武昌起义后，厂矿岌岌可危，在"其欲罢不能，欲进无策"的困境下，主要障碍在于经济窘迫和地方阻难两层，收归国有，发还股本，自是第一上策。但是国有迄未解决，不得已只有仍归商办。若继续商办，则要解决发行债票、国家保息和疏通地方情义三点。情义疏通以地方最为重要，主要是合中央、地方、公司三者之力，众擎共举。因工商部居该管之地位，有大股东资格，办理此事最为适当。②"变相国有"方案的实质是，以工商部为主导，协调国家、地方和企业的利益关系。在盛宣怀的唆使下，股东王达记表示："政府果欲将汉冶萍商股收归国有，必须以现款给还商股本息，使各股东毫无损失，方能承认"，"政府现在大借款未成立，断无现款之可筹，则所议汉冶萍收归国有可决定其为空言欺骗政策，各商股股东绝对不能承认"，提议推举盛宣怀为总理，"以资整顿，而拒干涉"③。立本记等股东表示：无论如何，国有若不发还商本，万不能承认；既不发还商本，而巧立变相国有之议……万万不能承认。④汉冶萍部分股东甚至呈文袁世凯，称公司危境"推原祸始，皆协理叶景葵一人所酿成"，指责其"本一刻薄小人，阴狡为心，贪婪成性"，"劣迹昭著"；虽为协理，"独揽大权"；"一味逍遥沪上，罔利营私"，并无中生有地对"国有"加以攻击：

> 托名整顿，身不驻厂，地方情意全然隔阂，以致铁矿不能收复，锰矿不能开办；挥金如土，任意糜费，数月用途已数百万，上海一事务所每月开支三万余金，尤为骇人听闻，以致腐败更甚于前，而危险不可终日。叶自知不见容于股东，且拨款易罄，势难为继，遂倡为国有谬说，思欲移祸大部。伏念汉冶萍亏欠外债极多，其性质本商借商

---

① 《吕景端致盛宣怀函》，1913年3月8日，《汉冶萍公司档案史料选编》（上），第422页。
② 《李维格、叶景葵报告》，1913年3月20日，《汉冶萍公司》（三），第427—429页。
③ 《股东王达记意见书》，1913年中旬，《汉冶萍公司》（三），第429页。
④ 《立本记等股东公启》，1913年3月，《汉冶萍公司》（三），第431页。

还，倘归国有，则所欠外债均可以与政府直接，动牵国际交涉，办理益觉为难。是以汉冶萍断无国有之理。幸大部明察，副总统坚持，未为所惑。叶技术既穷，又知股东反对，无可把持，遂设计百端破坏，并一面伴为辞职，近日各报所登汉冶萍新闻，与叶所上董事会书如出一手，显系叶为主动。所言公司危险已极、旦夕破产情形，其意盖欲传播于外，使筹款者款无可筹，招股者股无可招，己之不得，遂不恤设谋破坏。居心阴险，令人发指。

呈文还攻击叶景葵本是盛宣怀"卵翼之人"，却恩将仇报，"小人故态"。诬陷叶景葵任经理未及一载，"浮费竟达数百万之巨"。"叶固诋盛为浪费者，而浪费乃较盛倍之，其中难保无舞弊侵吞情事"，叫嚣请董事会立即将叶景葵斥退，并彻查账目，向法庭起诉。① 在随后召开的汉冶萍董事会常会，未出席会议的叶景葵提出辞职。在汉冶萍公司特别股东大会上，股东汪幼安大肆抨击"国有"说，提出股东不能承认国有之议，主张完全商办，结果"全场一致赞成"。主席王存善宣告取消国有，主张完全商办并另选总理。叶景葵提出辞职后，汉冶萍股东朱士林仍穷追猛打，称李、叶二经理为"推原祸始"，"李首、叶从，李愚、叶诈，厥罪惟均"，两人必须辞职，极力推荐陶湘（兰泉）、顾咏铨继任经理。②

五 盛宣怀推动汉冶萍"官商合办"

叶景葵在盛宣怀及部分股东的攻击下被迫辞职，但并未因此心生忌恨，仍为汉冶萍的长远发展着想，举荐坐办、留学英国的钢铁工程师吴健继任经理，"此举为公司根本计划，匪为一人之私"，同时表示今后对于公司工作"凡心力所能尽者，仍可竭诚赞助，决不推诿"③。叶景葵的辞职与"国有"案的取消，达到了盛宣怀重新控制汉冶萍的目标，但公司面临地方官绅接管的威胁仍未消弭，资金短缺无法开工的困难仍然存在，而这些问题的根本解决仍需取得政府的支持，还需继续与北京政府展开交涉，故

---

① 《汉冶萍股东□□□等上大总统、副总统、国务院、工商部呈文》，1913年3月中旬，《汉冶萍公司》（三），第431—432页。
② 《朱士林致盛宣怀函》，1913年3月30日，《汉冶萍公司》（三），第440—441页。
③ 《汉冶萍公司董事会常会记录》，1913年3月22日，《汉冶萍公司》（三），第437页。

而盛宣怀"有留叶之说"①。为撇清盛宣怀的责任，临时会长王存善可谓煞费苦心，提出三种解释：一是叶景葵函请调吴健和卢成章赴沪任职，董事会未便照行，导致叶氏辞职；二是由盛宣怀提出挽留叶景葵，但遭到各董事反对，于两者之中"想出一夹缝文字办法"；三是因先前叶景葵曾提出三部三省之策，遭到股东孙铁舟反对，而叶仍用此等"卖公司之人"，则叶成为股东之公敌。②上述办法将国有流产的原因全部推卸与叶景葵，所以董事会最终批准了其辞职请求。

叶景葵辞职后，其好友项兰生"因病"辞去汉冶萍公司收支所长职，并"已离公司"③，由盛宣怀所推荐的于焌年继之。④随后，张謇亦向公司董事会坚辞总经理之职，表示"远不能亲临各厂有所视察，近不能常驻公司有所规划，徒拥虚名，内疚不已"⑤。公司经理一席由李维格出任，"以一事权"⑥。经此重新洗牌，汉冶萍经理层及所属核心机构悉数换上了盛之心腹，更便于盛宣怀的操控。1913年，因汉厂全行炼钢，大冶另设炼铁炉，需巨额资金，汉冶萍公司董事会联名授权盛宣怀与日本横滨正金银行及日本制铁所订立1500万日元的大借款。借款以公司所有产业作为抵押，同时聘请日本最高顾问工程师和会计顾问各一名，将公司直接置于日方的监督之下。若一旦达成协议，汉冶萍将会成为日本的附庸，因此北京政府对借款谈判加以干预，委原汉冶萍查账员、时任国会众议院议员、农商部矿务局长杨廷栋到沪，直接与盛宣怀交涉，反对借款。在李维格的邀请下，同时出于希望政府维持汉冶萍，避免其被日本控制的良好愿望，叶景葵忍辱负重，再度出任公司经理。盛宣怀委托叶景葵赴京向北京政府陈述汉冶萍"官商合办"计划，意在为转移政府的视线，同时对政府施压。⑦对日方而言，就是排除北京政府的干预，尽快促成大借款合同的签订，因此高木陆郎致电致正金银行总行，敦促早日与汉冶萍签订借款合同，同时

---

① 《王存善致盛宣怀函》，1913年4月2日，《汉冶萍公司》（三），第445页。
② 《王存善致盛宣怀函》，1913年4月2日，《汉冶萍公司》（三），第445—446页。
③ 《盛宣怀致王存善函》，1913年4月2日，《汉冶萍公司》（三），第444页。
④ 《汉冶萍公司董事会临时会议记录》，1913年4月3日，《汉冶萍公司》（三），第449页。
⑤ 《张謇致李维格、叶景葵函》，1913年4月4日，《汉冶萍公司档案史料选编》（上），第422页。
⑥ 《汉冶萍公司董事会常会记录》，1913年4月5日，《汉冶萍公司》（三），第457页。
⑦ 《叶景葵年谱长编》（上），第260、263页。

请小田切对张謇施压,反对杨廷栋赴沪"阻扰"汉冶萍大借款。①

叶景葵在京与总理熊希龄、工商总长张謇等会商汉冶萍"官商合办"事宜,试探政府的意见。因"官商合办"之议缘于汉冶萍与日本正金银行1500万日金大借款谈判时,正值以熊希龄为总理的北京政府不希望汉冶萍多借日款,承诺借给汉冶萍1000万两,换取公司不举日债,杨廷栋来沪会见盛宣怀便是其中的一个重要环节。但问题是,盛宣怀委派叶景葵赴京商谈"官商合办"事宜,但并非真正愿意,实际上为"缓兵之策"。因为经过"国有"闹剧,盛宣怀已知晓政府一时根本无法筹得1000万两巨款,已将希望寄托于日本借款上。②还在叶景葵与北京政府谈判期间,汉冶萍公司与日本制铁所、横滨正金银行订立预借生铁矿石甲、乙两合同及别合同,并在上海日本总领事馆签字。③

12月15日,叶景葵应约与熊希龄、张謇等会商汉冶萍事,熊、张均谈表示政府"万不能漠视"公司困难情形,"允力为维持"④。盛宣怀还将记述公司生产与资金情况及官款清单的《汉冶萍公司简明节略》寄于叶景葵和杨廷栋,并嘱其转交张謇。⑤随后农商部⑥正式致电汉冶萍,明确此项借款"无论是否预付铁砂或生铁价目,抑系单纯借款,必须先呈本部核准方准签字,否则无效"⑦。对政府的强硬态度,叶景葵向盛宣怀提议,此时若派人入京疏通关系,"反难骤得要领,且恐有隔阂之处",不如由公司董事会采用"单刀直入法"与政府"定议",即由董事会与矿务局长杨廷栋在沪协商一大纲,由后者直接与政府定议,"较无痕迹"。鉴于总统府秘书长梁士诒为袁世凯心腹,且长交通银行总理和财政部次长,是北京政府炙

---

① 《日正金银行致北京小田切董事电》,1913年11月30日,《旧中国汉冶萍公司与日本关系史料选辑》,第482—483页。
② 《叶景葵年谱长编》(上),第263页。
③ 《汉冶萍公司与日本制铁所、横滨正金银行订立别合同》,1913年12月2日,《汉冶萍公司》(三),第693—694页。
④ 《叶景葵致盛宣怀函》,1913年12月17日,《汉冶萍公司档案史料选编》(上),第305页。
⑤ 《汉冶萍公司简明节略》,1914年1月10日,《汉冶萍公司档案史料选编》(上),第305—306页。
⑥ 1913年9月11日,张謇任北京政府工商总长,暂兼农林总长。同年12月24日,因北京政府将工商部与农林部合并为农商部,张謇任农商部总长。
⑦ 《北洋政府农商部致公司蒸电》,1914年1月10日,《旧中国汉冶萍公司与日本关系史料选辑》,第484—485页。

手可热的人物，因此叶景葵认为若能运动其推动官商合办，则能取得较好的效果，所以建议盛宣怀在沪与梁士诒接洽，"亦以燕孙（即梁士诒）一方面前往疏通最为有力也"①。对此，盛宣怀极表赞同，称赞"官商合办"由叶景葵"首创"，并再次拟请其"借题入都"，与政府商谈。②

对汉冶萍提出的官商合办方案，国务总理熊希龄与农商总长张謇均极表赞同，认为钢铁关系大局，非官力维持不能扩张。因工商部已有170万在旧股之内，恐官商股份各入1500万元难以实现。杨廷栋到沪后，与盛宣怀及公司董事会多次交换意见，还携带盛宣怀所拟《汉冶萍公司官商合办六条》到农商部③，彼此大致定议：（一）官商资本各1300万元；（二）大冶新炉建设，除向日本借款外，所少活本由政府设法暂为借用；（三）公司董事会若干人，官商各半；（四）经理二人，官商各一；（五）湖北、江西两省公司厂矿由中央政府保护维持。④ 对此，北京政府极为慎重，复函中要求汉冶萍开股东大会议决，用正式公文呈请，再行接办。⑤ 随后，汉冶萍公司投票表决通过"官商合办"提案⑥。

在董事会的公举下，叶景葵再次赴京与农商部等交涉官商合办事宜。至于个中缘由，盛宣怀如是说："海上股东至有条陈消极政策，谓此后汉厂专售生铁及商家钢料，不再供应路轨。宣怀峻词驳拒……中国铁路繁兴需轨之伙，较宣怀选路时代何止十倍。目前奥塞（奥匈帝国和塞尔维亚）交哄，战云四起，钢铁价值势必飞涨。设因部扣七十万汉厂之陇海轨价，遂使钢厂停工，中国统计顿吃巨亏，天良何在，断难允行。且部拟扣抵系按照借约应有之文，乱后境地，实为预支部款时所不料，收回国有或官商合办正候政府解决。但能披沥诚悃，将目前不能不请求展缓；如若合办则部欠须填官股，即使商办到底，日后供轨愈多，扣款较易，所欠断不致无

---

① 《叶景葵致盛宣怀函》，1914年1月21日，《汉冶萍公司档案史料选编》（上），第307页。
② 《盛宣怀致叶景葵函》，1914年1月21日，《汉冶萍公司档案史料选编》（上），第307页。
③ 《盛宣怀致汉冶萍公司董事会函》，1914年1月29日，《汉冶萍公司》（三），第772—773页。
④ 《盛宣怀：汉冶萍公司官商合办六条》，1914年1月29日，《汉冶萍公司》（三），第773页。
⑤ 《北洋政府国务院复公司董事会盛宣怀等歌电》，1914年2月5日，《旧中国汉冶萍公司与日本关系史料选辑》，第500页。
⑥ 《汉冶萍公司股东大会纪事》，1914年3月7日，《汉冶萍公司》（三），第795页。

着……此公推叶揆初君代表赴京请命之原因也。"① 盛宣怀还专门召见叶景葵，面托赴京与农商部会商上述情事。② 为坚定叶景葵的信心，盛宣怀还说，农商部王槐清来电说，政府仍议合办，若能使公司得3000万之实股，15年照数偿清日债，则中华铁业大有希望，目下但求部中旧欠480万两展缓年限；希望所修铁路使用汉冶萍路轨，以扣抵旧欠，从而维持其发展。还鼓励叶景葵"全局在胸，必能达到目的"③，"政府既准官商合办，阁下此行，似可筹商大略"④。

对于官商合办，政府要出资1300万，这显然是一个十分棘手的问题，所以北京政府难以明确对汉冶萍的政策。盛宣怀急询叶景葵："农商部呈请为国有过渡，时隔多日，未见批示，谅因欧乱更无暇顾及。"本来张謇是希望将汉冶萍国有，但鉴于1000余万元商股和2000余万元外债无法应付，主张退而求其次，以官商合办为过渡，最终达到国有的目的，但仍然要取决于北京政府的财政状况。虽然汉冶萍向日本借款1500万日元，除去扣除旧债转换新债的600万元，以及在大冶和汉厂新建六座化铁炉的预算资金，真正到手可资利用的活款并不多，而汉冶萍年内所急需的款项包括：预算内的伦敦汇票（4万镑合银35万两）、铁厂、萍矿冬腊4月的经费（100万两）和汇丰短期押款（20万两）合计155万两，这原指望陇海和粤汉两路年内可收轨银140万两以敷使用，却因陇海路的停工而导致经费无法拨付，从而使得厂矿经费无着和炼钢炉停工。盛宣怀十分焦虑："执事到京，三部详文递否？公司为难情形曾与当道开谈否？张总长梁总长如何意见？中锋对于官商合办，能否俯照所请将三十万股份凑足？此外有无新意？即乞详示大略。"⑤ 叶景葵告以在京与杨学沂、张謇等晤面，虽然农商部坚持官商合办之策，但除所欠官款列作股票外，政府另要出资758万余元⑥，所以袁世凯不赞同肃政史曾述棨的国有建议，还声称公司若

---

① 《盛宣怀致杨士琦函》，1914年8月4日，《汉冶萍公司》（三），第857页。
② 《叶景葵年谱长编》（上），第289页。
③ 《盛宣怀致叶景葵函》，1914年8月2日，《汉冶萍公司》（三），第856页。
④ 《叶景葵年谱长编》（上），第289页。
⑤ 《叶景葵年谱长编》（上），第290—291页。
⑥ 《曾述棨调查汉冶萍公司报告书》，1914年7月，陈真编《中国近代工业史资料》，第3辑，第480—481页。

无款清偿官款，商股非至获利以后不能给息，政府"发还股不本断办不到"①。盛宣怀仍存幻想："是否商部主持预算？至少现款千万元可作官股。前清旧欠，准照日债展限分还。如不喜作股，可听便。"② 但农商部和交通部在官款是否作股的问题存在分歧："农部拟定续呈，仍主旧欠作股。惟交通能否赞成，尚无把握。至旧欠展限办法，交通亦有阻力。"③ 叶景葵还会晤交通部长叶恭绰，希望不要扣抵陇海路轨价，以解汉冶萍资金短缺的燃眉之急，叶却以"扣付轨价一事，系按照合同成案办理，部中未便收回成命""事涉部务，非弟一人所能专主"相推脱。④ 在交涉无果的情势下，叶景葵离京返沪，结果是汉冶萍公司"国有则商股难以筹还，合办则官股无能凑足"，"似仍不如由商办"。⑤

第三节 孙宝琦与汉冶萍机构改革

一 孙宝琦出任公司董事会长

在孙宝琦的协助下，盛宣怀虽然重新取得了轮船招商局和汉冶萍公司的控制权，但已经是强弩之末，无法持久。这是因为：其一，盛宣怀虽然掌控了轮船招商局和汉冶萍公司，但都需取得政府的财政支持，而在其与袁世凯宿怨未了又添新仇的条件下，这显然是一道难以逾越的鸿沟；其二，盛宣怀老病交加，加之受到辛亥革命的打击，身心俱疲，要继续控制上述两公司已是力不从心。因此，辛亥革命期间盛宣怀即已经开始考虑汉冶萍的接班人问题，1912年9月就建议孙宝琦"与其长一部，不如长一实业稳而久"。汉冶萍虽经辛亥影响，只需一年即可恢复，"后效愈久愈著"。还承诺只要其愿意接手，"必尽以交托，其下不能相欺"。⑥ 1914年7月28日欧战爆发，日本以对德宣战为借口，出兵中国山东。并于次年1月向袁世凯政府提出臭名昭著的"二十一条"，其中第三号关于汉冶萍，规定："汉冶萍公司由中日两国合办；非经日本同意，中国政府不得自行处分该

---

① 《叶景葵年谱长编》（上），第291页。
② 《叶景葵年谱长编》（上），第291页。
③ 《叶景葵年谱长编》（上），第291页。
④ 《叶恭绰致于焌年函》，1914年11月17日，《汉冶萍公司》（三），第890页。
⑤ 《盛宣怀致于焌年函》，1914年9月2日，《汉冶萍公司》（三），第868页。
⑥ 《盛宣怀致孙宝琦函》，1912年9月18日，《汉冶萍公司》（三），第344—346页。

公司一切权利产业,未经公司同意,不得将附近矿山交由外人开采。"① 汉冶萍之所以成为日本所拟"二十一条"的重要内容之一,主要是其提供给日本官营八幡制铁所的矿石供应超过65%②,使得日本控制的野心极为强烈。日本与汉冶萍公司渊源甚深,自1899年汉阳铁厂与八幡制铁所签订《煤铁互售合同》后,为获得大冶铁矿稳定而优质的矿石,日本政府通过不断的贷款加强了对汉冶萍的渗透,截至1914年12月,汉冶萍公司总资本近6500万元,其中日方贷款竟达3530万元③,超过了公司总资产的一半。1913年,制铁所拟订第三期扩充计划,对铁矿石的需求量剧增,控制汉冶萍的野心更加膨胀。另一方面,自日俄战争后,由于战争的刺激和政府对钢铁工业的鼓励,日本民间钢铁企业如雨后春笋般地发展起来,到1914年一战爆发,共新建了10家,1921年则达到39家;年炼铁、炼钢及加工生产能力分别由1913年的30.1万吨、27万吨、30万吨剧增到1921年末的52.6万吨、140.9万吨、64万吨。④ 1914—1918年的一战使世界钢铁需求量激增,本对汉冶萍是个好消息,但当时日资介入已深,而内外交困的中国政府无力收归国有,故日本于"二十一条"第三号中再次提出合办要求,成为袁政府一件十分棘手的问题。

密谈之前,中方即洞悉若准许日人插手汉冶萍,则中国不仅是以南数省矿山拱手相让,更将使一独立主权国之政府受制于一公司。因此确立的策略是:汉冶萍公司为私人企业,对日债能按期还本付利,政府无权干涉,不在国际商议范围。⑤ 后被迫在《第一次修正案》中让步,请将第三号改成允许汉冶萍合法自愿与日本人合作。但日方坚持不允,且以债务催迫。情势告急,盛宣怀只得通过杨士琦向袁世凯建议,拟将公司移交孙宝琦负责。"关于盛氏之继承人问题,盛氏煞费苦心,且与袁世凯亦常常交换意见,认为有必要安排适当之后继人。"由于孙宝琦与袁、盛均甚友好,

---

① 王芸生编:《六十年来中国与日本》第六卷,生活·读书·新知三联书店2005年版,第75页。
② 俞辛焞:《辛亥革命时期中日外交史》,天津人民出版社2000年版,第123页。
③ 《日外务大臣加藤致驻中国代理公使小幡酉吉第六〇七号电》,1914年12月13日,《旧中国汉冶萍公司与日本关系史料选辑》,第540页。
④ 方一兵:《中日近代钢铁技术史比较研究:1868—1933》,山东教育出版社2013年版,179—184页。
⑤ 王芸生编:《六十年来中国与日本》,第六卷,第81—82页。

且皆有亲戚关系,有意将来将汉冶萍公司董事会会长让与孙氏。① 袁氏采纳了这个建议。因此,谈判行将开始之时,身负交涉重任的外交总长孙宝琦突然因病提出辞职,实质上是考虑到若继续以外长身份出面交涉"二十一条"恐受掣肘,而幕后专为汉冶萍事项活动则为不二人选。②

1915 年 4 月下旬,孙宝琦借回乡扫墓为名,赴沪与盛宣怀晤谈,后又亲到大冶、汉口考察。回京后,孙宝琦即以副会长资格留驻北京,便于疏通各方关系。③ 为应对日方提出的中日合办汉冶萍,在盛宣怀的强烈要求下,汉冶萍于 5 月 16 日开股东大会,但引起了孙氏是"为举会长乎?为日人要求合办征集意见乎?"的质疑。孙认为,"征集意见似不可缓,举会长似不甚急"。即使被举为会长,也绝不敢遽行就职。原因是:一则政府维持之方针未定,二则外交之问题未解决。若接受,正好"复适合办之局",则无法向盛宣怀及股东交代。④ 5 月 25 日签订了《中日民四条约》,"关于汉冶萍事项之换文"中明确允准中日合办,中方不得擅自将其收归国有,不得向日本以外国家借资。⑤ 5 月底,孙宝琦入股汉冶萍,仍与盛宣怀竭力谋求最大限度地保全国利。5 月 27 日,汉冶萍假上海青年会地开股东大会,到会者 1224 人,共计 144569 权,孙宝琦获得 39258 权,名列 9 位董事第 1 名。⑥ 随后,袁政府交通部和农商部批准了公司的选举结果⑦。

孙宝琦并不急于就任董事会长职。公司董事会屡次致函,"即恳就任,

---

① 《高木陆郎致儿玉谦次密函》,1915 年 4 月 27 日,《旧中国汉冶萍公司与日本关系史料选辑》,第 572 页。
② 关于孙宝琦辞职的原因,有多种说法。当时的报纸即有两种传说,一谓因日人目孙氏为亲德派,特引去以避嫌;一谓因外交棘手应付困难,特引去以让贤。日人认为纯是为拖延时间。而台湾学者李毓澍认为孙袁虽为儿女亲家,但孙对袁之帝制自为的野心,始终表示消极的反对,故而不得袁氏之欢心。同时指出:1915 年八九月间筹安会活跃于北京之时,孙则逍遥于上海与江汉之间,据称为中日新约换文预拟有关汉冶萍公司的部署,旋即就任汉冶萍公司总办。参见李毓澍《中日二十一条交涉》(上),第 282—284、286—287 页,中研院近代史研究所专刊第十八辑。
③ 《高木陆郎致儿玉谦次密函》,1915 年 4 月 27 日,《旧中国汉冶萍公司与日本关系史料选辑》,第 572 页。
④ 《孙宝琦致盛宣怀函》,1915 年 5 月 7 日,《汉冶萍公司》(三),第 926—927 页。
⑤ 王芸生:《近六十年来中国与日本》,第 273 页。
⑥ 《公司股东大会议案》,1915 年 5 月 27 日,《汉冶萍公司档案史料选编》(上),第 275 页。
⑦ 《公司董事会致交通部、农商部电》,1915 年 5 月 28 日,《汉冶萍公司档案史料选编》(上),第 277 页。

领袖进行，至深翘企"①。孙明确表示，"须与政府计划进行方针，方能就任"；目前公司事，仍请盛会长主持核办，并请转致公司各机关在事人员照旧任事，以免阻滞。②孙宝琦之所以迟迟不愿到任，关键还是政府对汉冶萍的方针还未明确。为此，孙宝琦连谒袁世凯两次，但"均以广坐，未克细谈"。由于公司借用日款甚巨，"京中咸以公司用日人必多，已成合办之局，故于日人要求本不甚注意"。另外，对公司极为不利的是，有人在袁世凯面前说日本制铁所已在大冶设分理处，是为盛宣怀卖矿之实证。袁对此感到十分意外，孙宝琦不得不在袁面前"辨明其诬"。"愈知公司之万不可合办，而政府之必当竭力维持，此实一大关键。"孙宝琦建议盛宣怀宜招董事数人来京，与杨士琦妥商进行办法。因公司董事王存善为袁世凯所信任之人，故希望其能来京商议。孙宝琦指出："被推会长略露不商妥方针不肯就任之意，而另将公司不可合办之利害密陈"，提出条件有利。

为扭转汉冶萍的不利局面，孙宝琦建议盛宣怀首先扩大汉阳铁厂的生产。"汉厂钢炉只有六座，每年至多八万吨。倘国家需钢求过于供，又为人口实，且军械必须罐钢，亦不得不预为筹备。""为今之计，必须急积进行。赶紧筹备，亦须三四年后方能收效。"孙还计划在大冶添钢炉6座。对于上述工程，估计需要资本2000万两。③1915年5月下旬，孙宝琦呈财政部、农商部文，呼吁政府维持汉冶萍，以警惕日本合办的阴谋。"此次日本要求条件订明，倘日后公司与日本资本家商议合办，政府可以允准，其权固操自公司。倘股东不愿合办，彼自难强迫从事。""惟众股东目前所以忍耐者，希望政府实力维持……倘政府维持之说徒托空言，京外掣肘者多，则公司破产可以立待。股票日跌，日本人待暗收股票过半时，要求合办，一经开会，赞成者必居多数。"强调：武汉为南北咽喉，倘日本合办汉冶萍公司，实为腹心之患。"为大局计，汉冶萍公司无论如何，政府惟当竭力维持，必使日臻发达，庶股东可有希望，彼族亦无借口。"④在获得

---

① 《公司董事会致孙宝琦电》，1915年5月28日，《汉冶萍公司档案史料选编》（上），第277页。
② 《孙宝琦致公司董事会电》，1915年5月29日，《汉冶萍公司档案史料选编》（上），第278页。
③ 《孙宝琦致盛宣怀函》，1915年5月31日，《汉冶萍公司》（三），第940—941页。
④ 《孙宝琦呈财政部、农商部文》，1915年5月下旬，《汉冶萍公司》（三），第941—942页。

袁政府维持汉冶萍的承诺后，1916年6月，孙宝琦正式出任董事会长，接手汉冶萍公司。

二 孙宝琦与汉冶萍机构改革

（一）加强董事会的权力

孙宝琦出任会长不久即遭到公司董事王存善的公然弹劾。王存善虽然在股权方面名列九位董事中的第四位，但其在公司资历甚老，因善于理财，深得盛宣怀的信任和倚重，辛亥革命期间曾一度代理会长职务。王存善指责孙宝琦自任会长后"未见裁除一人，核减一款，而近来陆续添支薪费，每月已有二万余元"。这显然是一个无中生有的指控。对此，孙宝琦必须维护自己作为会长的清白，因此理直气壮地质问添支费用是何年何月所支何项何款，是否皆其所擅自批准，强烈要求查账员谢纶辉和杜炳卿及稽核处长顾永铨彻查此事，"明白宣布，以释群疑"。按理说，孙宝琦是盛宣怀和袁世凯遴选的公司掌舵人，具有广泛的政治人脉，是当时较为合适的接班人，王存善不仅不应该拆台，而且应该维护其权威，襄助其推动公司的发展。王存善究竟意欲何为？可能是为了发泄自己未被推举为会长的不满，亦可能是借子虚乌有之事故意试探孙宝琦的底线，抑或有其他目的，但无疑均严重损害了孙宝琦会长的威信。对王存善的指责，孙宝琦虽感愤怒，除要求彻查外，亦只是无奈地表示自己虽为会长，本系遥领，主要是与政府接洽事项就近办理，公司事由董事会公决进行，自己既未列席，因此不负责任。孙宝琦还称对公司事"百无一补，招忌丛谤"，"夙夜彷徨，无以自解"，并由此提出辞职。① 这应该是孙宝琦的真实情感的表达，但也不失为一种以退为进的策略。

虽然如此，公司还是要谋求发展，但自总经理李维格辞职后，"各厂矿渐有尾大不掉之势，而董事会徒拥监督之名，缺乏实权"②。这是此前从未出现过的问题。在近代公司治理中，董事会是公司法人治理结构中最高的经营管理决策机构，在股东会授权范围内，接受股东的委托代理，负责

---

① 《孙宝琦致公司董事会函》，1916年10月10日，湖北省档案馆编《汉冶萍公司档案史料选编》（下），中国社会科学出版社1994年版，第279—280页。

② 《孙宝琦致公司董事会函》，1916年10月10日，《汉冶萍公司档案史料选编》（下），第279页。

制定或审定公司的业务方向、经营方针等,然后聘任总经理具体执行。辛亥革命之前,盛宣怀集公司董事长和总理职务于一身,上下权力悉操于盛氏之手,所以不可能出现各厂矿尾大不掉的情形。辛亥革命期间,盛宣怀遁逃日本,机构破坏,停工停产,人事凋零,公司进行了机构和人事重组和调整。赵凤昌被推举为董事会长,张謇被推举为公司总经理,叶景葵与李维格被举为经理。公司任用如吴健、王显臣、王阁臣等一批专业技术人才。此时的汉冶萍才是真正按照股份有限公司的模式运行。① 在向北京政府申请"国有"和"官督商办"过程中,主角是叶景葵,虽然盛宣怀一直在日本遥控指挥,但其仍有大权旁落之感,所以1913年重新出任汉冶萍总理和董事会长后,立即对经理事务加以改革。叶景葵在公司股东攻击下被迫辞职,原本两人经理的事务交由李维格一人经理,"以一事权"。但李维格表示,铁厂有专办负责改良及扩充销路,萍矿、大冶铁矿均有总办经理其事,自己从未预闻;而且自己精力日减,诸事萃集,实有日不暇给之势,提出驻沪经理亟须另派妥员分任。但董事会仍坚持由其"独任其难"。② 显然,将经理之权集于李维格,事实上更有利于盛宣怀对汉冶萍的控制。随后,经理李维格受到董事会及盛宣怀的责难被迫辞职。为加强集权,盛宣怀着手修改公司章程:取消总、协理名称,执行立法、议事机关并监督办事统由全体董事担负责任;取消办事员名称,总事务所经理及厂务长、矿务长、商务长、会计长、秘书长及汉冶萍三处坐办,统由董会选聘委任。③ 章程提高董事会在公司的地位和权力,是汉冶萍作为股份有限公司的应有之义,同时却有利于董事会长盛宣怀的个人集权。盛宣怀去世后,虽然有北京政府的支持,并不意味孙宝琦能填补汉冶萍公司出现的权力真空,公司由个人集权逐渐向分散化的方向发展,在缺乏统一管理的条件下,各厂矿尾大不掉的问题开始出现。作为会长的孙宝琦,当然不会容忍这种趋势的发展。

增选李经方为副会长以加强董事会权威是孙宝琦采取的一项重要举

---

① 《汉冶萍公司董事会常会记录》,1912年4月19日,《汉冶萍公司》(三),第248—250页。
② 《公司董事会常会议案》,1913年4月5日,《汉冶萍公司档案史料选编》(上),第268页。
③ 《公司股东常会议案》,1913年5月20日,《汉冶萍公司档案史料选编》(上),第270—271页。

措。在会长不能常驻上海的情势下,增选一副会长负责主持董事会十分必要,亦是情理之中的事情。在孙宝琦的提议下,公司董事会推举董事李经方继任盛宣怀所遗副会长一职。① 在九名董事之中,李经方的股权(10381权)仅次于孙宝琦(39258权)、盛宣怀(29338权)和王存善(11455权)②,是比较合适的副会长人选。在民国时期汉冶萍发展困难,尤其需要政府保护的大环境下,政治资源是董事会用人需要重点考量的一个问题。与王存善相较,李经方在资历和声望方面具有无可比拟的优势。李经方(1855—1934),字伯行,安徽合肥人,李鸿章的长子,曾在甲午中日战争期间随同李鸿章出使日本签订《马关条约》,后任使英、德等国大臣,署理邮传部左大臣,授资政大臣。李经方的出身及其从政经历,使得其在处理汉冶萍对内(中央政府和地方官绅)和对外(主要是日本)关系中具有较其他董事更多的便利。李经方遂被顺利推举为董事会副会长。

出任副会长不及数月,李经方以拟移家赴皖,"难以随时到会"为由提出辞去董事职任,这对欲加强董事会权威的孙宝琦是一个不小的打击。孙宝琦一方面提请董事会"全体劝留,以维大局"③,另一方面则表示若李经方辞职,则自己亦坚决辞职④,表示与其同进退的立场。李经方之所以辞职,主要是嫌董事会权限过小。当时的九位董事分别是:孙宝琦、盛恩颐、王存善、李经方、周晋镳(字金箴,浙江慈溪人)、沈敦和(字仲礼,浙江四明人)、张武镛(字知笙,江苏苏州人)、林熊徵(字薇阁,福建厦门人)、杨学沂(字杏城,江苏吴江人),李经方以下五位董事主要是江浙财团有实力的重要人物,当初入股汉冶萍主要是出于盛宣怀的邀请和面子,经营的重点并不在此,所以股权均在一万以下,不足以对董事决议产生决定性影响,发挥实际作用的是盛恩颐所代表的盛氏家族。为提高自身

---

① 《孙宝琦致正金银行函》,1916年8月24日,《汉冶萍公司档案史料选编》(下),第279页。

② 《公司股东大会议案》,1915年5月27日,《汉冶萍公司档案史料选编》(上),第275页。需要指出的是,孙宝琦的股权多于盛宣怀,无疑是经过处理和运作的,是为其出任董事会长作铺垫。

③ 《孙宝琦致公司董事会电》,1917年1月22日,《汉冶萍公司档案史料选编》(下),第280页。

④ 《孙宝琦致公司董事会电》,1917年1月23日,《汉冶萍公司档案史料选编》(下),第280—281页。

权威,董事会根据李经方所提意见,参照西方公司法,修改公司章程,以期"事权专一,以利施行"。章程规定董事会具有如下权力:一是按照新定公司条例,"对外代表公司,对内督率业务之进行";二是"选任及解任总、副经理及总稽核,但须取股东多数之同意";三是"议决预算、决算";四是主持对于政府及外国交涉事宜;五是审查经理及稽核之报告与业务处理之是否得宜;六是裁决经理与稽核之争执。还明确董事会中公推一人为会长,一人为办事董事(即副会长),"会长缺席时,代表会长执行事务。办事董事具有的权限有:每日到会办事,执行以上所开董事之权限;遇有紧要事宜,未及开董事会决议者,办事董事有先行决定之权"①。由是正、副会长及董事会在公司的核心地位从条文上才被确立下来。李经方认为这只是形式上的手续,能否真正地落实仍取决于最大股东盛恩颐家族的态度,进而向盛氏家族②提出:"可由盛家推选一人任职,如果不能由盛家族人中推举,亦须推荐一人将盛氏大股东资格全权托付,而受托付者,自必负有全责,然后方能放手办事"③。对此,董事会十分赞同,还强调:董事会为股东所选举,即为股东代表,今又全体公请会长为办事董事,即是付以全权,办事无虞掣肘。但是,以盛同颐为代表的盛家并不认同,提出"同颐等虽不肖,所有股权,窃思兢兢保守,殊不敢擅行托付。且敝处不过大股东中之一分子,究不足以代表全体"④。孙宝琦只得做李经方的工作,希望其能理解自己不能长期驻沪的苦衷,恳请其"统筹全局,主持会事,实行监督用人行政",表示现行章程如有疏漏,当随时修正,以期周密。⑤ 在正、副会长无权的前提下,董事会无疑形同虚设,权力下

---

① 《公司董事致李经方函》,1917年2月6日,《汉冶萍公司档案史料选编》(下),第281页。
② 代表盛氏股权的家族成员主要有:盛毓常(盛宣怀长子盛昌颐之子)、盛同颐(字艾臣,盛宣怀第三子)、盛恩颐(泽承或泽臣,盛宣怀第四子)、盛重颐(泮澄或泮臣,盛宣怀第五子)、盛昇颐(蘋臣或苹臣,盛宣怀第七子)。参见宋路霞编《盛宣怀家族》,上海科学技术文献出版社2009年版,第276页。
③ 《公司董事会致盛氏叔侄函》,1917年2月8日,《汉冶萍公司档案史料选编》(下),第281页。
④ 《盛同颐等致公司董事会函》,1917年2月9日,《汉冶萍公司档案史料选编》(下),第281页。
⑤ 《孙宝琦致李经方函》,1917年5月22日,《汉冶萍公司档案史料选编》(下),第281—282页。

移至经理成为必然，公司逐渐由董事会负责制向经理负责制的方向发展。

（二）重置总经理

在公司治理机制中，经理是掌握公司控制权的主要群体及公司治理机制的核心，并随着经营管理专业化的出现，经理人成为公司经营的实际内部控制者。① 公司经理人作为公司治理机制的核心，需要具有一定的企业家才能，因而其选任机制十分重要。② 辛亥革命期间，汉冶萍曾聘请张謇为总经理，叶景葵和李维格为经理作为短暂的过渡，三人均有经营企业的素质与能力。自李维格辞去经理职务及盛宣怀的去世，公司在一段时间出现经理乏人，事权不属的问题，"若无人提纲挈领，周巡整理，势必至破产而后已"。鉴于此，孙宝琦力持添设总经理，"是为巡查各厂实力整顿之计"。在汉厂厂长吴健、副厂长黄锡庚和萍矿总办李寿铨的强烈呼吁下，孙宝琦提议由李维格出任公司总经理，"以资熟手"，"且对付东邻较易接洽"，但李维格拒绝出任，仅允担任大冶新厂厂长。其中原因大概是，李维格追随盛宣怀为汉冶萍效命近二十年，不仅视野开阔，而且有深孚众望的经营管理能力，出任总经理却可能因阻碍盛氏集权而为其所弃；另外，董事会无权，且内部李、盛权力斗争激烈，盛氏叔侄虎视眈眈，即使出任公司总经理也将无所作为，选择出任大冶新厂厂长是为远离政治斗争的旋涡。

在这种状况下，"学贯中西，才望兼优"的夏偕复被推荐为公司总经理。夏偕复（1874—？）浙江杭县人，清末历任工部主事，中国留日学生总监督，驻美国纽约总领事，外务部云南交涉使，天津造币总厂总办。夏氏主要从事外交事务，对公司治理可以说是外行，并不适合担任总经理职务，但由于汉冶萍行业特殊，尤其需要与政府打交道，所以无论是会长、副会长还是总经理的选用，其目标需求不仅限于经济方面，更多在于政治方面。③ 夏偕复长期在外事部门任职，具有一定的政治资源，对于将来与政府及日本打交道相对比较便利。因夏偕复"恐于各厂矿稍形隔膜"，孙

---

① 向朝进等：《公司治理结构与公司绩效》，《四川大学学报》（哲学社会科学版）2003 年第 2 期。

② 杨勇：《近代中国公司治理——思想演变与制度变迁》，上海世纪出版集团 2007 年版，第 74 页。

③ 杨勇：《近代中国公司治理——思想演变与制度变迁》，第 51 页。

宝琦遂推荐其女婿、盛宣怀的第四子盛恩颐为副经理，辅助总经理共图进行。① 盛恩颐（1892—1958），字泽臣，虽留学英国伦敦大学和美国哥伦比亚大学，但是一个地地道道的花花公子，并不是一个合格的管理之材。值得注意的是，公司设立一总经理职和一副经理职，却没有设立经理作为过渡。对于总经理和副经理的安排，孙宝琦可谓煞费苦心，这在一定程度有利于董事会的垂直督率及公司事务的统一管理，从而避免各厂矿各自为政、尾大不掉的问题；另一方面看似历练盛恩颐，实则为其将来直接出任总经理，掌握公司全权铺路，从而最大限度照顾盛氏家族作为最大股东的地位和利益。在出任副经理之前，盛恩颐继承了公司的董事席位，根据公司章程，在出任副经理后，其须辞去董事席位，但董事会仍公举其暂行兼任董事。②

随着汉冶萍公司的发展，厂矿规模不断扩大，内部治理渐趋复杂，过去那种高度集权化的组织结构所存在的缺陷便明显地暴露出来，在日趋激烈的市场竞争中越来越显得不相适应。由于汉冶萍厂矿远在鄂赣，管理机关却在上海，距离过远，不仅考核难周，亦且董率不及，董事会与经理层对于下属各部门的具体情况不可能准确、迅速地掌握和了解，因此难以做出合乎实际、合乎情理的企业决策，影响决策的及时性和正确性；同样，决策的下达因不能直接通到执行部门，中间往往要经过多个管理层次，也必然会影响到决策执行的及时性和正确性。③ 在这种情况下，夏偕复和盛恩颐遂向董事会提议经理移汉事宜。④ 大概是董事会对此游移不决，所以延至1917年6月才有"公众赞成"的回复，同时要求夏、盛按照"就近管理，同条共贯，考察功过，担负责成"的精神拟定章程。⑤ 在所拟定的公司厂矿稽核、收支、统计处试行章程中规定，三处处长均由总、副经理

---

① 《孙宝琦致公司董事会函》，1916年10月10日，《汉冶萍公司档案史料选编》（下），第279—280页。
② 《股东联合会致公司董事会函》，1916年11月15日，《汉冶萍公司档案史料选编》（下），第280页。
③ 沈祖炜：《近代中国企业：制度和发展》，第133页。
④ 《夏偕复、盛恩颐致公司董事会函》，1916年11月1日，《汉冶萍公司档案史料选编》（下），第294页。
⑤ 《公司董事会致夏偕复、盛恩颐函》，1917年6月13日，《汉冶萍公司档案史料选编》（下），第295页。

推荐并报由董事会核准委任,受总、副经理指挥。① 客观而言,经理由上海移至武汉就近管理无可厚非,对公司长远发展可谓有百益而无一害,但问题是,董事会在上海,经理则在武汉,不仅经理远离董事会督率的视线,而且由其所推荐各处处长更是唯经理马首是瞻。更为重要的是,上述三处均是公司的核心和要害部门,经理通过推荐和指挥各处处长对公司实行控制,从而将作为最高决策机构董事会的权力架空。1920年,夏、盛继而向董事会提出,应仿行日本大公司,在经理处下分设文牍、技术、调查、考功四课。将经理秘书处改为文牍课;勘矿处改为技术课;以调查课调查中外商务状况,考察各厂矿所之进行,编译各种东西文件;以考功课考察员司之勤惰及一切抚恤、请假事宜。② 董事会表示"办法甚是","一致赞成"。原经理秘书长包希蘭改委为文牍课课长,杨华燕代理技术课课长,商务所学习办事员宋子文为调查课课长,大冶新厂稽核李景昌为考功课课长。③ 调查一课设立后因"无成绩"而被裁撤,课长宋子文改任西文总秘书。④ 公司经理由沪移汉本来是为了更好地沟通上下级机构的信息,有利于决策执行的及时性和准确性,结果却出现经理通过推荐人选和下设分工精细的机构实施权力扩张的结局,使得董事会逐渐成为一个徒有虚名的最高机构。

1922年,盛恩颐向董事会提出,由于公司内困于财力枯竭,外迫于环境的艰虞,情形危殆,就总事务所设一特别委员会,由汉阳铁厂厂长吴健、大冶铁厂副厂长黄锡赓、冶矿矿长季厚堃、萍矿副矿长舒修泰、运输所所长潘国英、商务所所长倪锡纯、会计所副所长赵兴昌、副所长金忠讃、技术课长周厚坤,汉厂会计处长李赐求、萍矿稽核处长龚炳慈为委员组成联席会议,"共筹救济之方,以为改良之计"⑤。随后夏、盛又以吴健

---

① 《附件:汉冶萍公司厂矿稽核、收支、统计处试行章程》,1917年12月8日,《汉冶萍公司档案史料选编》(下),第295—297页。
② 《夏偕复、盛恩颐致公司董事会函》,1918年12月31日,《汉冶萍公司档案史料选编》(下),第297页。
③ 《盛恩颐致公司董事会函》,1919年1月3日,《汉冶萍公司档案史料选编》(下),第298页。
④ 《夏偕复、盛恩颐致公司董事会函》,1920年1月22日,《汉冶萍公司档案史料选编》(下),第298页。
⑤ 《盛恩颐致公司董事会函》,1922年10月25日,《汉冶萍公司档案史料选编》(下),第300页。

的名义，提出将公司全体改组，缩小范围。① 联席会议的成员囊括了汉冶萍所属厂矿所有机构的关键人物，都从属于经理，任何重大决策都可以直接经过联席会议而无须通过董事会，将权力完全集中于经理。一战结束后，国际钢铁价格一落千丈，汉冶萍公司陷入了前所未有的困境。为解决财政危机，总经理夏偕复四次奉命赴日本谋求借款，借款总数达六七百万之多，在日本遭受关东大地震及日本政府调整了对汉冶萍的政策后能借到如此巨款已属不易，但仍遭到公司内部的强烈批评，乃于1924年提出辞职。② 夏偕复的辞职为盛恩颐掌握公司全权铺平了道路，董事会遂请盛兼代总经理职务。③ 心腹潘灏芬随之被盛推荐担任襄理，协助经理，位置在厂矿所长之上。④ 1925年8月，因萍矿工潮，在盛恩颐的压迫下，所谓"挟众自重"的矿长李寿铨、"诌媚军阀"的副矿长黄锡庚和"敷衍工党"的副矿长舒修泰均引咎辞职。⑤ 盛恩颐则亲自到大冶、萍矿和汉口等地查办，"整顿萍矿解决工潮，为公司每年节省经费在百万以上"，尤属"克膺艰巨，劳苦功高"，因而被董事会敦请实任总经理。⑥ 随后，襄理潘灏芬被提升为副经理⑦，会计所长赵兴昌升充襄理。⑧ 在董事会的举荐下，农商部甚为肯定盛恩颐解决萍矿工潮的功劳，在致其嘉奖令中说，盛恩颐前往汉冶萍煤矿消弭工潮，整顿厂务，异常出力，除赠匾额嘉奖外，盛渤颐给予一等奖章；蒋服、盛铭给予二等奖章；刘廷震、沈开运、郑鸿云给予三等

---

① 《公司董事会致谢夏偕复、盛恩颐函》，1922年10月25日，《汉冶萍公司档案史料选编》（下），第300页。

② 《夏偕复这公司董事会函》，1924年11月8日，《汉冶萍公司档案史料选编》（下），第301页。

③ 《公司董事会致盛恩颐函》，1924年12月5日，《汉冶萍公司档案史料选编》（下），第301—302页。

④ 《公司董事会致潘灏芬函》，1924年12月31日，《汉冶萍公司档案史料选编》（下），第302页。

⑤ 《盛恩颐致公司董事会函》，1925年8月15日，《汉冶萍公司档案史料选编》（下），第302页。

⑥ 《公司董事会致股东联合会函》，1925年10月15日，《汉冶萍公司档案史料选编》（下），第302页。

⑦ 《公司董事会致盛恩颐函》，1925年10月30日，《汉冶萍公司档案史料选编》（下），第302页。

⑧ 《公司董事会致盛恩颐函》，1926年1月29日，《汉冶萍公司档案史料选编》（下），第303页。

奖章。① 至此，盛恩颐在汉冶萍公司的权力达到顶峰，基本上掌控了整个公司。

（三）增设总稽核处

1908年汉冶萍组建公司时，公司章程规定汉阳铁厂、大冶铁矿、萍乡煤矿及汉阳、萍乡商务所各设稽核一人，专事负责银钱监督，由董事会选派②，接受董事会的直接领导。辛亥革命期间，公司停工停产，机构破坏，汉冶萍公司两厂两矿四大机关，各收支均归会计所管辖，"各稽核无所归束，每年结账，但凭月总，而预算决算均不可靠"。如上年陇海轨价交货在先而收款在后，致生交涉；萍乡添人无数，毫无稽考，"皆因综理无人，多形失败"。为加强对各厂矿和商务所的监督检查，公司决定设立总稽核处，"派员专管，以一事权"。在孙宝琦的提议下，董事会特委盛宣怀外甥、办理公司事务任劳任怨的顾永铨于上海总事务所设立总稽核处，遴选赵步郊和顾仙舟为正、副账席，董事杨学沂、商务王阁臣、会计金劕蕃和秘书包子如皆随时会商办理，翻译赵炳生，书记于醴泉、金子实帮同办事。总稽核处的职责是按月造送月报。③ 董事会还就设立总稽核处事宜通知各矿厂长、总办，要求各厂矿关于款目报告、公司表册，从是年一月份起，各多备一份，直接寄交总稽核处，以凭查核。④ 总稽核处的设立，是为加强对各厂矿账目的检查督办，事实上加强了董事会的权力，提高了其权威。

1918年8月，顾永铨病故，总稽核一席"关系重要，未便虚悬"，遂由会计所长赵兴昌暂行兼代。⑤ 10月，代理总稽核赵兴昌调任新成立的会计所副所长，其总稽核职位由副稽核盛宣怀的弟弟盛善怀升补，副稽核由

---

① 《农商部致汉冶萍公司函》，1926年6月23日，《汉冶萍公司档案史料选编》（下），第303页。
② 《商办汉冶萍煤铁厂矿有限公司推广加股详细章程》，光绪三十四年三月（1908年4月），《汉冶萍公司档案史料选编》（上），第238页。
③ 《公司董事会致顾永铨函》，1916年2月29日，《汉冶萍公司档案史料选编》（下），第291页。
④ 《公司董事会致吴健等函》，1916年5月6日，《汉冶萍公司档案史料选编》（下），第291—292页。
⑤ 《公司董事会致赵兴昌函》，1918年8月17日，《汉冶萍公司档案史料选编》（下），第292页。

庞仲雅接任。① 对总稽核处两年来所起的作用，盛善怀等在致总经理夏偕复函中指出：设立总稽核的初衷是为监督财务，所有营业收入以及各项支出款目必先经该处审核，并赋予准驳之权，是以"慎重度支""预防流弊"。但该处成立后，仅加强了各厂矿钢铁煤焦统计列表，却对应行职责有所抛弃，"殊乖本旨"，亟应改良。另外，所有总事务所收支各款均应先具凭单送经总稽核处盖章后方能收付，对于有疑点的问题，准由该处声明理由驳复，以昭严密；该处应将现办之统计各表一概划归会计所统计股办理，"俾分权限而副名实"。问题是，会计所虽有统计科目，并无统计成绩，导致所有各厂矿钢铁煤焦石及银钱出入漫无稽考。汉冶萍公司两厂两矿四大机关，各收支均归会计所管辖，"每年结账但凭月总而预算决算均不可靠"，而董事会只批准总稽核处稽核各厂矿试行章程，并无职务规定。要求明确：自四月起总事务所收支各款均应先具凭单送经总稽查处稽核盖章后方能收付，如有疑点，准即声明理由驳复，其现办之各表一概划归会计所统计股办理。②

问题十分清楚，即总稽核处成立后，董事会并未明确其权限，导致其与会计所等部门发生职能重叠与冲突，在这种状况下，夏偕复和盛恩颐提请董事会对其加以改组，确定其稽核银钱收支的主要职责。董事会遂拟定总稽核处试行章程二十一条，规定其主要职责是：一是秉承董事会和经理，所有公司全部出纳款项、采办物料、售销货品，均有稽查之权；二是审核各处动支，须根据核定预算，如有超过定额或不正当之动支，均有驳还之权；三是总事务所各机关除董事会外，凡有支款必须开具凭单，详注用途，送由总稽核处核准后方得向会计所支付，会计所自己支款亦同。总稽核处对于核准盖章之凭单，应负完全责任，还应按月将经办事务陈报董事会暨经理查阅。③ 还明确："各厂矿会计处支款，无论巨细，务须遵章出具正式凭单，先由稽核处核准盖章，方准照付。稽核处亦应详慎审查，破除瞻徇，以符互相牵制之义，如再有手续不完，擅自支付者，一经查出，

---

① 《公司董事会致夏偕复、盛恩颐函》，1918 年 10 月 2 日，《汉冶萍公司档案史料选编》（下），第 292 页。
② 《盛善怀、庞钟璘致夏偕复函》，1920 年 4 月 20 日，《汉冶萍公司档案史料选编》（下），第 292 页。
③ 《公司董事会致总稽核处函》，1920 年 5 月 30 日，《汉冶萍公司档案史料选编》（下），第 293 页。

无论所用是否正当,均责成会计处长赔偿,矿长亦不得辞失察之咎,以杜流弊而儆效尤。"① 毫无疑问,总稽核处在董事会和经理双重领导下,加强了对各厂矿稽核处的领导,对银钱的监督检查发挥了一定的作用,但是由于公司各董事多半不能常川到会,导致董事会"无人负责"。1918 年,留任董事和新当选董事共计 11 人②,但后来出席董事会的董事没有一次超过 6 人,最少的时候只有包括盛恩颐本人在内的 4 人。正因如此,1924 年孙宝琦提出实行董事制提案,通过改选董事,选择能常期驻沪,且于公司情形熟悉之人,"万勿使再有挂名虚应故事,致滋贻误"③。但后来并没有实行。结果是,总稽核处由原本公司董事会直接领导的稽查机构演变为与经理共同领导的机构,并随着董事的缺位和董事会权威的缺失,逐渐沦为经理的附庸。

(四)改革的失败与汉冶萍家族化方向发展

孙宝琦出任汉冶萍公司董事会长"重之以补公(盛宣怀)之托,申之以项城(袁世凯)之命"④,同时出于对实业的茫然无知和煤铁厂矿的缺乏经验,这就注定孙宝琦将在"情"和"能"的矛盾之间艰难地挣扎,将在很大程度上决定其作为会长的尴尬和无奈,同时还决定其今后在处理公司重大事务上的态度和立场。作为董事会会长,既不能辜负盛宣怀的重托,亦要谋求公司的持续发展,根基和威信的先天不足是孙宝琦面临的最大困境。缺乏足够的威信不仅难以在公司立足,更遑论推动公司的发展,所以孙宝琦面临的首要任务是加强董事会的权威,树立如盛宣怀般的个人权威。但问题是,孙宝琦长期在政府任职,本身政务缠身,无法长期驻沪,对公司事务鞭长莫及,名为董事会长,实则挂名。在公司活动中,孙宝琦分身乏术,多只能委派自己的代表参与董事会的活动,更加深了与公司董事、经理及各厂矿管理人员之间的距离与隔膜。这种状况的长期后果即导致孙宝琦在公司及董事会难以掌握应有的话语权,增加了改革和发展公司

---

① 《盛恩颐致黄锡赓、舒修泰函》,1924 年 1 月 24 日,《汉冶萍公司档案史料选编》(下),第 293 页。
② 《公司股东大会议案》,1920 年 2 月 8 日,《汉冶萍公司档案史料选编》(下),第 10 页。
③ 《孙宝琦关于实行董事制提案》,1924 年 11 月 19 日,《汉冶萍公司档案史料选编》(下),第 25 页。
④ 《孙宝琦致公司董事会函》,1918 年 1 月 30 日,《汉冶萍公司档案史料选编》(下),第 282 页。

第一章 汉冶萍公司体制变化与权力变迁

的难度。

在汉冶萍公司，孙宝琦一方面欲树立董事会及会长的权威，另一方面又不得不迁就盛氏家族的利益，处于十分矛盾的窘况。作为会长，孙宝琦自然亦希望通过加强董事会的权威和领导，改革公司机构，推动公司发展。增选李经方为副会长、设立总经理及总稽核处均是出于这种动机。由于缺乏根基和威信，加之不能长期驻沪，孙宝琦的改革并没有起到应有的效果，反而使大权旁落于以盛恩颐为代表的盛氏家族。1918年1月孙宝琦向董事会表达对在任公司会长两年的时间里，对内不能主持会务，"滥竽领袖未能赞画毫末"，对外与鄂省磋商开采新矿的条件也未达目的，因此"愧疚已极"，提出辞职。① 随后，孙宝琦再次致函董事会表达辞职意愿。可以说，孙宝琦对自身在公司的处境十分清楚，因此在公司重大事务上常持消极态度，这是使得其本人及董事会权威丧失的重要原因。副会长李经方的辞职则又是使得董事会权威更加式微的另一个重要因素。1922年6月，李经方正式辞去副会长职，并将个人所有公司股份全行让渡与人。② 1924年12月，公司董事会推举傅宗耀继任副会长。③ 副会长李经方的辞职和傅宗耀的继任，表明盛氏家族取得了对汉冶萍全方位的掌控。此后，直至1929年辞去董事会长职，孙宝琦基本上没有过问公司事，公司实权却牢牢操控在盛恩颐家族及亲信手中。

董事会和经理权利的消长使得公司朝着盛氏家族化的方向发展。首先，盛宣怀去世后，其所掌控的公司股权总数虽由一人所有向家族成员分散化的方向发展，但这种股权结构的安排更有利于盛氏家族成员掌控公司的发言权，在很大程度上直接影响公司的决策。根据1920年盛宣怀遗产的

---

① 《孙宝琦致公司董事会函》，1918年1月19日，《汉冶萍公司档案史料选编》（下），第282页。
② 《公司董事会致股东联合会函》，1923年5月29日，《汉冶萍公司档案史料选编》（下），第284页。
③ 《公司董事会致傅宗耀函》，1924年12月6日，《汉冶萍公司档案史料选编》（下），第285页。傅宗耀（1872—1940），字筱庵，浙江镇海人，曾在上海浦东耶松船厂做工，后辗转夤缘，投入时任邮传尚书盛宣怀的门下，遂成为盛家的心腹。辛亥革命期间，上海光复后，被委以沪军都督府财政部总参议及江海关清理处主任，并承认他在招商局、汉冶萍公司及中国通商银行三大企业内盛家股权的代表身份。1914年4月，盛宣怀重掌招商局和汉冶萍公司的大权后，为酬其保产之功，任其兼招商局经理各地栈租之缺。此时傅宗耀已是中国通商银行董事，并任上海总商会第一届议董，负责对外交涉事务。

清理结果，其在汉冶萍的股票价值近 270 万规元两①，约占汉冶萍总股本 1078 万②规元两的 25%。若从总股本中扣除官款 580 万元③（按七钱五分折合成规元两）合 435 万规元两，盛氏家族所占汉冶萍股份竟接近 42%。这还不包括盛恩颐岳父孙宝琦及副会长傅宗耀的股份。所以，盛恩颐在任公司总经理期间，由于家族巨额股份所享有决定性的话语权，使得其有恃无恐，肆无忌惮，控制公司的程度与乃父盛宣怀相比有过之而无不及。其次，在董事和经理及其他重要管理人员的安排等方面也明显体现这种趋势。在董事会，孙宝琦和傅宗耀分别任正、副会长，即使孙宝琦对公司事务漠不关心，灰心气馁，但毕竟是公司的象征，在与中央政府和地方官绅交涉过程中仍能发挥一定的影响；副会长傅宗耀控制董事会，极大减轻了董事会对盛恩颐行使总经理权力的掣肘与制约。在经理处及其隶属机构中，总经理盛恩颐、总稽核盛善怀，且自 1915 年后，卢成章、王宠佑、郭承恩、吴健、严恩棫等一批专业技术人才相继离职，盛渤颐及盛氏羽翼下的许多心腹掌握了公司的关键和核心职位，所有权和经营权合一的趋势较为明显，使得汉冶萍公司逐渐朝着盛氏家族化的方向发展。

---

① 云妍：《盛宣怀家产及其结构——基于 1920 年盛氏遗产清理结果的分析》，《近代史研究》2014 年第 4 期。
② 《汉冶萍公司说略》，1914 年 6 月，《汉冶萍公司档案史料选编》（上），第 316 页。1914 年和 1920 年银元的兑换有些出入，但还是能基本反映当时的概貌。
③ 参见《张謇呈大总统文》，1915 年 2 月 28 日，《汉冶萍公司档案史料选编》（上），第 321 页。

第二章　汉冶萍人事管理与机构整顿

第一节　管理层、技术人员、工人的聘用与管理

中国古代的工业体系主要是官营工业与民间小手工业,虽然明末清初一度出现资本主义萌芽,但并未建立起适应大工业体系的工厂制。第一次鸦片战争后中国被迫卷入全球资本主义市场,经历"千年未有之变局",开启了痛苦的转型历程,"从中古东方型的社会,转入现代西方型的社会"①,而在这个过程中"对世界大多数国家和亚洲所有国家来说,现代化进程要求它们按照少数西方国家首先采用的技术模式和制度模式对自身进行修改和调整"②。伴随着西方商品进入中国的,还包括西式设备、技术、工艺和生产方式等在内的西方工业体系。同时,"殖民主义的文化侵略和文化传播是并行的"③,西方文化亦随之进入中国。尤其是第二次鸦片战争时期,清政府面临严重的内忧外患,外有英法联军入侵北京,内有太平天国运动席卷大半个中国。在内外战争中洋务派意识到中外差距,尤其是武器装备的差距,开始了以"自强"为目标的洋务运动,掀起了中国近代大规模工业化的开端。其后洋务运动进一步拓展,从第一阶段军事工业开始向第二阶段过渡,"前一阶段官办军事工业的清一色局面已经突破,开始生产民用品(如采矿)和提供民用服务(如运输、电信)"④,从"自强"拓展到"求富",开办民用工业,培育近代技术人才。汉冶萍公司正是诞

---

① 唐德刚:《从晚清到民国》,中国文史出版社2017年版,第201页。
② [美]吉尔伯特·罗兹曼主编:《中国的现代化》,"比较现代化"课题组译,江苏人民出版社1992年版,第24页。
③ 陈旭麓:《近代中国社会的新陈代谢》,生活·读书·新知三联书店2017年版,第408页。
④ 戴逸:《洋务运动试论》,阮芳纪、左步青、章鸣九编《洋务运动史论文选》,人民出版社1985年版,第2—6页。

生于洋务运动的末期，此时"洋务的重点又从军事方面转移到了经济方面"。①

在汉冶萍公司诞生之前中国钢铁方面的技术主要依赖土法炼铁，规模小，产品质量差，且主要生产制造农具、炊具等。洋务运动初期洋务派开始筹办钢铁厂。第一个现代意义上的钢铁厂——贵州青溪铁厂肇始于1885年，诞生于贵州。但由于技术、空间布局、人才、市场需求和资金等多重原因，贵州青溪铁厂1889年投产不久即停产，此后再未复工。

汉阳铁厂的创办者张之洞"鉴于贵州青溪铁厂的反面经验……聘任了一些有经验的外国职员"②，并在技术和人才等方面采取了一系列举措。为便于理解，本部分根据汉冶萍公司人员阶层分管理层、技术人员和工人三个群体进行研究。

一 汉冶萍公司管理层

汉冶萍公司管理层包括汉冶萍公司总事务所的管理者、各厂矿的厂矿长、股长等，承担着一定的行政管理职责，对人、财、物有一定的支配权。

从管理职责看汉冶萍公司的管理层可分为事务管理者和技术管理者，前者承担各项管理性职责，如商务、采购、运输和职能管理（如稽查、财务、庶务等），后者包括采矿、生铁冶炼、钢铁加工、化验、勘矿等。如根据汉阳铁厂组织架构图③，1916年汉阳铁厂设置了10个一级部门，其中事务管理部门包括卫生股、稽核股、商务股、总务股、物料股和收支股，技术管理（含生产制造）部门包括机器股、化验股、化铁股（下设铁厂）和制钢股（下设钢厂）。

从人员产生方式看，汉冶萍公司管理层经历了官办时期的任命、官督商办和商办时期聘任制的转变。在官办时期汉阳铁厂创办者张之洞喜用官僚，"喜用委员而不喜用司事，委员之中又视候选不及候补，视候补不及

---

① 戴逸：《洋务运动试论》，《洋务运动史论文选》，第2—6页。
② ［德］欧仁·吕柏：《中国的采矿业和钢铁工业》，转见刘明汉主编《汉冶萍公司志》，第275页。
③ 刘明汉主编：《汉冶萍公司志》，第34页。

现任"①，各级管理者基本都是官员，如总办蔡锡勇等均具有官员身份，包括在职、候补官员。如汉阳铁厂主要官员身份如表2-1所示：

表2-1　　　　　　官办时期汉阳铁厂部分职员信息

姓名	出身或时任职衔	职事	参与时间
蔡锡勇	同文馆毕业，候选知府	洋务处提调，汉阳铁厂总办	1884—1897
钟天纬	格致书院学员，后捐加通判双月候选	铁政局帮办文案，矿学堂兼考究各处送来煤铁，管自强书院	1890—1893
徐建寅	候选道	查勘大冶等地煤矿、铁厂地基	1890
王树藩	候选州判、候选知县	查勘大冶王三石煤矿、大冶铁矿	1890—1900
王廷珍	大挑知县	汉阳铁厂总监工	1891
朱滋泽	候补同知、候补知府	汉阳铁厂副提调、专办马鞍山煤务，铁政局坐办	1891—1899
黄国堞	安徽候补知府	汉阳铁厂提调	1892
赵毓楠	湖北试用知州、候补知府	铁政局收支	1892—1898
高培兰	湖北先用知县、候补知县	赴宝庆勘察煤铁矿、查勘益阳煤矿、开办江夏煤矿，铁政局委员	1890—1891
欧阳琛	补用典史	查勘煤矿	1890
王天爵	试用典史	查勘煤矿，采办湘煤转运局	1890—1893
欧阳柄荣	拔贡、候补知县	勘察煤铁等矿，采办油煤焦炭	1890—1899
游学诗	矿务学堂学生，候选知县	查勘大冶煤铁及运道，道士械、明家湾等处煤矿委员	1890—1892
黄建藩	候选知县	查金山寺、胜山店煤矿，管理道士械、明家湾等处煤矿收支事项	1890
余正裔	兵部候选郎中	管理道士械、明家湾等处煤矿事项	1892
杨鼎福	候选知县	管理道士械、明家湾等处煤矿事项	1892
敖开郁	候选县丞	查金山店、胜山寺煤矿	1890
扎勒哈哩	补用知府	查勘煤铁	1890—1898
盛春颐	候补同知、当阳知县	查勘大冶、江西等处煤铁	1890—1897
易象	候补通判	查勘大冶等处煤铁	1890

---

① 《钟天纬致盛宣怀函》，光绪十六年十二月二十九日（1891年2月7日），《汉冶萍公司》（一），第25页。

续表

姓名	出身或时任职衔	职事	参与时间
张飞鹏	候补知县	查勘大冶煤矿、铁山运道、查勘兴国锰矿	1890
凌卿云	湖北候补道	赴山东查勘煤铁矿	1890—1900
汪彦份	湖北试用同知	兴国州勘办锰铁运道	1892
施启华	候补同知	勘修大冶铁山运道	1890
沈鉴	候选州同	勘修大冶铁山运道	1890
倪涛	候补府经历	勘修大冶铁山运道	1890
朱滋澍	湖南候补知县	查勘煤铁矿	1890
舒拜发	副将	查勘煤铅矿、暂时代理铁政局帮办提调	1890—1891
林佐	补用知县	兴修大冶铁山运道	1891
李绍闵	候补知县	兴修大冶铁山运道	1891
石绍祖	候选县丞	兴国州勘办锰铁运道	1892
史赓云	候补知县	选收商煤	1893
曾时霖	候补从九品	采办油煤	1893
袁敏功	候补通判	王三石帮办煤务	1893
洪士龙	候补税课大使	赴湘采办煤炭及转运	1893
骆文彩	候选知县	赴湘采办煤炭及转运	1893
段鸿猷	候补通判	赴湘采办煤炭及转运	1893
梅冠林	知县	查勘兴国州锰铁矿	1890
周得胜	副将	开采大冶铁山	1890
蔡国桢	候补知县	汉阳铁厂总监工	1892

资料来源：黎仁凯：《张之洞幕府》，中国广播电视出版社2005年版，第125—147页。

总体而言，这些官员缺乏钢铁专业知识和大型工矿企业管理知识，官僚气息浓厚，如吕柏批评道：

所有好一些的职位都被一群寄生虫掌握着，他们除了制造矛盾，把简单的事情搞得复杂起来外，绝大多数人简直就是拿着钢铁厂的工资，一天到晚白混24小时的懒汉……此外，人们还可以看到另外一种情况，不管在什么地方只要是由清朝官员担任管理工作，则他们所在的工厂和企业就根本无法发展。①

1896年汉阳铁厂由官办改为官督商办后,根据章程"用人理财,筹划布置,机炉应否添设,款项如何筹措,委员司事华洋工匠人等如何撤留,及应办一切事宜,悉照轮船、电报各公司章程,遵照湖广总督札饬,均由督办一手经理,酌量妥办;但随时择要禀报湖广总督查考"②。各级管理人员均由督办遴选,逐渐推行聘用制。但这些管理者大多与盛宣怀有一定的私人关系,如表2-2所示。

表2-2　　汉冶萍公司1916年前部分高层与盛宣怀关系一览

姓名	职务	与盛宣怀关系
郑观应	汉阳铁厂总办	好友
盛春颐	汉阳铁厂总办	堂侄
李维格	汉阳铁厂总办	同乡
宗得福	汉阳铁厂提调,大冶铁矿总办	至戚
张赞宸	萍乡煤矿总办	老乡
林志熙	萍乡煤矿总办	姻亲
李寿铨	萍乡煤矿机矿处长、矿长	老乡

资料来源:湖北省档案馆:《汉冶萍公司档案史料选编》(上),第245页;李玉勤:《晚清汉冶萍公司体制变迁研究(1889—1911)》,中国社会科学出版社2009年版,第127—128页;《汉冶萍公司(二)》,第59页;萍乡矿务局志编纂委员会:《萍乡矿务局志》,萍乡矿务局志编纂委员会,1998年,第92页。

辛亥革命之后汉冶萍公司各级管理者不再具有官员身份,回归职业经理人身份。总体而言,汉冶萍公司管理者经历了由官而商的转变历程。

官督商办时期,根据招商承办章程"督办应由有股众商公举,湖广总督奏派。总办及委员应由督办禀派。办事商董、查账商董应由众商公举。

---

① [德]欧仁·吕柏:《中国的采矿业和钢铁工业》,转见刘明汉主编《汉冶萍公司志》,第278页。
② 《张之洞奏铁厂招商承办议定章程折》,光绪二十二年五月十六日(1896年6月26日),《汉冶萍公司档案史料选编》(上),第135页。

司事应由总办及驻局商董公举。庶几相连指臂，互为勾稽"①。实践中督办一直由盛宣怀担任，"既为督以官，遇事擅专，遂使众商公产断于一人之私见"②。总办先后由郑观应、盛春颐和李维格担任，但总办并无用人行政权限。商办之后，根据章程总经理由股东大会公举、其他管理层由总经理提名、股东大会决策。辛亥革命后管理层改为由董事会任命。其后的制度出现了不一致，部分制度规定厂矿长对所辖的管理者拥有用人行政权限，部分制度又将此权限收归董事会。1916 年盛宣怀去世前，盛宣怀通过掌控董事会从而掌控汉冶萍用人行政大权，管理层并无用人行政决策权。1916 年盛宣怀去世后董事会作用日益虚化，公司用人行政决策权转移到总、副经理，盛宣怀的继承人盛恩颐先后担任副经理和总经理，盛氏家族通过掌控董事会和担任总、副经理掌控着汉冶萍公司用人行政大权，各级管理者实际上由盛氏家族任命。为了便于开展工作管理者提出事权归一的请求，如李维格 1905 年向盛宣怀提出"用人行政，须有专一全权"③，盛宣怀虽回复授权，"本厂用人办事，准如该郎中所禀，给予全权，本大臣必无丝毫掣肘"④，但并未落实，"用人之权操自督办，股东不能过问"⑤。至 1916 年筹建大冶铁厂李维格依旧为事权归一呼吁，提议"厂内用人行事拟请董事会予厂长以全权"⑥，但不了了之⑦。

从管理层的专业度来看汉冶萍公司管理层经历了外行到专业人士的转变，从私人关系向技术专家转变。以汉阳铁厂的负责人为例，如表 2–3 所示：

---

① 《张之洞奏铁厂招商承办议定章程折》，光绪二十二年五月十六日（1896 年 6 月 26 日），《汉冶萍公司档案史料选编》（上），第 135 页。
② 《论廉州矿商缴还官本》，《新闻报》时务通论第 4 卷"商务"第 10 页，陈真编《中国近代工业史资料》，第 3 辑，第 20 页。
③ 《李维格呈出洋采办机器禀》，光绪三十年十二月十二日（1905 年 1 月 17 日），《汉冶萍公司档案史料选编》（上），第 171 页。
④ 刘明汉主编：《汉冶萍公司志》，第 104 页。
⑤ 《覆陈君可良、唐君翘卿、谭君幹臣论商务书》，夏东元编《郑观应集》，上海人民出版社 1988 年版，第 621 页。
⑥ 《大冶新厂办事规则》，1916 年 8 月 22 日，《汉冶萍公司档案史料选编》（下），第 342 页。
⑦ 郭莹、杨洋：《汉冶萍公司用人权限问题考论》，《湖北大学学报》（哲学社会科学版）2017 年第 6 期。

表 2-3　　　　　　　　　汉阳铁厂负责人信息

时间	职务	姓名	身份	备注
1890—1896	总办	蔡锡勇	同文馆毕业,候选知府、湖北布政使、按察使、盐粮道和候补道	张之洞幕僚
1896—1897	总办	郑观应	郎中,道员	盛宣怀亲信,曾担任买办,维新派思想家,洋务经验丰富
1897—1904	总办	盛春颐	候补同知、当阳知县	盛宣怀堂侄
1905—1912	总办	李维格	候选郎中,曾在驻外使馆工作	曾留学海外,精通英、法两种语言,工科知识渊博,盛宣怀同乡
1912—1923	厂长	吴健	公司委派英国留学,冶金专业硕士	
1924—1927	厂长	赵时骧	待考证	武昌人,其他待考证
1927	代厂长	黄金涛	美国哥伦比亚大学熔冶专业硕士	

资料来源:李玉勤:《晚清汉冶萍公司体制变迁研究(1889—1911)》,第 127—128 页;黎仁凯:《张之洞幕府》,第 125—147 页;汉冶萍公司档案史料选编(上),第 245 页;方一兵、潜伟:《中国近代钢铁工业化进程中的首批本土工程师(1894—1925)》,《中国科技史杂志》2008 年第 2 期。

现代钢铁工业肇始于西方,中国作为后发现代化国家面临着技术和人才困境。加上矿冶教育滞后,汉阳铁厂创办时期的各级管理者均由官员充任,基本无相应的技术知识和素养,技术完全依赖于洋匠,"以中国暂时无人而招致之,月费巨金"①。随着汉冶萍公司委派出洋留学生 1908 年开始陆续回国加入汉冶萍公司、国内矿冶教育发展和留学生增多,越来越多接受过高等矿冶教育的人才加入汉冶萍公司。据笔者考证,先后加入汉冶萍公司的留学生至少有 46 位。1912 年汉冶萍公司委派留学生吴健担任总工程师,结束了 1890 年起一直由洋匠担任总工程师的历史。此后为了锻炼和重用留学生人才,1915 年盛宣怀在各厂矿推行事工分治,设置事务长和矿长/厂长,后者负责技术管理。汉阳铁厂、大冶铁矿和萍乡煤矿的厂矿

---

① 《郑观应致盛宣怀函(二)》之附件:《谈汝康:统合二十二年度钢厂商办成本说帖》,光绪二十三年二月二十五日(1897 年 3 月 27 日),《汉冶萍公司》(一),第 461 页。

长均由留学生担任，汉冶萍公司管理层的技术专业度进一步提升。

随着洋匠的退出和本土技术人才的成长，汉冶萍公司各类技术岗位逐渐由本土专业技术人才担任。

从管理者所占职员的比例来看，以萍乡煤矿1920年数据为例，当年该矿合计有职员285人，其中管理者17人，占职员总人数的5.96%。在薪酬方面，管理层薪酬水平远高于普通职员。同样以萍乡煤矿1920年数据为例，管理层平均月薪为214.59元，技术员平均月薪为49.21元，事务员的平均月薪为31.95元。①

管理层中涌现了一批敬业者，为汉冶萍公司乃至中国近现代钢铁工业的发展贡献了力量，如官办时期的总办蔡锡勇"全身心扑在铁厂的筹建上，直到积劳成疾，以身殉职"②，大冶铁矿坐办徐增祚"在矿廿余年积劳病故"③。再如李维格，两度加入汉冶萍公司，作为盛宣怀的得力助手无论是解决产品质量问题、组织厂矿工艺改造和扩建、大冶新厂筹建还是日本借款，李维格均付出了巨大的努力，盛宣怀称赞李维格"任事之力、为谋之忠、去就之明，决全厂大局，实嘉赖之，不徒鄙人感佩而已"④，1924年《汉冶萍公司事业纪要》赞誉李维格"襄助盛公，竭忠尽智，今日汉冶两厂之规模，半为其心精所结造"⑤。

当然，在汉冶萍公司管理层中亦出现了一些负面人物，沿袭了清末官场贪污受贿、肆意浪费等陋习。如萍乡煤矿坐办林志熙贪污金额高达30万两。不仅如此，"汉冶萍公司开办以来，侵款自肥如林志熙者，殆不可胜计，不过互相包庇，无人发现耳"⑥。1921年学者胡庶华批评汉冶萍公司"公司组织不良，其经理人及职员多官场习气，不谙工作，徒事铺张，用人专讲情面，而财政尤不公开。以致贿赂时行，侵蚀成习"⑦。

---

① 根据湖北省档案馆藏：汉冶萍公司档案，档号 LS56-1-1517、LS56-1-1520 整理。
② 姜铎：《张之洞对近代企业的贡献》，《社会科学》1998 年第 1 期。
③ 《季厚堃、杨华燕致公司董事函》，1916 年 8 月 15 日，湖北省档案馆藏：汉冶萍公司档案，档号 LS56-2-92（2），大冶铁矿雇用员司招考生徒。
④ 《盛宣怀致李维格函》，光绪三十一年七月初六日（1905 年 8 月 6 日），《汉冶萍公司》（二），第 515 页。
⑤ 《汉冶萍公司事业纪要》，《汉冶萍公司档案史料选编》（上），第 56 页。
⑥ 《汉冶萍公司之悲观》，《时报》1913 年 3 月 4 日。
⑦ 胡庶华：《汉冶萍营业小史》，《时事月报》1921 年第 1—6 期。

二 技术人员

如上文所言,现代钢铁煤炭工业肇始于西方,中国作为后发现代化国家属于技术输入国。在汉阳铁厂初创时国内严重缺乏技术人才。依洋匠吕柏的评述,懂钢铁技术的仅有先前曾在青溪铁厂工作过的两位工程师徐庆沅等人,如吕柏所言:"当徐、祁两位年轻人在较短的时间里学会了关于铁厂建设、运营和管理等多方面知识之后,他们带着许多先进的设备回到了祖国,在贵州巡抚潘敬如兄弟的领导下,第一次完全没通过外国专家的帮助,以自己所学到的西方冶铁炼钢知识开始了铁厂的运行。"① 除此,民间科学家还包括徐建寅等人,但人数极少。

汉冶萍公司技术岗位主要包括工程师、副工程师、技正、技师、监工、化验员等。以萍乡煤矿1922年数据为例,如表2－4所示,全矿职员中技术人员数量113人,占总职员数量的39.65%。

表2－4　　　　　　　　　萍乡煤矿1920年职员分布

职种	管理者	技术人员	事务员
人数	17人	113人	155人
占总人数比例	5.96%	39.65%	54.39%

注:管理者包括矿长、总矿师、股长、处长。
资料来源:根据湖北省档案馆:汉冶萍公司档案,档号LS56－1－1517、LS56－1－1520整理。

汉阳铁厂、1898年开办的萍乡煤矿在很长一段时间内技术人才主要依托洋匠,如汉阳铁厂洋匠多达40多人,不仅包括技术管理者,还包括很多基层技术岗位,甚至每个车间都有不少洋匠。高薪聘请的洋匠从客观上引进了技术,输入了西方先进的钢铁煤炭技术,但也有诸多不足。徐庆沅分析洋匠存在的种种不足后提出:"卑职与李翻译(笔者注:李维格,时任汉阳铁厂翻译)再三讨论,以为雇用洋人之方,只可备我顾问,不能假以事权。"②

---

① 转引自方一兵《试析近代西式钢铁技术向东亚转移的开端——日本釜石铁厂与中国清溪铁厂的比较》,《中国科技史杂志》2011年第4期。
② 《徐庆沅说帖》,光绪二十二年九月(1896年10月),《汉冶萍公司》(一),第245—246页。

从长远看培养本土技术人才实现技术能力提升和自主才是钢铁煤炭工业发展的长久之计。

为了培养技术人才，清政府和汉冶萍公司采取了一系列举措：

（一）创办西式学堂，培养人才

洋务运动开始后，洋务派意识到人才不足对发展现代工业的制约，创办了一系列西式学堂，最先创办的是语言学堂，如京师同文馆，意图翻译西方科学书籍传播西式科学。而后开办了各类工业学堂，如军工类如福州船政局求是堂艺局、北洋水师学堂，矿冶类如张之洞创办的矿化学堂，综合类学堂如南洋公学、北洋大学、自强学堂等。以张之洞创办的矿化学堂为例，1890年张之洞奏请"开矿炼铁，必须讲求矿学、化学。外洋矿师薪工太厚，势难多雇，必须自设学堂，练习人才，以备将来鄂厂及各省之用。此为必不可少之举，既以现雇矿师兼充教习，为费较省"①，并计划预算为2年3万两白银。到1891年"矿化学堂直至今夏，始招学生二十名，不谙西学者多，试读一月，格格不入，现在甄别仅留七名，拟往香港、上海续招，则每月膏火四两恐亦无人肯来也"②。可见，学堂创办不易，合适的学生难招。

（二）委派学生出洋

国内留学第一人容闳积极推动留学事业，最终1870年清政府同意派幼童赴美留学，1872—1875年分四批合计委派幼童120人赴美系统学习。这批留学生大部都回国，部分从事矿冶工作如邝荣光。除了清政府19世纪70年代委派学生出洋外，部分洋务企业为了解决本企业的人才需求也委派学生出洋留学，如福州船政局。总体而言，甲午战前留学生数量较少，赴美留学生除了120名幼童外，截至1890年累计仅有43人。③甲午战败警醒了国人，留学热开始，赴美留学生1905年后人数开始大幅增加，从1905

---

① 《张之洞咨呈约估筹办煤铁用款折》，光绪十六年十一月初九日（1890年12月20日），《汉冶萍公司档案史料选编》（上），第87页。
② 《钟天纬致盛宣怀函》，光绪十七年七月初一日（1891年8月5日），《汉冶萍公司》（一），第28页。
③ 《1854至1953年留学美国学生人数统计表》，摘自梅贻琦、程其保《百年来中国留学学生调查录》（1854—1953），陈学恂、田正平编《中国近代教育史资料汇编·留学教育》，上海教育出版社1991年版，第686页。

年21人增加到1910年107人。①汉冶萍公司的创办人张之洞十分推崇留学教育，尤其建议赴日留学，提出"至游学之国，西洋不如东洋"，并详细分析了赴日本留学的四点好处："一、路近省费，可多遣；二、去华近，易考察；三、东文近于中文，易通晓；四、西学甚繁，凡西学不切要者东人已删节而酌改之，中、东情势风俗相近，易仿行，事半功倍，无过于此。"②在清政府推动下留日学生数剧增，"到1906年，留学日本的学生总数达一万四千至二万之谱"③，1909年当年达到5266人④。汉阳铁厂1890年创办后也有意培养留学生。1902年汉冶萍公司开始从南洋公学、北洋大学遴选优秀学生委派出洋。据考察，汉冶萍公司先后委派留学生至少12人。⑤这些留学生1908年陆续学成回国加入汉冶萍公司，从副工程师岗位开始做起，陆续成为汉冶萍公司技术骨干。

（三）系统创办现代工业教育

晚清最后10年当权者深刻意识到变革的重要性和紧迫性，开始了大规模变革。晚至1902年清政府正式颁布《钦定高等学堂章程》《钦定中等学堂章程》和《钦定小学堂章程》，推广农、工、商实业学堂，1904年《奏定学务纲要》要求"各省宜速设实业学堂"⑥。1905年实行了1000多年的科举制度被废除，清政府设置了农工商部，颁布法律鼓励工商业、创办新式学堂。据统计清政府学部立案各省高等实业学堂合计17所⑦，核准在案的中等实业学校69所⑧。1907年工业高等、中等、初等学校合计46所，

---

① 《1854至1953年留学美国学生人数统计表》，上海教育出版社1991年版，第686—687页。
② 张之洞：《劝学篇·游学第二》，《张之洞全集》第十二册，第9738页。
③ 张后铨：《招商局与汉冶萍》，社会科学文献出版社2012年版，第54页。
④ 陈学恂、田正平编：《中国近代教育史资料汇编·留学教育》，第689页。
⑤ 杨洋：《汉冶萍公司用人制度及实践研究（1890—1938）》，博士学位论文，湖北大学，2018年。
⑥ 《奏定学务纲要（节录）》（光绪二十九年十一月二十六），《奏定学堂章程·学务纲要》湖北学务处本，琚鑫圭、童富勇、张守智《中国近代教育史资料汇编》（实业教育·师范教育），上海教育出版社1994年版，第7页。
⑦ 《第一次中国教育年鉴》丙编，第145页，琚鑫圭、童富勇、张守智编《中国近代教育史资料汇编》（实业教育·师范教育），第48—49页。
⑧ 《教育公报》第4年第8期，《中国近代教育史资料汇编》（实业教育·师范教育），第48—49页。

在校学生合计2800人。①

与此同时,社会对西式人才的认知和观念也开始发生变化。在洋务运动初期社会普遍轻视西学,知识分子对西式知识敬而远之,"盖以西法为可行者不过二三人,以西法为不可行、不必行者几于盈廷皆是,或惧其难以持久者此也"②。甚至洋务运动开展了数十年,社会对西学的风气仍未根本转变,如盛宣怀1884年感叹"今日五洲局面一新,而读书者仍执六经正史为引证,故自取于贫弱而莫可挽"③。从经济性角度讲,"通过就读于私塾来准备考试而跻身仕途的传统方式比新的方式更省钱、更容易,也更具吸引力,因为新的方式要求接受多年学费昂贵的学堂教育"④。到了汉阳铁厂创办和甲午战败后国人开始觉醒,重视学习西方知识,尤其是1905年废除科举、学制改革后,"自近年学堂改章以来,后生初学大率皆喜新厌故,相习成风,骎骎乎有慌经蔑古之患。若明习科学而又研究经学者,甚难其选。诚恐大学经科一项,几无合格升等之人"⑤。

人才的培养和观念转变为汉冶萍公司培养了一批技术人才。辛亥革命时期洋匠纷纷回国。战后汉阳铁厂的修复就是由李维格、吴健等带领中国工程师完成,中国本土技术人才队伍开始形成。

随着矿冶人才队伍的壮大,汉冶萍公司多种渠道招募人才,除了委派学生出洋、多方人士推荐外,汉冶萍公司还构建了其他渠道,如校园招聘(如1920年萍乡煤矿矿长李寿铨提议从北洋大学选用人才:"函请挑选北洋大学毕业生到矿,派入窿内试用,俟其情形熟悉,然后量才任职"⑥)、自荐(见图2-1,留学生李建德自荐)、登报招聘(见表2-5)、委托国

---

① 《光绪三十三年(1907年)教育统计表(节录)(各省实业学堂学生统计表)》,学部总务司《光绪三十三年分第一次教育统计图表》,单印本。《中国近代教育史资料汇编》(实业教育·师范教育),第51—53页。
② 王韬:《洋务》,《弢园文录外编》,转引自1891年4、5月《万国公报》,陈真编《中国近代工业史资料》,第3辑,第8页。
③ 《盛宣怀与冈千仞、冈千灈笔谈》,《盛宣怀年谱长编》(上),第221页。
④ [美]费正清、赖肖尔主编:《中国传统与变革》,陈仲丹、潘兴明、庞朝阳译,江苏人民出版社2012年版,第352页。
⑤ 《学部请由各省选员入经科大学肄业片》,宣统元年(1909年),《北京大学史料》第1卷,第358—359页。
⑥ 《李寿铨致夏偕复、盛恩颐函》(1920年3月1日),《汉冶萍公司档案史料选编》(下),第389页。

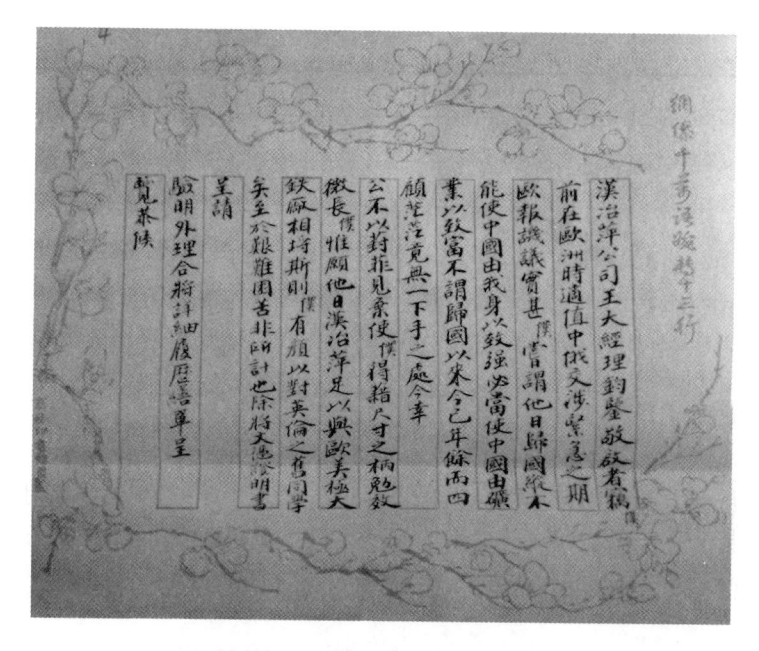

图 2-1 留学生李建德自荐信

内高校定向培养人才（如 1920 年汉冶萍公司与南洋大学合作培养机械专业人才，"该公司股东承认拨款，每年资助，将来卒业生亦由公司任用"①）。

表 2-5　　　　　　　　汉冶萍公司部分登报招聘情况

时间	报纸名称	招聘单位	招聘职位	人数
1902	《政艺通报》	汉冶萍公司钢铁学堂	学堂学生	16 人
1915	《申报》	大冶铁矿	预备监工	—
1917	《申报》	汉阳铁厂	额外工程人员	—
1918	《新闻报》	汉冶萍公司	考试用员	—
1920	《申报》《益世报》	汉冶萍公司	大学毕业生	—
1920	《申报》	汉冶萍公司各矿	监工	—
1921	《申报》	萍乡煤矿	电机监工	3 人
1921	《申报》	萍乡煤矿	工程监工	4 人

---

① 《南洋大学之新计划》，《申报》1920 年 12 月 5 日。

续表

时间	报纸名称	招聘单位	招聘职位	人数
1927	《申报》	大冶厂矿	医院院长/药剂师	各1人
1931	《申报》	大冶铁矿	开矿工程备用机械技士/绘图员	各1人

资料来源：

1. 《政艺通报》1902年第14期。
2. 《申报》1915年4月、1917年10月、1920年5月、1920年7月、1921年4月、1921年10月、1927年7月、1931年2月。
3. 《新闻报》1918年12月。
4. 《益世报》1920年5月。

在待遇方面汉冶萍公司一向比较看重技术人才。如1914年专门发布大学生技术人才的薪酬待遇体系（见表2-6），从薪酬看，委派留学生＞其他出洋留学生＞本土毕业学生。

表2-6 **本公司厂矿副工程师薪水章程简明表**

章程\分类		第一类	第二类	第三类
出洋留学		由公司派出洋	自费出洋	未经出洋
薪水	薪水加增之率	第一年一律二百两	第一年一百两	初到由每月数十两至一百两不等，量材
		第二年每月加25两或50两	第二年一百五十两	
		第三年以后按第二年照加		
	限止	至四百两止	无定	无定

资料来源：《汉冶萍公司档案史料选编》（上），第436页。

其后汉冶萍公司多次发布薪酬制度。相比而言，技术人才的待遇普遍高于事务员。如萍乡煤矿1920年管理层平均月薪为214.59元，技术员平均月薪为49.21元，事务员的平均月薪为31.95元[①]，技术员的平均月薪比事务员高出54%。

在技术人才的培养方面汉冶萍公司也高度重视。技术人才在汉冶萍公司职业发展较快。如吴健，1908年回国加入汉冶萍公司担任副工程师，4

---

① 根据湖北省档案馆藏：汉冶萍公司档案，档号LS56-1-1517、LS56-1-1520整理。

年之后即升任汉阳铁厂总工程师，此项职务之前一直由洋匠担任，足见汉冶萍公司对其厚爱。其后至 1923 年吴健一直负责汉阳铁厂的管理工作。1915 年为了进一步锻炼、培养技术人才盛宣怀推进"事工分治"，在各厂矿设置负责工务的厂矿长，均由留学生技术人才担任，吴健、王宠佑和黄锡庚分别负责汉阳铁厂、大冶铁矿和萍乡煤矿的技术管理工作，从而实现了技术管理者由洋匠、旧官僚向新式专业人才转变。除此，还有其他大学毕业生加入汉冶萍公司并逐步成长为中层管理者，如曾担任大冶铁矿运务股长的周厚坤系庚子赔款第二批留学生。

外籍技术人员（即洋员、洋匠）管理方面，官办时期汉冶萍公司技术高度依赖洋匠，所以对洋匠的管理较为软弱，导致洋匠蔑视华匠、桀骜不驯。1896 年盛宣怀接办汉阳铁厂后采取诸如约束洋总管、实行合同管理等举措逐步开始约束洋匠。随着汉冶萍公司本土技术人才的成长汉冶萍公司对洋匠的依赖降低，对洋匠的话语权随之增强。

三 工人群体

煤炭钢铁行业不仅属于资金密集型和技术密集型行业，也属于劳动力密集型行业，尤其是煤炭和铁砂开采环节。萍乡煤矿采煤炼焦，1898 年成立时引入西式机械化设备进行坑道开采，机械化程度相对较高。而大冶铁矿在 1920 年前主要是浮面开采，机械化程度较低，主要依赖人工。所以，工人群体是汉冶萍公司人员队伍中最大的群体，官办时期汉冶萍公司"总共约有工人 7700 多名，其中汉阳铁厂有 3000 多名，大冶铁矿 1700 多名，王三石和马鞍山煤矿 3000 多名"。随着厂矿扩建，一战之后工人"总数达到 30000 人以上，是当时中国最大的一支产业大军"。但一战之后汉冶萍公司再次陷入困境，随着汉阳铁厂、大冶新厂先后停产和萍乡煤矿被江西省政府接管，汉冶萍公司仅剩下大冶铁矿维持运行，"工人减少到 3000 多人"[1]，相比巅峰时期此时工人数量缩减了 90%。

从用工形式看汉冶萍公司和当时诸多洋务企业一样采用了里外工制度，即里工制度 + 包工制，另外还有学徒工制度。下面分别予以阐述。

（一）里工制

即该部分工人与汉冶萍公司签订劳动合同关系、隶属于汉冶萍公司员

---

[1] 刘明汉主编：《汉冶萍公司志》，第 161 页。

工群体，主要是技术工人或曰工匠，技术含量低于技术员，但相比其他体力劳动工人而言具有一定的技术含量，工种如开火车、发筹、加油等机器设备的操作、简单维护。

从里工的来源看，汉冶萍公司"技术工人一般都是从近代工业较早发达的地区，如上海、宁波、广州、香港等处招募来的，也有从其他洋务企业调来的，还有派往比利时培训回来的"①，具体而言主要包括以下四类。第一类外地招募。中国早期现代化存在地域不均衡的局面，沿海地区特别是开埠较早的广东、香港、江浙和上海受西方工业化影响较早，"在1860年以前，在广州、上海等口岸的外国资本创办的企业中，就出现了第一批产业工人"②。如1920年媒体报道萍乡煤矿"机械工人多半来自浙江、广东两省"③。第二类是其他洋务企业调派或选聘。包括铁厂北移汉阳时"随张之洞从广东带来的石匠和木工"④。如根据方一兵的考证，汉阳铁厂工人严荣生来自江南制造局⑤。第三类派往国外学习技术归来的工匠。张之洞深感工匠匮乏，非常重视派遣工人出洋学习，如1892年采购设备时因为比利时厂家"许收教鄂省炼铁匠徒四十人"⑥，所以张之洞最终选择了比利时厂家。其后，张之洞"派员随带华匠40名，分四批赴比国郭格里厂习炼钢铁，盘费旅费共银二万两"⑦。第四类是包工工人通过自学转化为技术工人，如大冶铁矿附近下陆村"中国工匠掀起了学习技术的热潮，有的学修理，有的学开车，此后不久，火车司机几乎全由下陆车站附近下陆湾的陆姓工人担任"⑧。

如上所述，里工属于汉冶萍公司正式员工，所以汉冶萍公司与里工签

---

① 刘明汉主编：《汉冶萍公司志》，第161页。
② 《旧中国资本主义生产关系》编写组编：《旧中国资本主义生产关系》，人民出版社1977年版，第16页。
③ 萍乡矿务局志编纂委员会：《萍乡矿务局志》，萍乡矿务局志编纂委员会出版1998年（内部刊印），第97页。
④ 刘明汉主编：《汉冶萍公司志》，第12页。
⑤ 《汉阳铁厂翻砂工匠荐保书》，湖北省档案馆，汉冶萍公司档案，档号LS56-1-1919，汉冶萍公司资派出洋各生保证书。
⑥ 薛福成：《出使英法意比四国日记》，岳麓书社1985年版，第573页。
⑦ 《张之洞咨呈续估筹办煤铁用款折》，光绪十八年二月二十四日（1892年3月22日），《汉冶萍公司档案史料选编》（上），第90页。
⑧ 湖北省政协文史资料委员会：《湖北文史资料》1992年第2辑。

订劳动合同、实行契约制管理。

（二）包工制

汉冶萍公司工人群体中，20世纪20年代实行包工制改革之前绝大部分是包工制工人。如汉阳铁厂1893年建成后"改用包工"①，1896年郑观应报告盛宣怀"各厂归徐、冯包工后，各自振作，应可节省"②。大冶铁矿工人"80%以上是包工"③，如运矿环节"每矿一吨，送至矿场，公司即付工头钱二百七十文，约合洋二角。工头付给工人每吨仅一百七十文（合洋一角三分）"④；阳新矿"每一山厂，由一夫头承包管领之"⑤；萍乡煤矿"建矿初期，窿内采煤运煤全采用包工制，矿局只雇大包工头，由大包工头雇佣小包工头，小包工头雇佣工人包做"⑥，1904年时"机匠二百五十名，每月工食洋自七八元起至四五十元止，内外工人二千余名。此项工人均系包工"⑦；株洲转运局"工人挑煤卸车，本系包工性质，由夫头承包"⑧；马鞍山煤矿1896年时"由洋人包与工头，每车二百四十文（约重半吨零，灯油在内），用工之多寡，无须点查"⑨。

在近代企业包工制这种西方舶来品与中国传统的把头制相融合形成了把头包工制，在包工制的外在形态下加入了人身依附控制关系的把头制内核。包工制存在两个阶层，即包工头和包工工人，前者也叫把头、夫头、包头。

包工制下包头与厂矿属于劳务承揽关系，所以厂矿与包头签订"甘结"，并需要商号具保。如大冶铁矿1915年与包工头签订甘结如下：

---

① 夏东元编：《盛宣怀年谱长编》（上），第401页。
② 夏东元编：《盛宣怀年谱长编》（下），第529页。
③ 宋锦西：《从汉冶萍公司到大冶钢厂》，见《政协黄石市委文史资料委员会黄石文史资料》总第1辑，1982年，第8页。
④ [美]丁格兰：《中国铁矿志》，谢家荣译，《地质专报》甲种下，1923年，第128页。
⑤ 《汉冶萍公司事业纪要》，《汉冶萍公司档案史料选编》（上），第57页。
⑥ 刘明汉主编：《汉冶萍公司志》，第112页。
⑦ 《赴萍乡日记》，光绪三十年甲辰九月，中国史学会主编《洋务运动》（八），上海人民出版社1961年版，第199页。
⑧ 《潘国英致夏偕复、盛恩颐函》（1923年2月14日），《汉冶萍公司档案史料选编》（下），第245页。
⑨ 《汪钟奇致盛宣怀函附马鞍山煤矿章程》，光绪二十二年五月二十三日（1896年7月3日），《汉冶萍公司档案史料选编》（上），第142页。

野鸡坪上段工头潘长发，今于与甘结事实，结到工务部案下鸡坪上段，按照前定包价，每月出矿五千方车。自包定之后，不得短少，如本月雨雪较多，则少出之数归下月补足，如两月不能补足定额，愿罚矿价二成，至四个月不能补足，即行撤退；所有小厂包价，不得苛刻，对于各种小工，宜加优待，以期协力同心，多出矿石，并约束工人，遵守公司章程及工务部命令，安分工作，如有不合，归工头及甘结保人负责，须致结者。①

如商号的具保，1921年商号为包工头具保如下：

保证书②

具保证书恒兴祥，今因杨仲甫承充贵公司沪栈小工工头，自接办后，在承包期限内，如有违背承揽书及贵公司章程等事，因此致有损失，均由保证者愿负如数赔偿之责。特具保证书存照。此上汉冶萍公司查核。

中华民国十年十月一日

  具保证书 恒兴祥书柬

  保证人履历如下：职业钟表

  商号职业住址：法大马路天主堂街

  号东或经理人姓名、住址：

而包工工人隶属于包工头，由包工头通过血缘、姻缘、地缘等关系雇佣，与厂矿并无直接劳动合同关系。在人身依附与控制关系下，失地农民需要借由包工头获取工作谋生，同时在情感上通过这种关系获取类似宗族的精神归属，并借此与厂矿博弈、争取利益。某种程度上讲包工制构建了类似宗族制的体系，而宗法制度是中国传统社会较为重要的社会体系，是仅次于皇权统治体系的非正式社会组织体系，如虞和平所言："19世纪中

---

① 《徐增祚致公司董事会函附孙慎卿手订结底》，1915年9月1日，《汉冶萍公司档案史料选编》（上），第457页。

② 《倪锡纯致夏偕复、盛恩颐函附保证书》，1921年11月16日，《汉冶萍公司档案史料选编》（下），第319页。

叶以前的中国社会，就其政治控制机制而言，存在着一个二元的社会结构：一方面是以专制主义中央集权为特征的国家政权，另一方面是以宗法（宗族）制度为特征的乡族社会"①。失地农民流入城市脱离熟悉的乡村社会后，面对城市陌生人社会，通过包工制形成的模拟宗法社会，力图"重建并加强旧的家庭、宗教和社团的联系，重建一种完整和谐的生活情趣"②。

包工头的主要来源包括厂矿所在地的士绅、帮会头目等，掺杂着浓厚的宗族、士绅、商会和帮会等非正式社会组织体系因素。如大冶铁矿包工头主要是"当地地主、乡绅和地方权贵"③，再如大冶新厂附近士绅"公举云焱南、袁宝臣承充"物料起卸工头④。亦有"地痞劣绅"充当夫头⑤。同时部分包工头通过家庭传承获取该角色，如大冶铁矿"这些大包、二包采取承袭制，某个人一旦当上工头，便可代代相传"⑥。尤其是帮会对包工制介入非常深刻，如1936年学者指出："包工制历史来源太久，今已根深蒂固……在'帮'一问题未解决时，单独废除包工制，自然障碍滋多"⑦。

包工头依赖非正式社会组织体系所获取的权力，在厂矿和包工工人之间构架桥梁并残酷剥削包工工人，剥削手段包括克扣工食、设置有利于包工头的奖惩体系、让包工工人免费为包工头做农活高利贷等手段。

汉冶萍公司包工制经历了引入—废除—恢复的变迁历程。

包工制的引入在一定程度上融合了西式生产方式与中国传统社会关系，所以得以存续。对于厂矿而言，包工制降低了厂矿招募和管理工人的

---

① 虞和平主编：《中国现代化历程》（第一卷），江苏人民出版社2001年版，第13页。
② ［美］柯文：《在中国发现历史——中国中心观在美国的兴起》，林同奇译，中华书局2010年版，第794页。
③ 周少雄、姜迎春：《工业文明植入与传统社会阶层的嬗变—以大冶铁矿的开发为例（1890—1937年）》，《湖北师范学院学报》（哲学社会科学版）2010年第3期。
④ 《黄锡赓致大冶县公署函》，1921年1月23日，《汉冶萍公司档案史料选编》（下），第228页。
⑤ 《公司董事会致徐增祚函》，1915年8月19日，《汉冶萍公司档案史料选编》（下），第455页。
⑥ 马源：《张之洞与大冶铁矿的早期开采》，湖北省政协文史资料委员会《湖北文史资料》1992年第2辑，第143页。
⑦ 吴至信：《中国包工制之现有形态》，《劳工月刊》1936年第8期。

成本；对于包工头而言有利可图；对于包工工人而言，解决了谋生和精神归属的问题。

但随着生产力特别是技术、管理的发展，在西方工厂制进入流水线生产阶段，包工制逐渐没落，科学管理兴起。在国内包工制的弊端日益超越其合理性而被社会各界质疑。1921年中国共产党成立后开始科学指导工人运动，组织反帝反封建的工人运动，争取工人的合法权益并谋求工人自治。在此背景下汉冶萍公司各厂矿一度废除了包工制，典型如萍乡煤矿和大冶铁矿。萍乡煤矿工人数量众多，新成立的中国共产党对萍乡煤矿工人运动非常重视，先后派员前去组织和指导工人运动，包括毛泽东、刘少奇、向忠发等都曾前往萍乡煤矿。1923年在工人运动中工人俱乐部组织废除了包工制、实行合作制，"萍乡煤矿工人打破20余年来实行的包工制，将窿内外各处包工改为和工人合作承包生产工程任务；所得红利，工头占15%，管班占5%，工人占80%；工人除正当工资外，还可得若干红利"①，即包工工人与包工头合作承揽任务、分享包工红利，工人在正常工价的基础上另外享受包工红利的15%，打破了包工头对利润的独占。

1926年大冶铁矿工人在中国共产党的领导下废除了包工制，改为领工制，"所有采矿厂位和装卸码头，由工人自行组织，设立公派处，再由公派处派定各厂位、码头领工及管账、接筹、划圈等各1人，管理一切事宜（称为领工制）。上述管理人员月给工食钱若干文。在包价内开支，所有采矿工人、推车工人、码头装卸工人，工作量仍以吨位计算，每吨给钱若干文，亦由工人公议"②。得道湾和铁山两矿合计有领工16名③。

与萍乡煤矿合作制不同，领工制项下包工工人的自治组织公派处取代了包工头直接与厂矿建立承揽关系，工人公举领工，领工领取一份工资，所得盈亏由工人群体共担，即公派处成为承揽业务的主体。

汉阳铁厂1922年炼钢炉停产、1924年全厂停产，工人数量急剧减少，所以在这一轮工人运动中工人并未提出废除包工制的诉求。

无论是合作制还是领工制都打破了传统的包工制，前者偏重改良，后者偏重革命。前者基于劳资合作思想，后者基于工人自治思想，可以看出

---

① 萍乡矿务局志编纂委员会：《萍乡矿务局志》，第98页。
② 刘明汉主编：《汉冶萍公司志》，第112页。
③ 《大冶铁矿采掘近况》，《矿业周报》1929年第65期。

后者相比前者对包工制的改革更为深入，但都未引入当时时兴的"科学管理"。

因为利益难以均衡、替代机制不合理等因素，合作制和领工制在当时特定背景下都注定无法长期存在。1925年盛恩颐莅临萍乡，深感工人俱乐部威胁资本家根本利益，联合江西军阀"武力解散工人俱乐部后，改组萍乡煤矿，恢复小包工制，限定工人生产工作定额"，合作制就此夭折了。1930年因公派处无力承担亏损，大冶铁矿"取消公派处，所有各该领工人等的工资，查对原支钱数，概由矿局发给。采矿工人、推车工人、装卸工人则分段承包，工作量仍以吨位计算"①，恢复了包工制。

从汉冶萍公司包工制的存废历程，不难看出以下三个问题。

第一，一切历史活动的背后都有利益博弈。20世纪初期，中国的厂矿从支持包工制到默许废除包工制到恢复包工制，自然是根据自身技术和管理需要而进行的利益最大化。而从包工工人角度来看，其从先前的忍受包工制的残酷剥削到后来的要求废除包工制，亦是根据自身组织力量的发展和利益考量作出的选择，"工人对这种制度实践的回应，是与其实际利益所得紧密联系在一起的"②。作为中间方的包工头，其顽固地维护包工制背后亦是利益考量，剥削阶级为了维护既得利益，总会千方百计地阻碍对生产关系的变革，维护旧的生产关系。

第二，包工制变革背后的决定因素依然是生产力，遵循着马克思"生产力决定生产关系"的基本定律。在技术和管理薄弱的背景下引入西式工厂制生产方式，自然无法完全战胜传统的把头制，传统与现代杂糅形成了近代中国特色的把头包工制。而随着资本主义生产方式的发展，尤其是一战期间民族资本主义迎来了黄金发展期，技术和管理的发展要求废除阻碍厂矿进行技术和管理变革的包工制。之所以包工制未能彻底废除，根本原因还是技术和管理实力尚未达到完全废除包工制的临界点。同期，很多厂矿引入了西方科学管理，真正落地的并不多，究其原因亦是生产力发展程度不够，科学管理需要的基础条件如技术水平、技术人才储备、管理思想普及、精细化测算等条件并未完全具备。根据统计，"1912年中国已有

---

① 刘明汉主编：《汉冶萍公司志》，第112页。
② 冯筱才：《科学管理、劳资冲突与企业制度选择：以1930年代美亚织绸厂为个案》，《史林》2013年第6期。

20749 个'工厂',这个'工厂'的概念是模糊的,但当我们注意到只有363家企业使用机器生产,其他所有剩下的20386家企业只是依靠人力和畜力操作"①。有学者指出包工制及其背后的人身依附关系本质上是"由于大机器工业发展不充分、近代社会关系整合不彻底、资本家阶级与工人阶级都不成熟造成的"②。如有学者以上海造船业为例,说明生产力与包工制的关系:"这一包工制度,是建立在上海造船工业生产技术十分落后的基础上的。解放前上海造船工业的机械化程度始终不高,手工操作仍占很大比重,生产技术十分落后,包工制的推行,同这一情况是相适应的……上海造船工业中的机器工人,始终是固定工人,未实行包工制的主要原因,便是由于主要工具已机械化,工人的技术要求较高,临时雇佣有困难,推行包工制对厂方不利……有些包工工种,随着机械化和技术要求的提高,厂方还被迫逐步改为固定工制"③。

第三,包工制反映了一种错综复杂的社会关系。包工制与宗族、士绅、商会和帮会等中国传统社会的非正式社会体系纠缠在一起,而其核心即是封建人身依附与控制关系。这种关系正是近代社会管控失序、公权力救济不足的背景下个人通过依附非正式组织寻求庇护进而形成的人身依附与控制关系,这种人身依附关系嫁接到新引入的包工制中,如马克思所言:"陈旧的东西总是力图在新生的形式中得到恢复和巩固"④。而包工制的存废,亦说明近代中国传统社会向现代社会的转型"这种过渡的进程显然不会一帆风顺,而是充满种种曲折、障碍、变数和困难,甚至经常出现反复"⑤。

(三)学徒工

学徒制度历史悠久,在传统手工业时代通过师带徒的形式开展手工艺

---

① 刘大全:《中国之工业与金融业》第91页,表6、7,转引自[美]费维恺《中国早期工业化——盛宣怀(1844—1916)和官督商办企业》,虞和平译,中国社会科学出版社1990年版,第6—7页。

② 马俊亚:《中国近代城市劳动力市场社会关系辨析——以工人中的帮派为例》,《江苏社会科学》2000年第5期。

③ 经江:《解放前上海造船工业中的包工制度》,《学术月刊》1981年第11期。

④ 《马克思致弗·波尔特》,1871年11月23日,《马克思恩格斯选集》第4卷,人民出版社2012年版,第394页。

⑤ 朱荫贵:《从1885年盛宣怀入主招商局看晚清新式工商企业中的官商关系》,《史林》2008年第3期。

的传承，师傅不仅充当了技术指导者的角色，也充当了大家长的角色。到了近代，随着洋务运动的发展，引入西式生产设备和工艺的厂矿需要储备更多的技术工人。传统的学徒制度得以再次发挥作用，但近代厂矿的学徒工与传统学徒亦有区别，这种区别包括：传统学徒制包含着人身依附与控制关系，而厂矿学徒制度则是基于生产教育开展的，老师与学生无人身依附关系；传统学徒制一般是基于师傅私人传授，往往是一对多关系，而厂矿学徒制则是不同门类的老师分类授课，构建了多对多的关系；传统学徒制度的目标是培养学徒独立门户，所以师傅往往存在一定技术戒备，以免"教会徒弟，饿死师傅"，而厂矿学徒制则是为本厂矿培养技术工人，老师只是承担了教育职责。

早在1866年福州船政局就设置了学徒工培养学堂，谓之"求是堂艺局"，并颁布了规范的《求是堂艺局章程》，详细规定了艺徒的招募标准、流程、培养目标、课程体系、奖惩规则、淘汰机制、福利保障和结业出路，特别提出"宜优待艺局生徒以拔人材也"[①]。1873年求是堂艺局学徒一度达300多人[②]。

随着实业教育的兴起，1906年清政府开始重视艺徒教育，要求"此外尤应多设艺徒学堂，收招贫民子弟，课以粗浅艺术，俾得有谋生之资"[③]。商部还拟定了艺徒学堂章程供各地学堂借鉴："本学堂为传习浅近工艺，造就良善艺徒，奏准设立，故名艺徒学堂……本学堂以改良本国原有工艺，仿效外洋制造，使贫家子弟人人习成一艺，以减少游惰，挽回权利为宗旨……本学堂暂招艺徒三百人，分为六班，以四班为速成科，以二班为完全科。"[④]

而早在清政府推广艺徒学堂前汉冶萍公司管理层就多次提议开办学堂。1896年郑观应向盛宣怀提议开办机器书院招收艺徒，艺徒"上午读

[①]《左宗棠：详议创设船政章程折》，1866年12月11日，《左文襄公全集》奏稿卷二十，见黄仁贤、高时良主编《洋务运动时期教育》，上海教育出版社2007年版，第298页。

[②]《文煜：复陈船政经费支绌情形折》，1873年1月27日，见《船政奏议汇编》卷八，第6—9页，陈真编《中国近代工业史资料》（第三辑），第157页。

[③]《学部通行各省举办实业学堂文》，1906年7月12日，《学部官报》第2期，1906年9月18日，《中国近代教育史资料汇编》（实业教育·师范教育），第11页。

[④]《商部奏筹办艺徒学堂酌拟简明章程折》，《东方杂志》1906年第11期。

书,下午入厂学习机器"①。1897年李维格首次提议设立钢铁厂学堂,分为三个班"学习炼铁十名,学习炼钢十名,学习机器十名"②。1902年李维格再次提议开办学堂并得到盛宣怀认可。1902年汉阳铁厂刊登《汉阳钢铁厂学堂章程》③招募学徒工,章程明确规定学堂的目标是培养技术工人,倡导技术为重的风气,并具体规定了学堂招生的标准、流程、师资、课程、奖惩、淘汰机制、福利保障和学成毕业后的就业去向及待遇。

汉阳钢铁厂学堂1902年开办,1906年终止。虽然只存在了四年,但为汉冶萍公司培养了一批技术工人。

除了专门艺徒学堂外,汉冶萍公司部分厂矿亦有学徒工学练结合,如1913年大冶铁矿机厂47名里工中④有艺徒8名,1914年汉阳铁厂艺徒18名⑤。

在移植西方钢铁煤炭设备和技术的同时,汉冶萍公司也力图引入西式大工业管理方式推进劳动管理制度的现代化进程。汉冶萍公司通过各种渠道和手段培养人才,进而实现专业技术人才替代传统旧官僚,提升管理层专业技术能力并提高技术人才的比重。同时,在工人管理方面汉冶萍公司与同时代多数公司一样构建了里外工制度,其中包工制经历了引入—废除—变革—恢复的历程,其背后折射的不仅是工人管理方式的变革,更是整个中国近代社会传统与现代融合、中西方管理模式的杂糅以及特定时代背景下机器大工业与宗族、士绅、商会和帮会等非正式社会组织体系的错综复杂关系,究其根本原因还是生产力变革引发的生产关系变化,且生产力变革不足以引发生产关系彻底变革,也反映了生产关系变革的复杂性、曲折性。

---

① 《郑观应致盛宣怀函》,光绪二十二年十月初八日(1896年11月12日),《汉冶萍公司》(一),第253页。
② 《李维格:拟设汉阳钢铁厂学堂章程》,光绪二十三年二月二十四日(1897年3月26日),《汉冶萍公司》(一),第454页。
③ 《汉阳钢铁学堂章程》,《政艺通报》1902年第14期。
④ 《陈廷绪致公司董事会函附冶矿机厂工匠薪工表》,《函请陈理卿君将冶矿所请迁总局员司加薪水办巡警工匠加工食各条考核查复》,1913年7月10日,湖北省档案馆藏:汉冶萍公司档案:LS56-2-44。
⑤ 《卢成章致公司董事会函》,1915年7月1日,《汉冶萍公司档案史料选编》(下),第439页。

第二节　洋总管的更替与洋匠的管理

汉阳铁厂创建时期，因钢铁冶炼在中国事属首创，设备和技术均系从西方引进，所以无论是煤铁矿的勘探、生产，还是铁厂的设计、建设、生产、管理等均须仰赖西方，因而所需设备和技术人员多从提供国采用。"大举制铁炼钢，事属创办，中国工匠未经习练，一有差池，贻误不小，故必多募洋匠，借资引导"①，这就是张之洞大举引进洋匠的主要初衷。汉阳铁厂在创建过程中诸事依靠洋匠。炼铁厂原拟用洋匠8人，后来陆续添至28人，"均系万不可少，已较原估八人多出两倍有余"②。洋匠都是供应汉阳机件物料的外国厂商所荐，有同中国做生意的目的。1895年初，汉阳铁厂"有炼生熟铁工师，及炼钢之工头、工匠、化学、医生等三十余人"③，至是年10月，洋匠总数更是增加到了41名之多，每月总薪资达到1.2万余两。④ 1896年5月，当铁厂招商承办时，洋总管德培设定的全厂"洋工师及洋匠"总数是36名。⑤

汉阳铁厂的洋匠主要有英国人、比利时人、德国人，他们不仅各成帮派，而且对待华员和华匠异常跋扈。1893年，担任铁厂总管的英匠贺柏生因"酗酒滋事"被辞退，由比利时人白乃富接替总管。1895年，白乃富合同期满，比政府通过外交途径要求汉厂留用。而白乃富为人一向专横，诸人不满，张之洞乃改由德国克虏伯厂推荐的德培担任总管。

1896年，张之洞因经费不继被迫将汉阳铁厂交由盛宣怀招商承办。为革除官办时期铁厂衙门习气重、人浮于事、效率低下的弊端，盛宣怀十分强调"人"的作用，故而在招商章程中明确规定，企业贸易之道，"首在

---

① 《张之洞咨呈约估筹办煤铁用款折》，光绪十六年十一月初九日（1890年12月20日），《汉冶萍公司档案史料选编》（上），第87页。
② 《请添铁厂开炼用款片》，光绪二十年七月二十四日（1894年8月24日），《张之洞全集》第二卷，第923—924页。
③ 《张之洞致许景澄电》，光绪二十年十二月十六日（1895年1月11日），《汉冶萍公司档案史料选编》（上），第112页。
④ 《张之洞请将铁厂煤矿招商承办片》，光绪二十一年八月二十八日（1895年10月16日），《汉冶萍公司档案史料选编》（上），第123页。
⑤ 《德培致盛宣怀函》，光绪二十二年四月二十日（1896年6月1日），《汉冶萍公司》（一），第75页。

用人",而对于商办企业,则"所有全厂各执事,均由商人选任朴实耐劳之人"。局中章程"一皆商号排场,绝无官气,更无挂名干俸等事"。盛宣怀虽保留了诸如督办、总办、提调等名号,但同时设立总银钱所、支应所、煤炭所、钢铁所、翻译所、监工所、材料所、案牍所、转运所、砖石所、工程所、巡查所12个分工明确的机构①,以适应商办的需求。其中,对洋匠的选聘及作用发挥在铁厂创办初期无疑也是一个相当重要的环节。

一 洋总管德培的去留

铁厂商办后,"断不能如从前官办样式,处处亏本","总以得利为主",盛宣怀首要的任务就是网罗人才,充实铁厂的管理团队,如聘请的中方管理人员中比较著名的有郑观应、张赞宸、卢鸿昶、李维格等,这些人或参与过洋务,对洋务有很深的研究,或留学海外,或是盛之同乡。对洋匠,盛宣怀主抓总管,方向无疑是正确的。洋总管"乃总管开矿、炼铁工作事宜,华洋工匠悉听指挥"②,在西方钢铁技术未本土化之前,是铁厂生产、建设和技术管理所依赖的关键,可以说在很大程度上决定了铁厂的生死存亡。这是因为铁厂从1894年5月开工生产至1895年10月停火,在将近一年半的时间里,仅仅生产了生铁5660余吨,熟铁110吨,贝色麻钢料940余吨,马丁钢料550余吨,钢板、钢条1700余吨。即便不论钢铁质量,这5600吨的生铁产量不过相当于2座炼铁炉2个月的生产能力而已。③另一方面,铁厂招商后,亟待盛宣怀解决的是企业资本的筹集。尽管盛宣怀在招商章程中给予投资者种种优惠待遇④,但资本市场对投资工矿业深存疑虑,"商股闻风裹足",因此招商情况十分不理想。盛接办后仍因"化铁无煤",生产很不正常,半年便亏本20余万两。⑤到1897年底亏空达70

---

① 《盛宣怀:招商章程八条》,光绪二十二年三月(1896年5月),《汉冶萍公司档案史料选编》(上),第129页。
② 《张之洞致许景澄电》,光绪二十一年九月十四日(1895年10月31日),《汉冶萍公司档案史料选编》(上),第118页。
③ 严中平主编:《中国近代经济史(1840—1894)》,人民出版社2001年版,第1395页。
④ 《张之洞铁厂招商承办议定章程折》,光绪二十二年五月十六日(1896年6月26日),《汉冶萍公司档案史料选编》(上),第134页。
⑤ 盛宣怀:《寄北京翁叔平尚书张樵野侍郎》,光绪二十二年十月二十五日(1896年11月29日),《愚斋存稿》卷25,电报二,第18页。

余万两。① 生产效益不佳和资本严重不足便是铁厂商办后面临的主要困难。为扭转经营不利的被动局面，心急如焚的盛宣怀对总管德培寄予厚望，接管后的两天就一口气提出如下问题：

一、焦炭应如何办为最省？
二、生铁炉应如何两炉齐开？每出生铁一吨，应合何价？
三、熟铁厂能否得利？每出熟铁料一吨应合何价？
四、钢轨每日须造三四里，两炉尽造钢轨，每吨成本应合何价？
五、马鞍山、李士墩两煤矿应如何办，方能得利？
六、本厂开销应如何实在节省？此外各事，应如何整顿方能获利？即就此两座生铁炉，购用开平焦炭，每吨须合银十二两八钱，萍乡焦炭每吨至少须合银八两，通扯每吨合银十两以外，通年不使停工，通年能获利息若干？凡公司办事，必须通筹利益，立定章法，方能一一按照办理。

盛宣怀最后强调："亟欲观看执事筹划心思，能否与本督办意思相合，方能与执事订立合同，派定职司办事也。"②

在当时未找到合适煤焦的条件下，铁厂只能暂时从开源和节流来寻求解决途径，所以盛宣怀的主要问题有两个：一是焦炭成本，当时还没有采用新式机器大规模开采萍矿，主要是从开平及外洋购买燃料，焦炭的高成本在很大程度上是直接拖累铁厂钢铁产品竞争力的重要原因之一；二是提高钢铁产品的生产能力，通过占有市场，扩大销售以获取利润，从而缓解资本短缺困境。可以说基本上把握了铁厂生存和发展的关键。针对盛宣怀所提出的问题，德培对焦炭价格如何最省，开两炉涉及的问题，熟铁和钢轨价格及能否获利，马鞍山和李士墩如何获利等均有比较明晰的认识和回应，还提出铁厂经费虚靡原因及节省的途径。可以看出德培似乎还是称职的。问题是，铁厂既然出现经费虚靡问题，作为总管德培自然肯定要承担

---

① 《盛宣怀寄张之洞函》，光绪二十五年十月初六日（1900年1月6日），《汉冶萍公司》（二），上海人民出版社1986年版，第180页。
② 《盛宣怀致德培函》，光绪二十二年四月十四日（1896年5月26日），《汉冶萍公司》（一），第70—71页。

一定的责任。盛宣怀由此认定铁厂亏本是"诸人办理不善",其中自然包括德培及其管理的华洋匠团队,引发了德培的不满,表示"不得不力辩",称"在厂洋人,无分等次,凡中国官员所准者,无不竭力各尽职守";尤其是对盛宣怀要看其"筹划心思"来决定是否与其订立合同和派定职司的威胁"断难听从"。最后保证"若不能胜任,克虏伯断不举荐也。此厂倘全照西法办理,将来可获巨利"①。需要指出的是,铁厂亏本的原因,若从客观方面论,经费不继和焦炭缺乏仍是主要原因;至于管理不善,则是由于官办时期的一套官僚管理体制的惯性还在延续,商办的新型管理体制还在调试、初运行和逐渐完备阶段,不能完全归咎于总管德培。

为发挥洋总管的作用,对其应享受的权利和应尽的责任,盛宣怀专门制定了《德培办事条规》,做出如下规定:

一、德培遵守与湖广总督所订合同总监工程,但不能越其职分。

二、在厂惟盛大人及盛大人替人为伊上司,所谓制造股总董二人,为郑道台帮手,不得在厂号令。

三、所雇洋人及华匠归总监工调度考察,惟去留洋人须总办与总监工商定。倘此洋人或华人究竟应去应留,总办与总监工意见不同,即请督办定夺。在厂华洋人之已经开饷者,非总监工许可,不能再用。

四、无论何事凡关于厂者,皆归总监工经管,惟须禀承伊之上司。

五、倘厂中欲添雇洋人,应由总办函请中国出使外国大臣代雇,所有在厂洋匠薪水应由各洋人径向收支所领取。

六、倘总监工能裁减洋人、随时用华人代替,足征总监工为厂竭力节省之美意,局中人无不欢喜。

七、倘总监工与在厂员司或有争论,应请总办分断,彼此不得无礼。②

---

① 《德培致盛宣怀函》,光绪二十二年四月十五日(1896年5月27日),《汉冶萍公司》(一),第71—72页。
② 《德培办事条规》,光绪二十二年五月初八日(1896年6月18日),《汉冶萍公司档案史料选编》(上),第80页。

可以看出：盛宣怀仍然承认官办时期德培总监工程的合同，即承认其身份与地位；明确规定盛宣怀是其绝对的上司；德培只负有管理华洋匠的职责，但制造股总董徐庆沅等人不受其节制，洋匠的去留亦需要与总办商量；德培与厂中员司发生矛盾，应请总办公断，实际上将其置于总办管理之下的地位。

在与德培共事过程中，初入铁厂的总办郑观应逐渐发现其中一些端倪。在与德培讨论过程中，郑观应了解到其在官办时期名为铁厂外籍总管，实际上并未充当过总办，因此做事不"十分用心"，对铁厂大局情形不甚了解。郑观应要求德培将铁厂每月各项开销及钢材产量详细列出，以便了解盈亏，但德培却说铁厂非小铺可比，计算不出。对此，郑观应十分不满，告诫："凡创办一事，不论大小，必须先将出入数目列出，可盈若干，方可招股"。德培却说他不是总办，这应是郑观应考虑的事情，意在推卸责任。①

根据德培的表现，郑观应逐渐形成了对总管之能和总管之责的一些思考。在郑观应看来，德培不止算不出铁厂每月的盈亏，还不知熟铁炉节煤之法，对他人的提议"竟然不以为然"，即使无私意，但绝不是总监工之才，"总监工应无所不知"。郑观应甚至认为克虏伯厂明知德培才能不够，却推荐到铁厂当总监工，怀疑是为"恐不欲我中国铁厂收效获利，彼得多卖枪炮于中国耳"。由此认为：今后凡要雇洋匠，应派一熟谙机器洋文的员司，先往外国考究，查访有学问有历练并为众人所佩服，方可聘来；所用洋匠，必须"量才器使，庶免贻误大局"。郑观应还认为，铁厂所给外籍工匠薪水太厚。外籍工程师是由上海或安南请来，期满3年，除薪水外，还给其返国舟资及津贴。如德培从上海聘请的一名文案，每月薪水250两，期满还给舟资45镑，合计达300两，另给津贴两个月，计银500两，总计达800两之多，这是"津沪各厂从未有如是之过厚也"。正是由于铁厂所给外籍工匠薪水过厚，而其并不一定胜任其工作，为此郑观应认为铁厂总管应具有如下能力：（1）应熟识炼钢、炼铁、稽查出货情况，应"考察匠师工人之尽职勤惰与否"，筹划"节省之法"，对所出钢铁之数应了如指

---

① 《郑观应致盛宣怀函》，光绪二十二年五月二十五日（1896年7月5日），《汉冶萍公司》（一），第96—97页。

掌。(2) 应严格执行总办吩咐之事，凡厂中事应与总办商议，所有订货开估价单，以便总办与客户的订货清楚明白，"总管犹总办之手目也"。(3) 不仅应精通炼钢，而且还应擅长商务，凡厂中所出之货，应知时价若干，客商定货当即照办，因此总管应经常与总办讨论。(4) 系总办联手，如所造物件核算利益等事，应慎重对待。所有洋匠，由其挑选，如有华洋工匠不听吩咐，轻则申饬，重则酌换。由于德培不具备上述能力，所以郑观应认为应悬重赏招募华匠，尤其是有外国机器大书院执照及已在某厂历练有年者到鄂充副总管，"以免洋匠朦蔽"。同时还应遴选通晓洋文之华匠往外国机器书院读书，"入厂学习机器及矿师"，对确有成效者应奏请朝廷格外奖励。①

此外，厂中员司亦陆续发现德培存在能力不济和工作作风不实的问题。徐庆沅在致盛宣怀的函中说，德培到厂后，自己所管理的一切工作皆听其号令，未敢稍越界限，以免开启争端；只是将自己所见到的问题，随时禀请总办，函告德培酌夺。即便如此，铁厂接办一个月中每日仅炼生铁52.8吨，不能合算；即使每日炼生铁55吨，若尽造钢轨亦不敷成本。② 意即铁厂亏本的局面仍未得到有效扭转，表达了对总管德培的不满。需要指出的是，生铁和钢轨的不经济主要是焦炭成本过高，这绝非德培所能左右，而是长期影响到铁厂钢铁产品成本的主要因素，直到萍矿的大规模开发。在盛宣怀接手之初，很多人都将铁厂亏本的主要原因归咎于德培未能很好地筹划产品的盈亏问题。另外，德培工作作风不实也引起了广泛的批评。萍矿委员卢鸿昶更是明白地说：总管德培责任甚大，其得力与否为华洋众匠勤惰之所归，即为铁厂隆替之所系，"宜如何提纲挈领，商筹妥办"。批评德培从不到厂，全厂应办事宜概置不问。卢鸿昶还听说德培向众洋匠布散谣言，说一旦他们合同届满，即当辞去，由此导致洋匠懒于工作，众华匠亦因之松懈。如此则会"泄沓成风，贻误要工"，其"居心殊不堪问"。直言不讳指责其"大权独揽，事无巨细，必须禀命而行"，而"又桀骜不驯，遇事掣肘，是有该匠在厂，非徒无益，直以为害"，恳请盛

---

① 《郑观应：铁厂次第筹办张本六十条》，光绪二十二年七月二十七日（1896年9月4日），《汉冶萍公司档案史料选编》（上），第153页。
② 《徐庆沅致盛宣怀函》，光绪二十二年五月二十七日（1896年7月7日），《汉冶萍公司档案史料选编》（上），第143页。

宣怀将其"立予罢黜，以除大患，厂务幸甚"①。汪应度尖锐批评德培"必隔数日方到厂一次，于厂务绝不讲求"，"专喜无理取闹"，"所炼之钢不过如是"，即使留在厂中，"徒闹皮气耳"；与德培形成鲜明对比的是，吕柏在洋匠中的工作不仅最为重要，而且工作态度极为认真负责，"平时终日在工，见铁渣中零星弃铁，必使小工拣出；开平焦炭屑中，苟尚有小块者，必使小工筛"；还对小工极为关心，小工均"乐为之用"，"此等洋匠，不可多得"。②

针对徐庆沅提出的铁厂生铁成本过高，缺乏竞争力的问题，德培认为是工匠太多所致。他指出：生铁每吨作价 25 两，钢轨每吨价约 50 两，如欲减轻成本，与洋轨争胜，工匠人数及工食等类开销过高，以致钢厂和化铁炉到了"非整顿不能减轻生铁成本，使与洋铁相等"的地步。他认为，工匠人数太多，做工太少。由于工匠工食论月而不论日，以致往往有不到工的弊端。对此，徐庆沅表示同意，但同时认为工匠工食之忧，主要是洋匠而不在华匠，"今若将熟手华匠裁减工食，势必令其自退，目下虽省工食，而将来洋匠永无裁撤之日，钢轨成本从何减少！"若要真正为铁厂节省，德培所要做的是，应该留熟手华匠，以备日后接代洋匠，如此钢轨成本则可望减少。③郑观应不同意德培所提出的裁减钢厂、化铁厂之华匠的办法，只赞同将无用之华匠裁减，不必减其薪水，"择其勤力之小工升为长工，以免或作或辍，余可照行"。面对德培"必须照办"的强硬态度，郑观应责备其"不可偏执，必须妥商"，毕竟自己较德培更熟悉华工情形，"若办理不善，尔固咎有应得，我亦不能辞其责"。德培认为郑观应在日削其权，"更滋不悦"④。在郑观应等看来，德培的很多行为就是"刁难"，因此德培与郑观应关系"情如水火"。不过，郑观应为了顾全大局，仍叮

---

① 《卢鸿昶致盛宣怀函》，光绪二十二年六月十五日（1896 年 7 月 25 日），《汉冶萍公司》（一），第 142 页。
② 《汪应度：收发所及厂事条陈》，光绪二十二年六月初五日（1896 年 7 月 15 日），《汉冶萍公司档案史料选编》（上），第 145—146 页。
③ 《德培致郑观应函》，光绪二十二年八月初八日（1896 年 9 月 14 日），《汉冶萍公司》（一），第 207 页。
④ 《郑观应致盛宣怀函》，光绪二十二年八月二十三日（1896 年 9 月 29 日），《汉冶萍公司》（一），第 222 页。

嘱李维格等"当善为敷衍",否则更难共事。① 由此郑观应更加坚定德培"只知炼钢,余无所长","暴躁刚愎,虽有片长,亦当为人所弃"的看法;而且德培曾声言是盛宣怀不准其革除吕柏,与盛之关系亦"情同冰炭"。鉴于此,郑观应与李维格、徐庆沅等都有同感:洋匠不宜管理工程,因其人地生疏,不知中国实际情形,且手段亦大,不如翻译外洋冶炼钢铁之书,"应备采取",同时聘请上等铁矿师、上等煤矿师、上等化学师、上等炼钢师、上等化铁师及上等机械师各一名作为顾问,可以消除扞格、糜费等患。②

不仅如此,德培与铁厂高炉炉长吕柏关系亦势同水火。德培与吕柏虽同为铁厂效力,但两人之间矛盾甚深。据卢鸿昶观察,某日德培、吕柏同在卢处大餐,散席后回寓所,谈起旧事,"各存意见,愤愤不平"。次早吕柏对李维格说,"我不说德培,德培乃说我闲话"。德培却在卢鸿昶处说吕柏"不以其为上司"③。另据郑观应观察,德培、吕柏之积怨非一朝一夕,如5月30日化铁炉水柜炸裂,德培去函询问吕柏为何不即报闻,后虽屡次函问炸裂情况,吕柏置之不复,直至傍晚始行报知,但为时已晚。虽然吕柏后来函辩白,说水柜炸裂之时,自己终日忙乱,无暇作函报知德培,及柜修好当即报知,但对吕柏实属蔑视上司的行为,德培希望郑观应致电盛宣怀将吕柏撤职。郑观应则认为,当水箱爆裂之时,吕柏不遵即报,实属"情有可原",但德培"挟恨不谅",拟将其撤职,"未免迫人太甚",估计盛宣怀也不会同意。④ 德、吕之间的矛盾势必会影响铁厂的正常生产,给铁厂带来无法预料的损失。

后来盛宣怀在辞退德培致克虏伯公司的函中陈述其七点问题,主要是能力不足、逞凶、虚靡浪费,不胜任总管之职。⑤ 后来的事实也得到了证

---

① 《附件:郑观应:厂事各条详答》,光绪二十二年八月初九日(1896年9月15日),《汉冶萍公司》(一),第209页。
② 《郑观应致盛宣怀函》,光绪二十二年九月十一日(1896年10月17日),《汉冶萍公司》(一),第224—225页。
③ 《郑观应致盛宣怀函》,光绪二十二年五月二十八日(1896年7月8日),《汉冶萍公司》(一),第101—103页。
④ 《郑观应致盛宣怀函》,光绪二十二年六月二十八日(1896年8月7日)《汉冶萍公司》(一),第167页。
⑤ 《盛宣怀致克虏伯厂函》,光绪二十三年三月上旬(1897年4月上旬),《汉冶萍公司》(一),第474页。

明，德培被铁厂解职后，正值日本新建八幡制铁所，急需一名德国工程师，因此应日本的邀请出任制铁所总监工。日本政府给其薪水是19200日元，两倍于日本首相，结果也因对其工作不满意而于1901年4月辞退。①

铁厂高层必须在德培与吕柏之间作出抉择。对吕柏，其在铁厂任期行将结束，李维格与徐庆沅曾试探性地询问其合同期满后是否有留下来之意愿。吕柏表示，如与制钢洋匠卜聂同留两年，但不归德培监管，便可留下。实际上，郑观应希望吕柏能留下来继续工作，但又担心遭其要挟，故遣人代询："尔果欲再留，不可要挟，前所言各款皆不合理，若欲再留一年，于尔有光，于德培减色，有何不可！"此际，吕柏提出条件三款：一是化铁炉归督办、总办节制，总监工德培不得过问；二是洋匠目两名薪水每月各40镑；三是其与两匠合同皆展期至1899年4月1日。郑观应认为：第一款因碍德培合同，恐无法做到；第二款匠目连斯，前经德培说其多病，期满宜嘱返国，已电商盛宣怀准其所请，今又留他，德必不服。吕柏人虽认真，但"言多铺张"，若准其要挟，恐为人轻视，后事难办，因此铁厂一致认为"万不可从"。徐庆沅表示，若吕柏辞退而下手未到，自己可替代一二月应该没有问题。正是如此，郑观应明确告诉吕柏，第一款有碍德培合同，不能同意；第二款连斯不便再留，最多只可再留其一年。并警告说如其不遵，即电告致英国谛塞德厂另外雇请。②尽管如此，铁厂并没有明确拒绝吕柏，是为预留转圜的余地。

对德培的能力，铁厂普遍感到不满意，而盛宣怀更认为其性情暴躁，器量褊浅，绝不为厂用心，"弟想总监工毫无调度，心不向我，贻误无穷"，提出另请美国人或比利时人担任总管。表明盛宣怀已有辞去德培之倾向。另一方面，铁厂也考虑到若生铁炉另雇工师，薪水比吕柏虽可降低，但此炉吕柏已熟悉其性格，故盛宣怀决定迁就吕柏，同意其所提条件：第一款只需密告德培是暂时的，以此暂时稳住德培和吕柏。至于化铁欲用两匠目，在来年拟开两炉的情势下亦不为多；但需订明连斯有病需另换。即电郭格里厂，请其代觅一名化铁工师。建议郑观应密询吕柏去留实意，如实在留不住，亦要留他三个月，待新工师到后熟悉一切方可回国，

---

① 方一兵：《汉冶萍公司与中国近代钢铁技术移植》，第58页。
② 《郑观应致盛宣怀函》，光绪二十二年十一月十二日（1896年12月16日），《汉冶萍公司》（一），第306—308页。

此"最要关键"。虽然徐庆沅有替代吕柏工作一二月的承诺，但盛宣怀仍不放心，请其密询哀敷郎子、连斯二人，"所关甚巨"，并"深悔七八月内停炉之时未与吕柏先订合同"。盛宣怀由此颇有感慨："洋人竟无君子，弟以真心待吕柏，宜乎受其要挟矣"。郑观应建议应从英国梯细厂雇一好洋匠来，因为化铁炉是从该厂所购。有人建议，英人较有规矩，总管用英人为好。盛宣怀决定还是暂留吕柏三个月，"方觉放心"。还有人提出，德培是因为与吕柏不合，才"心不向我"，今既已决定辞退吕柏，已合德培之意，此时应重用德培，使其专注于钢铁事宜；且钢匠目均是德国人，若更换别国总管，又恐与钢匠不合。为此，盛宣怀还专门查看了二十八号的德培来函，推荐贝钢厂、钢轨厂与化铁炉都是洋匠目和洋匠各一名，较前之所荐洋匠数目有所减少，若果能如此节省，"彼肯真心向我办事，亦不妨再试数月。盛宣怀乐观地认为，如此既辞去吕柏，节省薪水，同时又暂时留住了德培，"以试其心"，这是一个不错的方法。①

问题是，即使多方妥协，要暂时稳住吕柏也不是一件容易的事情，因为吕柏对所提条件丝毫不让步。郑观应担心，虽然徐庆沅保证可代替吕柏一二月，一旦与吕柏决裂，化炼铁炉出现意外，自己则百辞莫辩。盛宣怀派李维格告诉吕柏想留他，只是提出条件中，第一第二两款于本厂有碍，"万不能从，必须删去"。吕柏同意第一款可以删去，但要求郑观应和盛宣怀答应德培期满不能再雇。第二款由郑观应到沪给连斯说情，如不便再留，仍请求德培同意吕柏另雇一人，因为化铁炉日夜做工，非两人不可。同时警告德培："尔与吕势不两立，如去吕，新手未到，化铁炉事尔能代理乎？"德培表示自己可以代理。②

郑观应征求对吕柏去留的意见。张赞宸认为，吕柏办事尚勤，但此次要挟太甚，若同意其条件，"恐蝉联后倔强难制"；同时，"合同色色依他，将来用洋人之日正长，深恐效尤为患"。棘手的问题是，德培平时"行不副实，刚愎自用，挟私任意"，故各董认为"若令德培代管，深恐不妥"，且其"暴性更张"。因为吕柏究系熟手，化铁炉关系甚大，而且盛宣怀正

---

① 《盛宣怀致郑观应函》，光绪二十二年十一月十七日（1896年12月21日），《汉冶萍公司》（一），第312—313页。
② 《郑观应致盛宣怀函》，光绪二十二年十一月十八日（1896年12月22日），《汉冶萍公司》（一），第314—315页。

在创办铁路和召集商股,因此不能不慎重。若真正辞退吕柏,可一面速从英国谛塞德厂雇请工匠,一面责成徐庆沅暂代。因此各董所争论的关键不仅仅是吕柏去留的问题,首先在于德培能否代理的问题。①

郑观应亦表达了自己对吕柏的看法:"言过其实,性情桀骜。"指出:化铁炉事本不甚难,而吕柏故意极言其难,是为"欲恐吓同人不敢轻视",与李维格、徐庆沅均"知其伪"。还以蔡锡勇所言"求一识炼钢炼铁全厂事务颇难,只识炼铁者不难"为根据,表达留德去吕的建议。李维格虽与德培积不相能,但从铁厂发展的大局出发,仍建议留下德培,因为铁厂急需炼钢,钢厂洋匠多是德人;德培知晓马丁新法,"现在各事俱是问他"。提出若留下吕柏,德培"必诸事不顾"。② 为暂时留住吕柏,张赞宸还专门访问了吕柏,得知其在比国领事的干预下,已改变了先前丝毫不让的强硬的态度,同意合同照联、连斯、哀敷郎子均留,不再另加薪水。张赞宸还直接表达盛宣怀嫌其桀骜不驯,要求其改掉脾气方能商议。不料吕柏竟愿意改脾气,不再桀骜,遇事熟商。经过协商,吕柏同意:第一款准让;第二款两匠均联不加薪,如退连斯,由其照连薪电雇一人,哀敷郎子加至四十镑,俟旧合同满后再加;第三款合同订两年零两月。盛宣怀与比利时领事商量,基本上同意了吕柏的条件。③ 显然,盛宣怀权衡利弊,已经做出暂时留住吕柏的决定。

郑观应将各董"去吕留德"的意见报告给盛宣怀,并强调:各洋匠如不同总监工调度,理应开除;总监工有劣迹,不遵合同办理,亦当革换。而吕柏屡次不听德培号令,彼嘱开除而我复用,结果是各洋匠亦不服其号令,是"长刁风而启恶习",使得德培为难,有碍大局。还颇为不满地说,既然盛宣怀意在留住吕柏,当托驻欧公使罗丰禄或伍廷芳在外国悉心觅一有学问有历练、老成练达之人替代德培。严格地说,这更多的只是郑观应对吕柏的个人倾向,并不代表各董的立场,更不能代表众洋匠的态度,因此郑观应担心与"众论不合",没有对"对众人说破","恐犯众怒"。"如

---

① 《张赞宸致盛宣怀函》,光绪二十二年十一月二十四日(1896年12月23日),《汉冶萍公司》(一),第315—317页。
② 《郑观应致盛宣怀函》,光绪二十二年十一月二十六日(1896年12月30日),《汉冶萍公司》(一),第326页。
③ 《张赞宸致盛宣怀、郑观应函》,光绪二十二年十一月二十九日(1897年1月2日),《汉冶萍公司》(一),第331—332页。

有不测，适承其弊，必为众人所归咎"。①

在郑观应看来，铁厂首先要解决的是焦炭和洋匠，在焦炭已有头绪的情势下，总监工宜速定议，所以铁厂要"为大局持久之法"，必须慎重遴选总监工。郑观应拟请派李维格到英国各机器厂访查，选聘总监工及钢厂洋匠各一人，订明合同。② 问题是，盛宣怀对辞去德培后铁厂工作的开展没有头绪，因为"总监工系某国人，其手下亦必用其熟识或本国之人，此各国通病，非但商家如是，即各国首相用人亦复如是"。不仅如此，对铁厂应添钢厂匠目，德培催促再三；且钢厂洋匠多，且需轨颇急。另外，德培似知铁厂已决定留下吕柏，已有不悦之意。③

留下吕柏已成铁厂的共识，但绝对不能对其要求"色色俱允"，为此，张赞宸提醒盛宣怀，因吕柏以盛宣怀与比利时领事相商的结果为尚方宝剑，所以今后"所言口吻必紧"。若吕柏坚持以比领事函电作为筹码，即表明其桀骜狡猾的性格无法改变。鉴于此，自己与李维格的意见是，参照北洋铁路雇用洋匠合同，并为吕柏专门缮就一份合同。"铁厂所用洋人，前数年太宽，归商办后稍紧，即有不悦之意"。合同本已对吕柏有所迁就，而其却将所定合同寄交比领事改订，这引起了张赞宸的强烈不满："比领事不过介绍，如何竟将合同寄与改订？"直斥其作为"实属无理"。张赞宸继而指出，他本人和郑观应对吕柏的迁就却都遭到了其怨恨，因而此次若对删定合同一切从宽，是"授以日后跋扈地步"，请盛宣怀一定要力拒比利时领事。倘若此次合同按照吕柏的要求改在沪签订，今后厂中的洋人必难驾驭，实为事局攸关。请盛宣怀一定要告知吕柏：如总办在厂归总办约束，如不在厂归代理者约束，"必如此方可与共而面掣肘"，因为"从来洋人所重全在有权无权，以定从违"④。

通过对德培、吕柏去留问题的讨论，铁厂对称职洋总管有一个具体认

---

① 《郑观应致盛宣怀函》，光绪二十二年十二月初一日（1897年1月3日），《汉冶萍公司》（一），第334页。

② 《郑观应致盛宣怀函（一）》，光绪二十二年十二月初九日（1897年1月11日），《汉冶萍公司》（一），第345页。

③ 《郑观应致盛宣怀函》，光绪二十二年十二月十四日（1897年1月16日），《汉冶萍公司》（一），第349—350页。

④ 《张赞宸致盛宣怀、郑观应函》，光绪二十二年十二月十八日（1897年1月20日），《汉冶萍公司》（一），第360—361页。

识。翻译谈汝康认为：总管之责任，"似易而难"，铁厂可以选择一二人通晓西语而在铁厂工作多年者派遣到国外学习总管之业务，"厚给薪银，不时须与洋人讨论，如有所得，即登之炼钢日记"。若照此实行，不到两年的时间，并自能领炉独炼，"可以毋须西人"。这样不仅可以免受洋匠的牵制，同时可以为铁厂节省一大笔开支，不失为培植人才的一个重要方法。①张赞宸认为，德培表现出无实力办事之心，遇事推诿，无法推诿者则敷衍了事。正值造轨的紧张时期，照此情形恐误要工，"既据辞差正可趁此速去"。由此感慨："用洋人难，用总管更难，倘每厂能得一好工师，虽无总管亦妥"；"如用总管不得力，牵制各厂，关碍大局，白乃富、德培即殷鉴"。提出当此整顿之际，聘用洋总管一定要慎之又慎，"所最怕者去一德培而仍换一德培来耳"。张赞宸再次呼吁盛宣怀对洋人一定要按照合同管理，"不如此不足以操用人之权，挽前局之弱"②。洋匠彭脱亦向盛宣怀提出洋总管应具备的能力及薪水问题。彭脱认为，作为洋总管，应于炼铁、炼钢、厂务、商务均有阅历，薪水每年约2000英镑。对于称职的总管，铁厂应加以善待，给予拣选、管理洋匠，同时兼有全权管理华工的权力，但凡定薪水、撤差匠人等事，应与总办商量。指出：能赋予洋总管全权，是"顶好之法"，对厂务有益，这是因为总管所选用的的洋匠，一般二三年后都可教授华匠，最终达到顶替洋匠的目标。提出：如盛宣怀欲定一班洋匠，应先聘定一总管，并预先告知其关于厂中凡一切铁价、钢价、华工薪水等账单，以便确定能否雇用的问题。只有如此，才能避免在洋矿师聘用方面的盲目性。③随后，彭脱致函补充说：总管察看厂务，应立思节省之法；所出钢铁，无须细问，便可知悉。"总办吩咐之事，渠应照办"；"厂中事，与总办商议"。"所有定货开估价单，俾总办与客人定货，均得明白"，"总管犹总办之手目也"④。从侧面亦反映德培作为总管是不称职的。

---

① 《谈汝康：马丁炉炼钢用煤今昔情形说》，光绪二十二年十一月（1896年12月—1897年1月），《汉冶萍公司》（一），第327—329页。

② 《张赞宸致盛宣怀、郑观应函》，光绪二十二年十二月二十七日（1897年1月29日），《汉冶萍公司》（一），第367页。

③ 《彭脱致盛宣怀函》，光绪二十二年六月二十五日（1896年8月4日），《汉冶萍公司档案史料选编》（上），第147页。

④ 《彭脱致盛宣怀函（二）》，光绪二十二年六月二十七日（1896年8月6日），《汉冶萍公司》（一），第161—162页。

二 堪纳第继任铁厂总管

辞退德培已成定局，铁厂开始考虑美籍工师堪纳第是否胜任总管之职。对此，马鞍山煤矿员董汪应度指出，"洋匠欲为进身地步，往往喜出大言以欺人"，堪纳第究竟本领如何，一时难于考察。建议先令其到厂，详细审视机炉，将应因应革事逐一条陈，与在厂洋匠及制造华董，互相辩难，若其识见高超，暂与试验一二事，试之而效，然后与订合同。但须预先订明，机炉等何项应略为添增，何项应略为修整，不可一入手便大兴工程，致糜巨款。"盖此亦系洋匠惯伎，一则借口购器未到，可以迁延岁时，一则经手厘头，借堪肥润，故此着不得不防。"① 郑观应亦提议慎选总监工，一方面是总监工无权断难于事，"于局无益"，另一方面总监工新来不知情形，不与总办商量，开除一人，则合厂停工，吃亏颇重。② 对此，盛宣怀的态度是：总当以生铁炉或停或开为主脑，决定堪纳第暂留三个月，作为铁路、铁厂参赞，考究一切办法。③

盛宣怀十分急切，指示郑观应等直接使用堪纳第，"望即询汉厂，现开一炉造轨办法，如何能不亏本？并询得煤矿后，布置大冶办法，速寄两节略，能有把握，用堪则去卜（聂），不宜专心与堪考校。"但郑观应等并没有放弃对堪纳第的观察，"官应与黄翻译日来察看堪纳第，其人品和蔼，其办事认真，其才艺诚如一琴所云系钢铁世家，其兄现为俄厂总管"④。明显持肯定和乐观态度。徐庆沅却持完全相反的看法，堪纳第虽据其自称"钢铁世家"，但是听其议论，发现其系门外汉。而且卜聂对其能力亦表示怀疑。据徐庆沅称，堪纳第倒用光色分原镜察看炼钢火色，这是老斫轮手不应该用的方法；堪纳第还条陈盛宣怀，说马鞍山煤中之灰，可用机器洗去，"核之化学之理，万无此法"。据此，徐庆沅认为堪纳第"大言欺人"，

---

① 《汪应度致盛宣怀函》，光绪二十三年正月初七日（1897年2月8日），《汉冶萍公司》（一），第375—376页。
② 《郑观应致盛宣怀函》，光绪二十三年正月初八日（1897年2月9日），《汉冶萍公司》（一），第380—381页。
③ 《盛宣怀致张赞宸函（二）》，光绪二十三年正月初十日（1897年2月11日），《汉冶萍公司》（一），第384页。
④ 《郑观应致盛宣怀函》，光绪二十三年二月二十日（1897年3月22日），《汉冶萍公司》（一），第448页。

第二章　汉冶萍人事管理与机构整顿

提议乘卜聂等期届满之时,令其代办钢厂一二月以试其艺,恐如白乃富一流人物,事事须人料理,会给铁厂带来更大的亏本。①

众人的意见无疑动摇了郑观应先前的态度。郑观应对"忠勇",但"言不由衷,有功则归己,有过则归人"的堪纳第有些担心,因而在合同问题上表现得比较谨慎。矛盾开始产生于合同拟定上。郑观应说,堪纳第自拟了一份合同,因所提条件过分,遭到了驳斥。后因郑观应不悦,且经过美国领事核正,竟又提出"辞工必须三年咨照"之语,企图"移祸于人"。郑观应认为堪纳第"权术太多,欺朦太甚",如不遵昨拟之合同稿,或非熟悉矿务事,均作罢论,不可迁就。如欲去堪,宜先与卜聂先定六个月合同,必须载明管理贝色麻钢、钢轨、熟铁厂、铁货厂事。因由堪派其管理已数月,自应照常办理。②后听说郭格里厂来信说,卜聂须有好手帮助方可,提出如"堪去,局面又变,不得不暂用卜聂"。郑观应建议盛宣怀在上海与和丰总管密商,委托其兄雇一上等炼马丁、贝色麻两钢厂工师,大约三四个月可到汉替代卜聂,这样就可以不为堪纳第所要挟。③但盛宣怀等不及了,明确告知郑观应:现在铁路需用鱼钉板等急迫,将先前由徐庆沅管理的熟铁、钢货两厂交给堪纳第总管,"以免推诿"。仍同意徐庆沅管理华工,与堪和衷共事,否则,只得将华工亦全部交给堪纳第调度。"洋人本要给予全权方能得力,我辈岂不知之!"这是因为洋总管德培不肯办事,熟铁、铁货两厂去年七月曾交给徐庆沅管理,试办半年,"尚无成效"。④盛宣怀已经意识到铁厂管理方面华洋相互牵制和掣肘模式的局限性。

堪纳第的问题很快就暴露出来:"年轻阅历浅,办事虽勇,不知条理"。由于当时七厂无华匠监工,堪纳第只嘱威德兼顾,结果管理不到位,偷懒的华匠甚多。这正好验证了先前郑观应对堪纳第的提醒。所以郑观应

---

①《徐庆沅致盛宣怀函》,光绪二十三年二月二十五日(1897年3月27日),《汉冶萍公司》(一),第458页。

②《郑观应致盛宣怀函》,光绪二十三年四月二十一日(1897年5月22日),《汉冶萍公司》(一),第519页。

③《郑观应致盛宣怀函》,光绪二十三年四月十五日(1897年5月16日),《汉冶萍公司》(一),第511—512页。

④《盛宣怀致郑观应函(二)》,光绪二十三年二月二十六日(1897年3月28日),《汉冶萍公司》(一),第466—467页。

与堪纳第签订合同时，明确"用人工程等事必须与总办商办"，是为防止其被人蒙骗；如与堪纳第决裂，请盛宣怀还是按先前的决策，"先与卜定，仍旧管理贝钢、钢轨及熟铁厂事，一面密示官应代为布置，当设法激励各匠认真办事，勿为堪笑"①。由于盛宣怀决意雇用堪纳第，所以经过再三磋磨，准其缓辞威德，已命其当面画押。既然"本厂已有总监工，一切工程理当归渠总管，以专责成"②。

正如郑观应所言："洋人未入手时无不性情和平，入手后则刁蛮真形毕露。"堪纳第初订合同已要挟过分，尚不自知其无情无理，可见其居心太狠。"其意要总握全厂之权，虽小节亦不相谅，动以工程挟制，谓事权不一，呼应不灵，如有延误工程与伊无涉等语。"郑观应由此认为其"非事理通达、心平气和"之人，颇难共事。结果许启邦将此事告知堪纳第，堪遂对郑观应大肆咆哮，郑观应警告："许欲借尔之势而欺压我辈乎？我华人最忌如此行为，尔欲救之反害之，况渠尚有短处不便告我，曾直言相劝以期省悟。"堪纳第乃悻悻然而去。为避免决裂，郑观应还函告黄赞庭安慰堪纳第。③对于堪纳第，郑观应仍提醒盛宣怀，铁厂洋匠较多，工程较大，一定要有总监工，因此"雇得好总监工，于大局有益，如雇得不好，于大局有碍，不得不审慎，宁迟勿错"。郑观应肯定堪纳第办事认真，性情较德培和蔼，但认为其办事"似无条理"，"是年轻阅历浅所致耳"。郑观应向盛宣怀明确：用人买料两端，堪纳第必须与总办商定，"万不能迁就"。因为总监工只知洋匠优劣，不知华工性情，恐误听奸人之言，是非不明，赏罚不公，凡有好手华匠，必不为彼用。④

通过多方磋磨，堪纳第始愿同铁厂签订合同，主要内容是：堪纳第管理汉阳铁厂，每月薪水 200 镑；铁厂整顿后，由所获净利提给一分，将来拟设之新铁厂所获净利提给五厘，作为酬劳；只遵盛宣怀一人之训条，他

---

① 《郑观应致盛宣怀函》，光绪二十三年四月二十五日（1897 年 5 月 26 日），《汉冶萍公司》（一），第 526 页。
② 《郑观应致盛宣怀函》，光绪二十三年五月初一日（1897 年 5 月 31 日），《汉冶萍公司》（一），第 532 页。
③ 《郑观应致盛宣怀函》，光绪二十三年五月初七日（1897 年 6 月 6 日），《汉冶萍公司》（一），第 534—535 页。
④ 《郑观应致盛宣怀函》，光绪二十三年四月二十六日（1897 年 5 月 27 日），《汉冶萍公司》（一），第 526 页。

人不得干预其事；等等。① 后又补充：若堪纳第与督办意见不合，彼此均可提前三个月告退；所有工程、工匠均归堪纳第管理，但进退工程师员董须与总办办商定。② 可以说，堪纳第已经拥有管理铁厂工程和工匠的全权，但也出现了诸多问题：据铁厂继任总办盛春颐反映，堪纳第自入厂监工已经有五月了，"诸多糜费废弛，有意侵揽不应管之权"；"受欺于不肖华人，而不辨黑白，不受商量"；"视铁厂为利薮，纵宵小以作奸，朋比欺朦，甘言饴主"。向盛宣怀直言"将堪纳第决然舍去"。另外，堪纳第在采办和用人方面也存在很大的问题，导致"总办不能问，员董不敢言"。厂中吕柏、卜聂、拉夫、勃沙尔特等辈，均不为其所用，相持不服。"仅恃一庸庸威德为之主裁。威德一去，即束手无策，合厂皆知之甚详。"③ 盛春颐再次进言，若堪纳第继续留在铁厂，"必致纷纷解体，无可收拾"，希望从此"永除总监工名目"④。此事引起盛宣怀的警觉，为此曾委托黄赞庭警告堪纳第"不必过于揽权"，"只要认真做出工程来，我便信得过他，否则我不信他"，"今又要揽管东码头，大约用心只在揽权，不在办公，实属可虑"⑤。"堪、卜势难并立，尚易设法，所望堪言行相顾，慎重有条，方能胜此巨任。"⑥ 另外，"堪与各工师不对"，因"近来各工师洋匠见其本领太浅，诸多外行，无不轻视，故各工师凡事皆来与应商办，不愿与堪商办"⑦。由于堪纳第在铁厂工作期间，"事多掣肘，在此无用，似有去意"⑧。堪纳第与铁厂签订了三年的合同，实际上只干了一年即行离去。此后，铁厂再也

---

① 《附件：汉阳铁厂与堪纳第合同》，光绪二十三年四月十五日（1897 年 5 月 16 日），《汉冶萍公司》（一），第 510 页。
② 《郑观应致盛宣怀函》，光绪二十三年四月十七日（1897 年 5 月 18 日），《汉冶萍公司》（一），第 515 页。
③ 《盛春颐致盛宣怀函》，光绪二十三年七月初三日（1897 年 7 月 30 日），《汉冶萍公司》（一），第 610—611 页。
④ 《盛春颐致盛宣怀函》，光绪二十三年八月初二日（1897 年 8 月 29 日），《汉冶萍公司》（一），第 638—639 页。
⑤ 《附件：郑观应致盛宣怀条陈》，光绪二十三年六月二十四日（1897 年 7 月 23 日），《汉冶萍公司》（一），第 599 页。
⑥ 《张赞宸致盛宣怀函》，光绪二十三年四月初十日（1897 年 5 月 11 日），《汉冶萍公司》（一），第 505 页。
⑦ 《附件：郑观应致盛宣怀条陈》，光绪二十三年六月二十四日（1897 年 7 月 23 日），《汉冶萍公司》（一），第 599 页。
⑧ 《郑观应致盛宣怀函》，光绪二十三年九月二十二日（1897 年 10 月 17 日），《汉冶萍公司》（一），第 690 页。

没有雇洋总管了。

雇用一位"品行端方，尽心竭力"的好总监工的"首策"流产后，郑观应不得不转而谋求第二策，即在没有总监工的条件下，努力用好各工师。① 翻译黄子元提议"宜雇一熟悉铁厂事洋匠帮助总办，以资顾问"②。在盛春颐的力荐下，洋匠卜聂掌握钢厂全权，不仅所炼钢轨不如先前多，而且质量不佳，被验轨的洋匠顾培挑剔甚多。③ 主要原因是萍焦含磷过重和顾培故意刁难。尽管盛春颐盛赞卜聂"日夜不惮辛劳"，"尽心竭力"，"认真工作"通厂皆知，每天出轨的数量愈来愈多，质量越来越精美，被顾培"退者甚多"的原因是钢轨拉力不足钢质太硬④，但盛宣怀对其工作似乎不太满意。⑤

三　铁厂对洋匠的认知与管理

（一）对洋匠的认知

汉冶萍洋匠大致来源于四个方面：一是购买机器或设备所在厂家的推荐，如德培为德国克虏伯工厂推荐；二是从安南或上海等地请来⑥；三是外国领事的推荐，如炼钢匠卜聂即为比利时领事所荐⑦；四是托驻外公使寻觅。⑧ 在聘用之前，铁厂对洋矿师的能力并不十分清楚，很多是为图高薪而来。另外，许多洋矿师还存在个性或品行方面的问题，如郑观应明确

---

① 《郑观应致盛宣怀函》，光绪二十三年四月二十日（1897年5月21日），《汉冶萍公司》（一），第518页。
② 《郑观应致盛宣怀函》，光绪二十三年四月二十三日（1897年5月24日），《汉冶萍公司》（一），第519页。
③ 《盛春颐致盛宣怀函》，光绪二十三年九月十一日（1897年10月6日），《汉冶萍公司》（一），第681页。
④ 《盛春颐致盛宣怀函》，光绪二十三年九月二十四日（1897年10月19日），《汉冶萍公司》（一），第690页。
⑤ 《盛宣怀致卜聂函》，光绪二十三年九月初六日（1897年10月1日），《汉冶萍公司》（一），第676页。
⑥ 《郑观应：铁厂次第筹办张本六十条》，光绪二十二年七月二十七日（1896年9月4日），《汉冶萍公司》（一），第186—190页。
⑦ 《郑观应致盛宣怀函》，光绪二十三年正月十四日（1897年2月15日），《汉冶萍公司》（一），第391页。
⑧ 《郑观应致盛宣怀函》，光绪二十二年十二月初一日（1897年1月3日），《汉冶萍公司》（一），第334页。

地说，对能"独当一面"的洋矿师，还必须"考其操守"①。总监工必须"品行端方"②。对洋矿师，郑观应的总体评价是："惟各洋匠除威德外，皆不诚实。吕柏虽属认真，亦桀骜不驯，动辄恃气，且与德培不对，不顾公事。德培性情暴躁，器量褊浅，时与吕柏为难，绝不为厂用心。卜聂为阴险小人，唆扰德、吕不时龃龉。"③

综合所聘洋匠，铁厂高层逐渐形成一些共识。一是不称职，如徐庆沅称，"官办之时，洋人多至四十余人，月费一万余金，求其能办工程者，惟吕柏、司毛、威德及各厂匠目数人而已，余皆月费廪禄，一无所能"④。吕柏惯说大话，不求实际。⑤ 德培不仅"性好铺张"，且"不识华工性情"，导致糜费甚多。⑥ 德培"无实力办事"，"事事推诿"，"万难诿者敷衍了事"。⑦ 这种情况在官督商办初期仍大量存在。二是蛮横霸道，这是铁厂高层的共识。如洋匠白乃富在勘察黄石港过程中表现出任性、蛮横和傲慢，无视铁厂随行人员冯庆铺的劝告，甚至随意呵斥和威胁。⑧ 郑观应认为洋矿"皆好揽权恃霸"，"初到性似和平，久则渐形桀骜"。⑨ 英国矿师贺伯生因"骄慢"而被逐。⑩ 总文案赵锡年认为"洋匠蛮横无理，毫无顾

---

① 《郑观应致盛宣怀函》，光绪二十二年十二月二十二日（1897年1月24日），《汉冶萍公司》（一），第366页。
② 《郑观应致盛宣怀函》，光绪二十三年四月二十日（1897年5月21日），《汉冶萍公司》（一），第518页。
③ 《郑观应致盛宣怀函》，光绪二十二年十月初八（1896年11月12日），《汉冶萍公司》（一），第252页。
④ 《徐庆沅说帖》，光绪二十二年九月（1896年10月），《汉冶萍公司》（一），第245页。
⑤ 《盛宣怀致李维格函》，宣统元年二月初三日（1909年2月22日），《汉冶萍公司》（三），第58页。
⑥ 《徐庆沅致盛宣怀函》，光绪二十三年正月二十三日（1897年2月24日），《汉冶萍公司》（一），第403页。
⑦ 《张赞宸致盛宣怀、郑观应函》，光绪二十二年十二月二十七日（1897年1月29日），《汉冶萍公司》（一），第367页。
⑧ 《冯庆铺致盛宣怀函》，光绪十五年十一月初六日（1889年11月28日），《汉冶萍公司》（一），第3—5页。
⑨ 《郑观应致盛宣怀函》，光绪二十三年三月二十六日（1897年4月27日），《汉冶萍公司》（一），第492页。
⑩ 《郑观应致盛宣怀函（二）》，光绪二十三年二月二十五日（1897年3月27日），《汉冶萍公司》（一），第460页。

忌"①。三是喜欢揽权,郑观应说,凡洋人"无不好恃霸揽权","大权到手,则任性妄为"。②"查斐(礼)喜多事权,无才足济",为要索全权,"不遵总办调度"。③ 德培、堪纳第均为典型的例子。四是妒能嫉贤,"洋人遇事把持,于华匠中见有杰出之材……又必借端斥退,动遭嫉忌",如华匠李治平就遭到了卜聂的排斥。④ 产生上述问题固然有多方面的原因,除所雇洋匠个人的性格和品行外,其思维上往往夹杂对华(人)的傲慢和优越感无疑是一个重要因素。

(二) 外国驻华领事的干预

汉冶萍所聘洋匠中,其中有一部分有外国驻华领事干预的影子。德培本是克虏伯工厂推荐而来,1897年2月铁厂根据合同决定辞退时,还按其有病回国之例,给其两月薪水及舟资旅费银近2000两⑤,但德培坚持从1897年3月1日至1898年5月1日铁厂总计应付其包括薪水、川资、房租医药作业等全薪13553两。⑥ 双方在薪水待遇方面存在很大的差距,盛宣怀指示郑观应,委派何沃生与律师哈华托商量,因"彼自己辞差,断无给全薪之理",所以"照合同应归公断"。德培却说是铁厂为雇用堪纳第才将其辞去,所以"应给全薪"。在盛宣怀看来是"无耻已极"。若官司一再敷衍下去,对铁厂带来很大的消极影响,同时担心引起与德国的外交纠纷,盛宣怀还将此事函告总理衙门。⑦ 因德培似为德国所驱逐,所以德总领事在处理此事过程没有偏袒德培,最终公断了结。⑧

---

① 《附件:赵锡年:铁厂条陈》,光绪二十二年六月二十一日(1896年7月31日),《汉冶萍公司》(一),第152页。
② 《郑观应致盛宣怀函(二)》,光绪二十三年四月二十九日(1897年5月30日),《汉冶萍公司》(一),第531—532页。
③ 《解承茂致盛宣怀密函》,光绪二十六年十二月十八日(1901年2月6日),《汉冶萍公司》(二),第215页。
④ 《盛宣怀致薛鸿年、张赞宸函》,光绪二十五年九月初一日(1899年10月5日),《汉冶萍公司》(二)第170页。
⑤ 《郑观应致盛宣怀函》,光绪二十三年正月十四日(1897年2月15日),《汉冶萍公司》(一),第391页。
⑥ 《附件:德培致张赞宸函》,光绪二十三年正月二十二日(1897年2月23日),《汉冶萍公司》(一),第401—402页。
⑦ 《盛宣怀致郑观应函(一)》,光绪二十三年二月二十六日(1897年3月28日),《汉冶萍公司》(一),第465页。
⑧ 《德总领事致盛宣怀函》,光绪二十三年九月初二日(1897年9月27日),《汉冶萍公司》(一),第670—671页。

汉冶萍所聘洋匠中，其中有一部分有外国驻华领事干预的影子。如1895年洋总管白乃富合同期满，比利时政府通过外交途径要求汉厂继续留用。又如铁厂辞退德培，聘请堪纳第为总管后，比利时驻汉口领事法兰吉煞费苦心，与美国领事展开角逐。铁厂高层在决定辞退德培总监工之职后，法兰吉立即拜访铁厂总办郑观应，询问是否聘卜聂为总监工，"其意总想无一不由比国商办"。但卜聂于钢事不精，"恐不能兼马丁钢"，盛宣怀没有同意。① 随后，法兰吉又向盛宣怀提出延用比利时考甫铿厂洋匠为铁厂总监工，并开列应用洋匠名目清单。② 事实上，铁厂高层比较倾向于雇英国工师，因为"英人较别人正直，而炼钢好手亦多"。因芦汉铁路是向比利时借款，所以铁厂洋匠须用比利时人，以免"通同作弊"，但在比利时借款未定的条件下，铁厂所雇德、比工师各半，还拟托郭克里尔厂雇一炼钢好手，"以归一气甚善"③。在获悉这一消息后，法兰吉为使吕柏、卜聂能继续在铁厂工作，法兰吉甚至代理二人与铁厂续签聘用合同④，以为将来出任总监工作铺垫。铁厂决定聘用堪纳第为总监工后，法兰吉"力饬堪纳第之非"，而美国领事却极力"党护"，因此使得堪纳第初索月薪200镑，已超过3年平均每月150镑的约定。在听说堪纳第与郑观应存在矛盾后，法兰吉致函盛宣怀，称矛盾的产生"不能归咎他人，惟咎在堪纳第身上"，直接提出总管必由郭克利厂推荐，如是则铁厂人员均归为同国最得力之人，若盛宣怀欲向比国聘请能干总管，表示愿为代转。⑤ 在未得到盛宣怀的积极响应后，法兰吉又直接与铁厂继任总办盛春颐交涉，说万不可令堪纳第再来管厂，恐各工师不受其节制，"必须与之决裂散场，于大局实有关系"。并保证：若由其推荐比国总管，"情愿与华总办遇事商同办理，无不尽心竭力为铁厂生色，如有不受华总办节制，以及办事不力，

---

① 《郑观应致盛宣怀函》，光绪二十三年正月二十九日（1897年3月2日），《汉冶萍公司》（一），第405—406页。
② 《盛宣怀致郑观应函（二）》，光绪二十三年二月初四日（1897年3月6日），《汉冶萍公司》（一），第412页。
③ 《郑观应致盛宣怀函》，光绪二十三年四月十六日（1897年5月17日），《汉冶萍公司》（一），第513页。
④ 《郑观应致盛宣怀函》，光绪二十三年四月十九日（1897年5月20日），《汉冶萍公司》（一），第517页。
⑤ 《法兰吉致盛宣怀函》，光绪二十三年六月二十六日（1897年7月25日），《汉冶萍公司》（一），第601页。

尽可告知该领事，随时严为督责"。甚至威胁：堪纳第系美国人，若再添美国工程师，可能对芦汉铁路事宜不能顺手，因为该路多为比国人承办，恐对美国人在厂所出钢轨"必多挑剔"；堪纳第为总管，"不独比国工师不服，即各国工师亦均不以为然"①。

汉冶萍厂矿处于长江中游区域，是列强极力渗透的重点区域，并将此作为侵略中国的支点。最先在汉厂抢占先机的是德国，由张之洞聘用的德籍矿师赖伦在勘矿过程中发现了大冶铁矿，并报告德国政府，由此引起德政府向清政府及张之洞提出要求获得该矿开采权的外交交涉，但遭到了拒绝。② 不过，张之洞随后聘用大量德国矿师，使得德国的势力得以向铁厂渗透。德国在长江中游的成功引起英、比、美等列强的嫉妒。③ 由于德国矿师在铁厂专横跋扈，引起张之洞强烈不满，遂引入比、英、卢等国的力量加以平衡，甚至以比国技师取代德国矿师。④ 铁厂商办后，为大举开发萍矿，盛宣怀向德国礼和洋行订借马克400万马克，从德国购买机器和聘用矿师，德国在铁厂重新获得优势。英、德、比、美等国均希望该厂矿引进本国的工程师，从而楔入本国的力量，谋取最大的利益，所以它们在铁厂总管等重要职位方面展开了激烈的角逐。

（三）加强合同管理

在管理洋匠方面，铁厂官办时期实际上就形成了合同管理体制，但执行并不严格，在合同期内经常出现洋匠随意要求重新增添条款的问题，因此总文案赵锡年提出，对于所有洋匠，一旦合同期满一律解聘，根据需要再行雇用。⑤ 由是商办之后改变官办时期合同条件过于宽容的状况，便引起了洋矿师的不悦。如洋匠马克斯再次入职铁厂时，与盛宣怀讨价还价，要求在合同中增加提高薪水和扩大权力的条款，甚至不惜请德领事介入其

---

① 《盛春颐致盛宣怀函》，光绪二十三年七月初九日（1897年8月6日），《汉冶萍公司》（一），第620页。

② 《德国矿师与大冶铁矿的勘察》，孙毓棠编《中国近代工业史资料》第一辑（下），科学出版社1957年版，第761页。

③ 汪敬虞主编：《中国近代工业史资料》第二辑（上），中华书局1962年版，第163页。

④ 汪敬虞主编：《中国近代工业史资料》第二辑（上），第166页。

⑤ 《附件：赵锡年：铁厂条陈》，光绪二十二年六月二十一日（1896年7月31日），《汉冶萍公司》（一），第152页。

中。① 而洋匠科纳签订合同后，态度发生了明显转变，"性亦驯服"，与马鞍山员董汪钟奇遇事彼此相商，关系融洽。② 对此，铁厂提调张赞宸向郑观应提出"以后铁厂雇洋人合同，亦须援照北洋铁路章程刊板，雇工师洋匠，令阅之，愿则订，不愿则听，庶可就我范围"，只有"凡事严密于始，推诚于后，彼此一德一心，乃能持久"③。郑观应深表同意，"如欲大局持久，须另延洋匠，另订合同。现在之洋匠期满，听其自去，我宜预早留意，聘请好手，庶不致临时急不暇择也"④。在这种思想指导下，无论是聘用堪纳第，还是萍矿聘用德国矿师均采用合同制管理，明确规定其职位、年限、薪水、权限及其他待遇等问题，并严格按合同执行。⑤ 1898 年在聘用日本矿师大日方一辅过程中，也是采用这种方式。⑥ 由于日本矿师"人品诚厚，谨慎而顾大局"，不似"欧人之遇事专权、专顾利己而肆无忌惮"等恶习，且"近来日本颇有联络中国之意"⑦，因而深得铁厂的认同。⑧ 这也是后来日本矿师能在铁厂居于技术主导地位的一个重要原因。

第三节　汉冶萍的整顿与改革

一　郑观应对铁厂问题的认识与整顿

（一）提出《铁厂次第张本六十条》

汉阳铁厂招商承办后，在盛宣怀的极力邀请下，郑观应从轮船招商局

---

① 《附件：郑观应致汪应庚函》，《汉冶萍公司》（一），第 86 页。
② 《汪钟奇致盛宣怀函》，光绪二十二年五月二十三日（1896 年 7 月 3 日），《汉冶萍公司》（一），第 91 页。
③ 《张赞宸致盛宣怀、郑观应函》，光绪二十二年十二月十四日（1897 年 1 月 16 日），《汉冶萍公司》（一），第 349 页。
④ 《郑观应致盛宣怀函》，光绪二十二年十月初八日（1896 年 11 月 12 日），《汉冶萍公司》（一），第 252—254 页。
⑤ 《萍乡矿务局聘请德国矿师合同（附：萍乡煤矿局洋工程司等合同附后章程)》，光绪二十五年二月十四日（1899 年 3 月 25 日），《汉冶萍公司》（二），第 86—87 页。
⑥ 《聘请日本矿师大日方一辅合同》，光绪二十四年五月三十日（1898 年 7 月 18 日），《汉冶萍公司》（二），第 39—40 页。
⑦ 《盛春颐致盛宣怀函》，光绪二十五年正月初四日（1899 年 2 月 13 日），《汉冶萍公司》（二），第 79 页。
⑧ 《日本矿师大日方一辅续聘合同》，光绪二十六年五月三十日（1900 年 6 月 26 日），《汉冶萍公司》（二），第 196 页。

入职汉阳铁厂。为什么会选择郑观应呢？此前，郑观应曾先后在英商宝顺洋行、太古轮船公司、上海电报局及轮船招商局从事买办、帮办和总办之职，具有丰富的洋务实践，取得了瞩目的成就。郑观应还十分注意对自己的洋务实践经验加以总结，提炼出一系列比较有见地的理论和观点，引起时人的极大关注。另一方面，郑观应与盛父盛康交好，尤其在第三次入职轮船招商局后，在盛宣怀的大力支持下，"设法整顿，劳怨不辞，颇著成效"，从而击败太古、怡和洋行的竞争。可以说，郑观应在轮船招商局取得的成就与盛宣怀密切相关，后者对其有知遇之恩。最为重要的是，盛宣怀接办铁厂后，"往日同志办事之人莫不心存畏避"，只有郑观应得邀请电后"如约来鄂"。① 汉阳铁厂官督商办的性质决定总办的任务对外是"联络上下官商之情"，要经常与官府和商人打交道，处理复杂的外事关系，对内"稽查华洋员匠之弊"②，要铁面无私，敢于得罪人。所以，丰富的阅历、开阔的视野、耿直的性格和实干的作风是盛宣怀认为铁厂总办非郑观应莫属的主要原因。问题是，虽然接受了总办之职，但郑观应顾虑重重，曾多次致函盛宣怀，请其保留在招商局的差事，担心"将必南北洋内外有人谋夺"。在接受张之洞的委札后，郑观应再次请盛宣怀面见香帅时务必要替其表明这一要求，"并于奏稿内声明商局必不可去，以免他人营鹜，俾弟安心效力"，使其"本有之地位不为他人所夺，根蒂不至划去"。③ 可见，郑观应是怀着忐忑的心情在铁厂任职的，一直担心自己在招商局的差事为他人所夺。

严格来说，郑观应的主要差使仍在招商局，铁厂总办只是兼职，铁厂经营得好坏其实与其关系不是太大，但鉴于盛宣怀的厚望，郑观应仍本着高度的责任心和事业心来经营汉阳铁厂。入铁厂不及一月，郑观应在上张之洞的禀中就提出铁厂亏本的根本原因在于焦炭和人才的缺乏。这的确是问题的关键之所在，如不能及时解决，将长期制约铁厂发展甚至会导致其商办的失败。事实上，这并非什么特别新颖和独到的见解，而是张之洞和盛宣怀业已有所意识的问题。发现问题并不是一件十分困难的事情，关键

---

① 《禀两湖督宪张香帅为汉阳铁厂事》，夏东元编《郑观应全集》（下），上海人民出版社1988年版，第1036页。
② 夏东元编：《郑观应年谱长编》（下），第447页。
③ 《郑观应年谱长编》（下），第446—447页。

是能提出一套有针对性且切合实际的解决办法，这才是郑观应的过人之处。在他看来，焦炭不能局限于大冶、王三石和江夏马鞍山，只有广开焦炭来源，并注意提高质量，才能炼出高质量的钢铁。产品质量的提高及其销路的畅通，铁厂才可能走出资金短缺的困局，形成一条良性循环之路。对于人才，郑观应认为首先是选聘洋人，解决铁厂迫在眉睫的产品质量问题，其次是选拔精通西文、算法的学生派往德国、比利时、英国的钢铁厂学习，最终达到取代洋匠，"不致日后失和为人掣肘"的目标。[①]

郑观应并没有止步于此，而是围绕铁厂焦炭、华洋员的管理、成本、产品质量等一系列关键性、根本性和全局性的问题展开全方位的细致调研，在短时间内提出《铁厂次第张本六十条》[②]。主要内容有如下几个方面。

1. 焦炭问题

缺乏炼铁焦炭是铁厂在官办时期遇到的最大困难之一，在商办之初仍困扰着盛宣怀。据郑观应估计，铁厂每月需焦炭约5000吨，由于供应不足，铁厂仅有两座炼铁炉无法齐开，因而导致炼钢轨的原料缺乏。由此，铁厂不得不从德国购买焦炭，虽然价格每吨低至三两，但路途遥远，远水难救近火。在郑观应看来，铁厂焦炭价格即使每吨高达七两，仍可获利，因为大冶的铁矿石质优价廉，为铁厂盈利提供了很大的空间。为获得足够的焦炭，铁厂不得不从开平采购，开平承诺月供1200吨，但实际上只能月供800吨，不仅不敷用，且价亦太昂；从日本购买的焦炭每吨八两五钱，磺轻可用，但"质松，尚非上品"。为减少对开平焦炭的依赖，吕柏曾尝试在其中掺杂1/5的马鞍山焦炭，结果因炭渣过多，致使汽机不灵，甚至铁板水箱爆裂。为此，郑观应提出要采取多种措施扩大煤炭来源，一是在距湘潭较近的长沙设局，专门收集湖南之宝庆、宁乡、浏阳、醴陵等处较廉之煤，运往马鞍山或铁厂用西式焦炭炉开炼；二是雇华、洋矿师与马克斯于沿江、沿海分别履勘，以冀早获无磺煤矿；三是将大冶、兴国等处白煤化验无磺者速寄英、美两国试验，如适合炼钢铁，即添设化炼白煤之炉于大冶。上述办法都缓不济急，因此最佳办法是采用西法大举开发萍矿。

[①]《禀两湖督宪张香帅为汉阳铁厂事》，《郑观应全集》（下），第1037页。
[②]《附件：铁厂次第张本六十条》，《汉冶萍公司》（一），第183—194页。

萍煤大量开采后，外运就成为一个急需解决的问题，郑观应建议由铁厂向政府借款修筑由萍乡至湘潭之洙州180里的铁路，解决运道问题；另一方面，根据马鞍山洋矿师科纳的提议，萍矿焦炭成本（包括煤炭成本、小工工食、洗濯炼焦及材料、运费等）每吨需银八两，若就近设洋炉炼焦，不仅可大幅降低成本，还可避免风吹日晒、船户中途盗卖、掺和水、泥等弊端。

2. 华、洋员的甄选和管理

官办时期，铁厂就已雇用大量的华员和洋匠，管理十分混乱，招商承办之初，官办时期所遗留的衙门管理思维和作风仍广泛存在，针对种种弊端，必须加以整顿。首先，对华员的管理重在选拔有操守和熟悉业务者担任各司所要职。郑观应要求铁厂各董司，无论何人，均宜按照新的办事章程每日按定时刻到厂，不得旷职，且不可有官场习气，专司一事。在各所中，银钱所、制造所和采办所最为重要，尤须精明强干、操守廉洁之人；制造所即考工之处，稽核所关甚重，关系到全局的成败；采办所、收发所即购办材料、验收煤斤之处，关系盈亏，其中弊窦颇多。所以凡司银钱者不司采买，司采买者不司收发，以达到互相牵制，预绝弊端的目的。另外，厂中所用各材料宜派有操守、精明强干、兼识洋文之员驻沪采办、转运，或直接缄嘱外国厂家寄来，避免经手舞弊。其次，对洋员的雇用要慎重，对于洋总管的遴选一定要慎之又慎。如现任洋总管德培对铁厂成本算不出，对熟铁炉节煤之法不仅不知，还竟不以为然。另外，铁厂所给洋员的薪水过厚。正是人才缺乏，铁厂所购买机器如化铁炉、马丁炉、钢轨炉、焦炭炉、轧轴、条轧板、火砖机等皆存在以旧充新的弊病。

3. 生铁成本的节省

生铁成本过高是影响铁厂钢铁产品竞争力的重要因素，外洋熟铁货进入中国市场每吨不过40两，获利甚厚，而铁厂每吨成本竟至52两之多。关于其中的原因，洋总管德培说是德国出货多；制造股董徐芝生说是用煤过多，拟改造新法之炉节省成本。后者之说得到了洋匠卜聂的赞同，但德培并不以为然。又据江南制造局洋匠斌士云：英国熟铁炉多用包工制提高效率，英国化铁炉高大，出铁多成本自轻。郑观应提出：可将焦炭炉中煤烟所出马摩尼高炉打作颜料、糖料、油料、强水等，利用副产品增加利润；国家应在资金、焦炭、税收等方面给予支持；还应改良机器，如化铁炉、马丁炉、钢轨炉过旧,西门马丁钢炉太小等。以上都是铁厂节省成本可行的方法,但当时的急务而且也是最易解决的则是按照徐氏的办法改两炉试办,节省煤炭,使得三座生铁炉冶炼、提磺日夜不息。郑观应强调,在萍矿发展前景尚不明朗的条件下,在大冶铁矿附近新建铁厂才是节省成本的治本之法,据此洋矿师马克斯在大冶已觅到七处可建铁厂,其中最佳之地有菜子湾、子牧养、袁家场、周家巷四处,均绘有图说。

4. 产品质量

产品质量关乎铁厂的可持续发展。铁厂所炼之铁多磷,导致所铸钢板过硬易脆,虽然生铁铁花细、色青亮,与英国茄史雪林牌号大略相同,但铁性微燥,熔成铁水不能耐久,易冷,导致机器件头不能全行走到,因此已取茄史雪林样来嘱总监工及化铁洋匠考究照造。由于所炼生铁含磷过重,钢质不净,价格与质量均不能与外洋相比,所以清政府明确表示不能强迫各省向铁厂购求;同时各省经手属员对铁厂产品多方挑剔,吹毛求疵,借词推脱,以便他购而图私利。在铁厂日亏甚巨的情势下,为筹集资金,郑观应建议盛宣怀奏请朝廷,由督办军务王大臣筹借洋款和各省藩库凑集银三千万两,先开一官银行,分设各省,陆续推广至英、法、德、俄、美各国,从而解决铁厂开煤、炼铁、造钢轨铁路缺乏资金的难题。

六十条从方方面面提出了汉阳铁厂存在的问题及解决的大致办法,内容完备,重点明确,基本上指明了铁厂今后经营管理努力的方向,无疑具有十分重要的指导作用。应该说,从入职汉阳铁厂第一天开始,郑观应就积极思考铁厂的发展问题,从光绪二十二年五月三十日提出的《铁厂筹备事宜十八条》到夏天的《整顿铁厂条陈四十八款》,再到七月二十五日的《铁厂次第筹办张本六十条》,前后约两个月的时间,就完成了如此宏大和如此细致的调研报告,充分展现了郑观应为人做事的务实精神。这首先得益于郑观应广泛、深入、细致的调研。铁厂由官办向官督商办过渡期间,经费困难,焦炭缺乏,停工停产,管理混乱,可谓百废待举,为恢复正常的生产和管理,作为铁厂总办的郑观应深入厂矿展开细致的调研,发现、分析、总结,并提出切实可行的办法。其次,得益于郑观应丰富的阅历和对洋务企业发展的思考。郑观应从宝顺洋行的买办做起,后来参与筹建和总办上海机器织布局、创办津沪电报局、加入太古轮船公司、帮办轮船招商局等,丰富的洋务实践使其能深刻体会和发现洋务企业发展普遍存在的问题;另一方面,善于从实践中分析、总结并提出自己的思考是郑观应的一大优点,所以条陈中提出的问题和建议多能从郑观应的《盛世危言》中找到根据。难能可贵的是,郑观应并不教条,能结合铁厂的具体实际,提出切实可行的解决方法。最后,源于郑观应对铁厂长期的关注,如早在1893年张之洞欲将铁厂与洋商合办期间,郑观应就在给盛宣怀报告中指出,铁厂花费近500万,仍然不敷,"势要招商承办"①。没有长期的关注和研究,是不可能提出如此具有前瞻性的建议的。

(二) 焦炭、人才与铁厂整顿并举

1. 极力推动萍乡煤矿开发

在汉阳铁厂进驻萍乡煤矿之前,萍矿已形成地方乡绅自主开采的局面。铁厂开建后,张之洞曾派欧阳柄荣赴萍设煤务局,收买商井油煤,运往铁厂,但由于"奸商以贱价购下等煤搀杂,交通铁厂委员、司事含混收入,兼以少报多"②,试炼焦炭未成。③ 盛宣怀接手铁厂后,"以考求佳煤为第一义",马鞍山煤质灰多磺重,不合炼铁,乃分购开平、萍乡、郴州三处焦炭,"实虞阻滞"④。为保证焦炭供应,盛宣怀将萍煤沿途运道所有委员、司事一概撤退,从商、电两局选调两人专管煤事,但仍无法阻止沿途船户的掺杂作弊。适逢文廷式经过武昌与张之洞面商,表示其堂弟文廷钧愿代铁厂托运萍煤。而当时铁厂的处境是,生铁炉每炉日需焦炭60吨,每月需焦炭1800吨,开平包运1200吨,本厂自烧600吨⑤,但开平焦炭价昂且无法及时足额供应,因此郑观应认为大举开发萍矿势在必行,并提出萍煤大量外运的前提是首先要修筑萍乡至湘潭180里的旱路。修路之法有三:"一铁路(太费),二挂线路(恐太远,不能行),三马车路(候矿师察看)。"⑥ 在当时资金困窘的条件下,上述三种办法在短期内均难以实施,

---

① 《致招商局盛督办书》,《郑观应集》(下),第819页。
② 《盛宣怀致陈宝箴函》,光绪二十二年五月初十日(1896年6月20日),《汉冶萍公司》(一),第82页。
③ 《汉阳铁厂》,顾琅《中国十大厂矿调查记》,上海商务印书馆1916年版,第7页。
④ 《盛宣怀致陈宝箴函》,光绪二十二年五月初六日(1896年6月16日),《汉冶萍公司》(一),第79页。
⑤ 《盛宣怀致陈宝箴函》,光绪二十二年五月初十日(1896年6月20日),《汉冶萍公司》(一),第82页。
⑥ 《郑观应致盛宣怀函》,光绪二十二年五月十九日(1896年6月29日),《汉冶萍公司》(一),第87页。

所以郑观应建议先委马克斯与赖伦两矿师赴萍乡详勘，以为大举做准备。①

为保证煤焦供应，盛宣怀只得委许寅辉等赴萍，收购以广泰福为首商户的煤焦。为抵制铁厂，"借煤为业之人又恐官招新股，夺其现成之利"，遂借合邑童生具名张贴揭帖攻击铁厂聘请洋人开发萍矿七大害。② 幸亏有县令顾家相的保护，才使得事端得以平息。许寅兴军虽能干，但"少年轻率"，"未能独当一面"③，广泰福所包焦炭"未能按月解厂，欠焦甚多"。郑观应建议盛宣怀遣卢洪昶等赴萍催运煤斤④，并在萍乡上栗设煤务局，与广泰福商号形成官商两局。⑤ 为防止恶性竞争，官局和商局在煤价、焦炉、运费、煤炭数量四个方面达成协议。⑥ 同时，官局还同广泰福订立合同，同各厂户订立"经久条规"四则，尽可能保证厂户提供焦炭的数量和质量。⑦ 在同官局竞争过程中，广泰福将自有煤井煤炭炼成焦炭销售给其他商号，不能按合同供给汉阳铁厂，坐视铁厂无焦。卢鸿昶乃在萍乡设局收煤存栈，不断加价收煤，导致"业户居奇"⑧。为改变这种被动局面，郑观应要求卢鸿昶"立即买入"萍乡的好煤矿，用机器开采自炼焦炭，"以免后来居奇"；对于所勘好矿之山及未勘之好矿即假手于人或租或买，"方可持久"⑨。至1896年11月，负责勘测萍矿的洋矿师马克斯报告郑观应，明确萍矿"既旺且佳"，不必用大机器开采，用抽水机吸水，可以取

---

① 《附件：郑观应：铁厂筹备事宜十八条》，1896年7月10日，《汉冶萍公司》（一），第105页。
② 《附件：恽积勋致郑观应函》，光绪二十二年九月上旬（1896年10月中旬），《汉冶萍公司》（一），第228页。
③ 《盛宣怀致郑观应函》，光绪二十二年八月十三日（1896年9月19日），《汉冶萍公司》（一），第217页。
④ 《附件：恽积勋致郑观应函》，光绪二十二年九月上旬（1896年10月中旬），《汉冶萍公司》（一），第229页。
⑤ 《郑观应致盛宣怀函》，光绪二十二年十月二十一日（1896年11月25日），《汉冶萍公司》（一），第269页。
⑥ 《铁厂驻萍煤务局与广泰福汉号议定合同》，光绪二十二年十月十九日，《汉冶萍公司档案史料选编》（上），中国社会科学出版社1992年版，第185页。
⑦ 《萍乡各厂户公立条规》，光绪二十三年五月（1897年6—7月），《汉冶萍公司》（一），第572—573页。
⑧ 《附件：恽积勋致郑观应函》，光绪二十二年九月上旬（1896年10月中旬），《汉冶萍公司》（一），第229页。
⑨ 《郑观应年谱长编》（下），第461—462页。

用不竭。① 提出若用西法，萍乡煤矿共可出 2 亿吨。若每日出煤 600 吨，则每月可得 18000 吨，除供铁政局所需外，其余可在汉口、上海等处出售。② 在郑观应的提议下，盛宣怀决定派老成持重的张赞宸主持萍乡矿务。张赞宸不负众望，购买机器，规划窿井，修筑铁路，设置轮驳，为开发萍矿和保证铁厂煤焦供应做出了重要贡献。

2. 强烈要求培养人才

在整顿过程中，郑观应面临最大的困难之一是人才缺乏，尤其是"矿务人才难，私弊多，糜费巨，且洋匠非奸伪即跋扈，多方刁难"，"不识厂务者必为各司事蒙蔽，甚至总理通同舞弊，假公济私，外忠诚而内奸诈，只图己利不顾大局"③，因此人才的培养成为铁厂极为紧迫的事情。在前述之六十条中，郑观应即提出人才选拔和培养对铁厂发展的重要性。郑观应根据自己总办铁厂时缺乏人才的苦处，向盛宣怀建议在汉阳铁厂附近或大别山下设立一半工半读的学堂，并拟有《设钢铁冶炼学堂说帖》，以在厂洋匠作为西人掌教，选取略晓算法之学生 40 名学习机器等，坚信当较天津、江南各处所设之学校收效更速。还强调说，自己早在 15 年前已上书当道，必须仿俄国创立机器书院，至今未设，所以各处创设各样制造、织造、开矿、轮船等局无不为外人要挟愚弄，大受其亏。④ 随后在致盛宣怀的函中说，"比年用机器之风气颇开，制造之工程日繁，用人更多，亟宜创设学堂，广教生徒，以期人才辈出，不须远求"，提出就局厂之机器，可即事以指授，选子弟之聪颖者，分门别类而教之，不致受制于人。建议将书院设在汉厂左右，以便各工师教授艺徒，为将来替代洋匠地步。这样不仅可减少薪水支付，降低钢铁货成本，而且"又免为他人挟制"⑤。铁厂翻译李维格随即拟定了学堂章程：设立化算、炼铁、炼钢、机器四个学堂，学堂教习由厂中中外工程师充任，选取西文精通、算学粗解之学生 30

---

① 《郑观应致盛宣怀函》，光绪二十二年十月二十一日（1896 年 11 月 25 日），《汉冶萍公司》（一），第 269 页。
② 《马克斯：萍矿采运情形并筹改用西法办理节略》，光绪二十二年十月（1896 年 11 月），《汉冶萍公司》（一），第 279 页。
③ 《致督办湖北铁厂盛京卿书》，1896 年 11 月，《郑观应年谱长编》（下），第 467 页。
④ 《致盛宣怀谈设半工半读大学堂函》，1896 年 11 月 12 日，《郑观应年谱长编》（下），第 462 页。
⑤ 《郑观应年谱长编》（下），第 462—463 页。

名，学习炼铁、炼钢和机器各 10 名，学生年龄以 14—20 岁为度。① 盛宣怀表示设立汉厂学堂系"正大文章"②，但后来因款项无着，筹办学堂也没有了下文。郑观应又致盛宣怀的函中强调要速在铁厂办学堂，收效比天津中西学堂更快，将来于汉厂不必借材异域的发展大局关系重要。③ 培养人才之事虽因种种原因一拖再拖，但随着焦炭缺乏问题的解决，铁厂人才培养的活动提上日程，盛宣怀陆续派遣吴健、王宠佑、卢成章等一批人才赴欧美国家学习采矿、钢铁冶炼等技术，并在辛亥革命之后逐渐取代洋匠的主导地位，使铁厂的生产和经营朝着本土化和现代化的方向发展。

3. 努力整顿铁厂

在推动开发萍矿过程中，铁厂的整顿也在紧锣密鼓地进行。铁厂改为官督商办后，虽然盛宣怀明确要铁厂"一皆商号排场，绝无官气，更无挂名干俸等事"，并设立总银钱所等 12 个机构，但由于专业人才缺乏，加之官办时期的官场习气广泛存在，使得商办初期铁厂的管理仍十分混乱。据郑观应观察，铁厂的弊窦存在于生产和管理的各个环节：一是司理煤矿者私运煤满船，出售外人；二是押运者沿途私卖、灌水浸沙；三是司理银钱者折扣工钱，浮开货价；四是各监工索人谢礼，滥举工人；五是代人私造器皿、修补机器等件，其材料出自本厂，而所得工料价值不归公家，饱其私囊；六是与库房多领材料，私卖外人；七是管库者监守自盗；八是受人贿赂，以次货抵上货。所以铁厂必须加以整顿。首先，各董司等中层管理人员的整顿是关键。各董司对上要完成总办交付的各项任务，对下要管理本厂工匠，起着承上启下的作用，"董司概不徇私，则利可兴、害可去，厂事自日有起色"。郑观应上任伊始就明确规定：本厂各董司，无论何人，均宜照新关办事章程每日按定时刻到厂，不得旷职，且不可有官场习气，专司一事。④ 其次，出台《处理公文章则六条》，在对接督抚、督办、洋人等关系过程中明确总办与各股董的责任关系。⑤ 最后，颁行《汉阳铁厂厂规》30 条，对工匠的进出、上下级关系、工作时刻、考勤、赏罚、待遇等

---

① 《郑观应年谱长编》（下），第 463—466 页。
② 《郑观应年谱长编》（下），第 463 页。
③ 《郑观应年谱长编》（下），第 486—487 页。
④ 《郑观应年谱长编》（下），第 450、455 页。
⑤ 《郑观应所拟处理公文章则六条》，光绪二十二年七月初七日（1896 年 8 月 15 日），《汉冶萍公司》（一），第 175 页。

都作了明确规定。① 根据工作需要，郑观应还适时拟定《总文案、提调办事条文》四则。因为郑观应还兼招商局的工作，长年往来于沪汉两地，"若事无巨细，事必躬亲"，难以应付，因此作为总办左膀右臂的总文案和提调需要发挥应有的作用。② 为改变人浮于事、效率低下的状况，郑观应还大量更换员司和裁减冗员，"既归商办，势不能不大为更张，则易总办、裁洋人、裁委员、减司事、甄别工匠之优劣，均在意中"③。其原则是"办事认真者则留，不能办事者则去"，对于"持躬谨慎、能知自爱者遵循从公"，自当量才位置；对于不安分从中作弊之辈，"即科裁撤以肃厂规"④。如官办时期，马鞍山煤矿曾有委员、司事30余人，郑观应将其裁减为司事4人，局董1人，这是因为从前专门收发煤炭的员司对本职工作置之不问，只得另派专员负责，今则统归局董一人主持。由于委员汪钟奇半日驻码头，半日驻厂，督率司事过磅验收萍煤，稽查弹压各工，工作繁杂，所以郑观应"目睹情形"，的确力有不逮，乃将司事由4人增至6人。⑤ 对于自己整顿的效果，郑观应的评价是：厂务业经大定，各董分纲治理，均有专责，兼有提调督率一切，"厂事不难蒸蒸日上也"⑥。

（三）辞职及原因

郑观应在铁厂任总办近十四个月，至少有四次向盛宣怀提出辞职。郑观应是1896年5月25日由盛宣怀委任为铁厂总办，后在6月1日由张之洞札委为总办。本来，郑观应一直倾向于盛宣怀接办汉阳铁厂，但一旦真正要将铁厂具体事务交付与他，其态度发生了转变，说铁厂厂位失宜，周边缺少好煤，成本过重，难敌洋产，自己体弱多病，难担此重任。⑦ 原因

---

① 《汉阳铁厂厂规》，光绪二十二年七月初八日（1896年8月16日），《汉冶萍公司》（一），第176—178页。
② 《附件：郑观应拟总文案、提调办事条文四则》，光绪二十三年二月初一日（1897年3月3日），《汉冶萍公司》（一），第411页。
③ 《钟天纬致盛宣怀函》，光绪十八年十二月十七日（1893年2月3日），《汉冶萍公司》（一），第45—47页。
④ 《上督办汉阳铁厂盛京卿条陈》，《郑观应全集》（下），第1052页。
⑤ 《汪钟奇致盛宣怀函》，光绪二十二年六月十八日（1896年7月28日），《汉冶萍公司》（一），第145页。
⑥ 《咨督办湖北铁厂盛京卿辞总办事》，《郑观应全集》（下），第1062页。
⑦ 《郑观应致盛宣怀函》，光绪二十二年四月十一日（1896年5月23日），《汉冶萍公司》（一），第70页。

有如下两个方面：厂位失宜和缺少好煤等对铁厂而言都是具有根本性和全局性的难题，直接关系铁厂的生存和发展，不是短时期通过局部的修正或者仅靠管理上的改革所能扭转。盛宣怀将铁厂的重任交给郑观应，就是希望他能有所作为，从根本上改变这一被动局面，这显然超越了其能力之所及。另一方面，因郑观应在招商局领导层始终缺乏坚实的人事关系基础，尤其是与商董唐德熙等关系的不洽使得其无法专注于铁厂，担心危及自己在招商局的职位及其优厚的官俸和红利。① 根据约定，郑观应在铁厂服务期限是6个月，但仅及一月，就以"才短病多"和水土不服为由提出辞职。② 尽管盛宣怀嘱其"勿萌退志"③，但郑观应仍急欲回沪，竟打算将铁厂事全盘委托在武昌经管纺纱厂的盛春颐暂管。④ 12月5日，也就是在铁厂刚满6个月的期限，郑观应便再次致函盛宣怀，说一旦盛宣怀到厂视事，便"返沪就医"⑤。接着于次年1月3日再次提出辞职，原因有四：一是自己性情刚直，直言董司之过，结怨招尤；二是铁厂诸董多属本地候补人员，而自己商务出身，难以为其所推重；三是著《易言》《盛世危言》等书，直言汉阳铁厂地位失宜，未得佳煤而先开炉厂，误用白乃富等错误，得罪张之洞，恐遭不测；四是旧病时发，水土不服，因此"决意求退"⑥。从以上来看，第一、二、四条都不是其必须立即辞职的充要条件，都是可以克服的，而第三条带有危耸性质，最易引起盛宣怀的关注。若仔细分析，就发现该理由实际上站不住脚，因为铁厂交由盛宣怀招商承办，是张之洞对朝廷花费560余万经费的一个交代，若仅因郑观应的批评而对其加以戕害，进而导致铁厂招商经营失败，无疑会损害张氏的政治声誉，并进而对其政治前途产生极大的消极影响。何况郑观应在铁厂只是兼职，尚有招商局作为退路。这点无论张之洞还是郑观应都应该有所考量。

---

① 易惠莉：《郑观应评传》，南京大学出版社1998年版，第515—516、526页。
② 《郑观应致盛宣怀函》，光绪二十二年五月十九日（1896年6月29日），《汉冶萍公司》（一），第88页。
③ 《郑观应致盛宣怀函》，光绪二十二年六月初三日（1896年7月13日），《汉冶萍公司》（一），第113页。
④ 《盛春颐致盛宣怀函》，光绪二十二年六月十一日（1896年7月21日），《汉冶萍公司》（一），第128页。
⑤ 《郑观应致盛宣怀函》，光绪二十二年十一月初一日，《郑观应年谱长编》（下），第468页。
⑥ 《郑观应年谱长编》（下），第475页。

在盛宣怀看来，铁厂煤炭和造轨"两事均无端倪"，且总监工德培本领不济，毫无筹划，与生铁炉长吕柏发生矛盾，在此关键时刻，郑观应却不愿留在铁厂工作，若更换他人"亦难得手"①，因此乞求好友王之春并劝其留下。② 可能是担心过于执着地要求离开，会伤害与盛宣怀的私交，并损害自己的利益，因此郑观应没有继续坚持要求离职，还随即还向盛宣怀陈《管见十二条》（实际为十条），对铁厂、铁路等事提出建议，认为汉厂各事俱有头绪，推荐施绍甄为总办，盛春颐和李维格等助理。盛力挽其继续主持铁厂工作，郑观应表示"再往勉力帮忙半年"，照旧不领厂薪，同时提出自己若再往铁厂帮忙，李维格专门译书，翻译一席须由其选一有历练之人代之，"以资臂助绍甄易于接手"。③ 至1月22日，郑观应致函盛宣怀，诉说在汉厂的艰苦："官应在厂八阅月，忍辱负重，委曲求全，其中苦况，非躬亲目函者不知。"④ 如此说来，郑观应在铁厂的确是无法继续下去了，但后来表示铁厂的工作也可以"再往帮助数月，不敢固辞"，来年"春初要返汉阳"，原因是盛宣怀在即将举办的铁路和银行中同意给予郑观应一份利益。⑤

4月21日，郑观应再次向盛宣怀请求离开汉阳铁厂，希望在招商局由帮办升为会办。此前不久，"张某"等人在《苏报》上发表题为《总办得人》的文章毁谤郑观应，甚至对其进行人身攻击。虽然盛宣怀、经元善、徐润等10人联合署名在《苏报》上发表《不平则鸣公启》对《总办得人》的毁谤之词——予以批驳和澄清⑥，但毕竟对郑观应造成了相当的伤害，恰逢其沪友来信告知："商局内外作弊者只忌居易（郑观应）一人，《苏报》之谤亦足见是彼辈诡计，恐居易当事，更不能容其舞弊，故设法陷害，以期居易去而后已。居易无他意，惟虑《苏报》之计不行，或有别

---

① 《盛宣怀致恽祖翼函》，光绪二十二年六月十三日（1896年7月23日），《汉冶萍公司》（一），第134页。
② 《盛宣怀致王之春函》，光绪二十二年六月十四日（1896年7月24日），《汉冶萍公司》（一），第139页。
③ 《郑观应致盛宣怀条陈》，光绪二十二年十二月初三日（1897年1月5日），《汉冶萍公司》（一），第336页。
④ 《郑观应年谱长编》（下），第480页。
⑤ 易惠莉：《郑观应评传》，第520—521页。
⑥ 《郑观应年谱长编》（下），第489页。

计蛊惑清听，与其负屈将来，不若洁身早退耳。"显然，这是有人欲通过这种办法中伤和排挤郑观应，郑乘机向盛宣怀提出升其为会办，并咨请北洋札饬半年在沪半年在汉，"与我公轮流往来，一绝奸人陷害之心，一免委员谋望之志"。郑观应的请求很快得到盛宣怀的积极回应，并很快被盛札委为铁路公司总董和电报局总董，还承诺"一俟大局妥定，而后赴沪养疴"。在这种情势下，郑观应乃继续"力疾从公"两个月。① 6月，郑观应向盛宣怀正式提出辞汉阳铁厂总办差事，说"厂中公事，现有洋总管理其大纲，提调总其稽核，尽可仿枪炮厂章程：遇事由洋总管与提调及盛守商办，以归简便而省虚糜，相应咨呈贵督办，谨请查照札委提调或盛守驻厂办理一切事宜，俾敝道在沪养疴"②。此次，郑观应的辞职终于获得了盛宣怀的允准，结束了在铁厂近一年两月的总办生涯。

郑观应辞去铁厂总办的原因是否如上所陈？显然不是，这可从十年后致友人许奏云太守书中得到答案。其中说："在别人营求不得，何以总理一年即坚意告退？非惟股东失望，即旁观者亦为叹惜。""然既承前总理汉阳铁厂当时声明，系当义务，不领薪水，不过欲为整顿，以救危局而慰知己耳。"从中透露的真正原因有如下几方面。

1. 在用人理念方面与盛宣怀存在分歧

甲午战争后，盛宣怀由于扩大企业活动扩大，需用人才日多，亦因用人也就日滥，经元善对于这种状况在1896年1月就表示过忧虑："每慨督办所用之人，赤心者寡，而局面如此之大，若不以求贤为亟，而专喜逢迎，吾知其危若冰山矣。"③ 铁厂招商之初人才匮乏的情况十分严重，盛宣怀遂大量使用其学生、同乡、私交或湖北候补人员。尤其是盛宣怀使用施肇曾充当总稽查，此人不谙工程，不晓英语，还恃与盛宣怀有师生之谊，多次与洋总监工发生冲突，"以致工程迟滞，常有停工待料之叹"。最令郑观应不快的是，该提调"大奸似忠"，却深得盛宣怀的信任，导致其肆无忌惮，甚至私拆郑观应与友人的函件。另外，马鞍山总办倚仗与该提调的私人关系，盗卖煤斤，不仅未受到惩罚，却得到其多方袒护，"朋比为

---

① 《郑观应年谱长编》（下），第492页。
② 《郑观应年谱长编》（下），第494页。
③ 易惠莉：《郑观应评传》，第519页。

奸"①。显然，郑观应对盛宣怀的用人之法极不认同。

商办之初，铁厂继续沿用官办时期的用人做法，不仅大量使用湖北候补人员，而且许多与盛宣怀有私交的人员也被安插进来，导致所用人员良莠不齐。据不完全统计，汉冶萍厂矿所用这种人员有：汪应度（盛宣怀学生、收发股总董）、盛春颐（盛宣怀的侄子，湖北候补知府，被委为总银钱所总董，1897年继郑观应为铁厂总办）、张世祁（大冶铁矿员董，候补知县）、林佐（大冶矿务局总办，候补知县，后任大冶知县三年）、卢鸿昶（萍矿委员、湖北候补道）、张赞宸（萍矿总办，盛宣怀的同乡、湖北候补道），其他还如黄正光（筹办东流煤矿，候选知府）、卢丙炎（开平矿务局办事有年，勘查煤矿，候选同知）、汪钟奇（马鞍山煤矿员董）。从后来的实践来看，并不是所有人员都是滥竽充数之辈，其中很大一部分懂洋务，甚至可以说十分尽职尽责。如张赞宸在任铁厂提调期间，制定约束家属及手下的《牌示底稿》②，并以身作则、廉洁奉公、恪尽职守、从不逾权，深得盛宣怀和郑观应的信任和倚重，后被盛宣怀委以萍矿总办，为萍矿的开发做出了重大贡献。对于如何识别人才，张赞宸向盛宣怀建议应具备"慎""公""专""恕""忠信""直言敢谏"等性格，还应对才具俱佳者破格提拔，以资鼓励。③ 又如林佐，熟悉地方情形，在修筑铁山运道过程中作出了重要贡献。④ 盛宣怀的侄子、候补知府盛春颐总理银钱以来，"事无巨细，均肯任怨"⑤，因其能力而后被擢升为铁厂总办。萍矿委员莫吟舫"廉正干练，罕有其匹"，"凡有困苦艰危之事，皆其奋身力任，公尔忘私"，"至今官阶未得寸进，家况一贫如洗"⑥。萍矿总办张赞宸对同事莫吟舫给予了高度赞扬和肯定。即使是盛宣怀的学生钟天纬，在铁厂曾帮办文

---

① 《郑观应年谱长编》（下），第468—469页。
② 《附件：张赞宸，牌示底稿》，《汉冶萍公司》（一），第373—374页。
③ 《张赞宸致盛宣怀函》，光绪二十二年十二月初四日（1897年1月6日），《汉冶萍公司》（一），第337—338页。
④ 《张之洞委员兴修大冶铁山运道札》，1891年4月23日，《汉冶萍公司档案史料选编》（上），第79页。
⑤ 《张赞宸致盛宣怀函》，光绪二十二年十一月二十四日（1896年12月23日），《汉冶萍公司》（一），第315—317页。
⑥ 《张赞宸致盛宣怀函》，光绪二十七年五月初一日（1901年6月16日），《汉冶萍公司》（二），第247页。

案、矿化学堂、校勘洋务书籍、管理自强学堂①，对洋务和铁厂的情况十分了解，官办时期曾为盛宣怀提供了很多关于铁厂的情报，可视为盛之心腹，可能是过于自命不凡，亦未被盛宣怀聘用到铁厂任职。由此看来，盛宣怀在用人方面并非来者不拒，而是对能力和人品经过一定的考察和甄选。在人才匮乏的条件下，盛宣怀仍以传统的政治人脉作为用人的原则和基础，在当时也是情非得已的考量，另一方面可能是考虑到汉冶厂矿多在湖北，利用这些人员管理厂矿与地方官绅处理事情相对可靠和便利一些。这是铁厂由传统用人方式向近代用人规则必经的一个阶段。

2. 性格过于耿直

耿直的性格既是郑观应性格的优点，也是其致命的弱点。性格耿直为盛宣怀所看重，但很多时候不会变通，难以与同事融洽相处。郑观应在致盛宣怀的函中多次提到铁厂各同事关系问题，先是说："铁厂诸董多属本地候补人员，将为国家伟器。自愧商务出身，才疏德薄，焉能为群贤所推重？"②后又说各员董"亦知其光明磊落，省识前言"，"彼此相处融洽"。"现在各董司事均已熟悉其事，无甚大过，万不可因闻与观应意见不对而致开除，以增应过，更加结怨招尤"③。表面上反映的是郑观应与同事关系逐渐趋好，却正好从侧面反证其与同事间关系的不恰，有时甚至是紧张，并产生龃龉，导致其在总办铁厂期间"凡事多被掣肘，任意排挤，盖欲我告退而已"。铁厂虽经整顿，"各股经理私弊尚多，力难剔除，恐负委任"，而郑观应"实事求是，不合时宜，每为各怀私利、党同伐异者所忌"，因而遭受排挤。作为一名成功的买办商人，其思维方式、行事理念和风格与很多中下级管理人员格格不入，因此很难为他们所接受，彼此互不推重。即便如此，郑观应不愿意辜负盛宣怀的知遇之恩和重托，推动铁厂的生产和发展，因此备受煎熬。郑观应的性格对铁厂的影响在于两方面。一方面性格耿直使得其难以与其他员董处理好关系，办事不顺手，各员董"貌从

---

① 《钟天纬致盛宣怀函》，光绪十八年十二月十七日（1893年2月3日），《汉冶萍公司》（一），第45—47页。
② 《郑观应致盛宣怀函》，光绪二十二年十二月初一日（1897年1月3日），《汉冶萍公司》（一），第333页。
③ 《郑观应致盛宣怀条陈》，光绪二十二年十二月初三日（1897年1月5日），《汉冶萍公司》（一），第335—336页。

心违",所以真正与其"意气相投,遇事可商",尚称联手的人只有李维格。① 这也导致作为总办的郑观应推动工作十分艰难,只能"忍辱负重,委曲求全"。另一方面,郑观应之所以被盛宣怀委任为铁厂总办,能力和信赖无疑是重要因素,尤其铁厂在由官办转为官督商办转型的过渡时期,若没有一个敢言、敢做、敢当的人任总办,整顿将无从着手,工作将无法推动。郑观应曾尖锐批评驻萍矿委员许寅辉在推动铁厂与广泰福商局合作过程中作风不实的问题,义正词严地说,"我辈食人之禄,当忠人之事,是非得失毁誉听之",即使"结怨招尤,任人毁谤",只要"合乎天","遇时瞑目,可对鬼神"。对自己的性格,郑观应承认"素性粗直,嫉恶如仇","若事事认真,则到处荆棘,结怨必多,恐为人所讥","欲和衷共济,必事事敷衍,恐负责任"。②

由于对上要对盛宣怀负责,对下却多被掣肘,缺乏全权的郑观应十分艰难地推动铁厂的工作。郑观应曾委婉地建议盛宣怀要摆脱一些具体事务,如电报、轮船、织布、铁厂、铁路、银行等"事之小者"不要过于斤斤计较,给予其管理铁厂的全权。③ 在郑观应看来,中国凡效西法创办各事,都是未能先选拔精于其事、操守廉洁的人员,而总办所用之人多非自己所选择,因此导致呼应不灵,诸多掣肘;更为重要的是,"无论事之大小,必须禀命上司而后可行,事权不一,无所畏惧,所以靡费愈多而成效卒鲜也"。④ 所以,郑观应认为"与其受人排挤,不如洁身自退"⑤。

二 1925年高木陆郎的改革方案

一战结束后,公司的生存和发展更为困难,为挽救公司,董事会副会长李经方曾委托公司日籍顾问高木陆郎"妥筹补救之策"。高木提出一套改革方案,具体对策有七:以谋减轻或免除利息及官利为理财主要宗旨;督促大冶铁厂尽快竣工,以巩固基础;增加铸铁(旧称铣铁)及煤焦产额,以减轻成本;裁汰冗员,取消伦敦及东京事务所,以节省靡费;将

---

① 《郑观应年谱长编》(下),第468—469、475页。
② 《郑观应年谱长编》(下),第456—457、486页。
③ 《郑观应年谱长编》(下),第460—461页。
④ 《附件:郑观应:铁厂次第筹办张本六十条》,光绪二十二年七月二十七日(1896年9月4日),《汉冶萍公司》(一),第193页。
⑤ 《郑观应年谱长编》(下),第468—469页。

总经理处移驻汉口，便于监督各厂矿；重用顾问，俾充分发挥能力等，以为整理内部之急务。董事会长孙宝琦认为"语均中肯"，"所见甚为周密"，倘若能次第施行，是挽救公司的良策，"舍此似别无维持方法"。公司的现状"实属千钧一发之时"，非切实改革整顿"不能图存"，千万不能"畏难苟安"。

首先，方案指出公司在1920—1923年间损失巨大。具体为：1920年损失1279588.44元，1921年为511835.03元，1922年为3666876.36元，1923年为2952609.86元。四年损失合计达8410909.69元，几乎占汉冶萍总资本1750余万元的一半之多，若循此以往，"不几年则资本全部必至于荡尽无遗"。对此，方案指出公司亏损的主要原因是：一、民国时期，战乱频仍，交通阻梗，公司营业屡遭打击。二、投资巨款建设的大冶铁厂已过去十年却未见完成，不仅要背负沉重的借款利息，而且丧失欧战的绝好机会。三、借款利息及官利的负担过于沉重。四、事多冗员，人多冗费，众心驰怠。五、萍乡煤矿经营不利。六、工场经营失宜，制品成本太重，市场竞争难得胜利。七、产出矿石原价太昂，且不善贩卖，得利至微。其中，第一条"为不可抗力之事，诚属堪恨"；第二条是大冶熔矿炉工程迟缓，未能赶上欧战的大好时机，"实为可惜"；第六、第七条关于制品及矿石原价太昂，其根源在于前述五条原因而致。公司的"病源"找到后，方案便提出了补救的"改良之策"。

其次，方案认为，公司受病方深，不宜即施补养，若强行为之，只会"徒有虚靡"，没有任何好处。因此宜以改革整顿内部为急务，待除去一切弊病后，再出积极方针以图发展。高木提出的"消极"方案从公司所承担的利息入手，依次提出"节省经费""萍乡煤矿""出产品原价及贩卖"等解决方案。

（一）利息

公司的借款利息由两方面组成，一是新债所形成的利息，二是旧债未偿清的利息转为借款所形成的利息。以1920—1923年的长期借款和短期借款为例，所承担的利息见表2-7：

表2-7　　　　1920—1923年长期借款和短期借款的利息[①]　　　（单位：元）

年度	长期借款利息	短期借款利息	小计
1920	1103520.86	585290.52	1688811.38
1921	1840834.19	526074.18	2366908.37
1922	2006748.75	705408.05	2712156.80
1923	1609105.09	564715.44	2173820.53
合计	6560208.89	2381488.19	8941697.08
年均	1640052.22	595372.05	2235424.27

若以年均计算，每年仅长期借款利息支付就达164万余元，若包含短期借款利息59.5万余元及新近成立的850万日元的借款利息，则公司每年应支付的利息则约270万元，占到公司总资本1750万元的16%。若循此以往不加整顿，所负利息便将公司资本拖垮。另外，公司还要支付年息八厘的官利。借款利息及官利最终都要由公司所出的产品承担，以1923年度汉冶萍所属厂矿所负债息为例，各厂负担之重"实属惊人"（见表2-8）。

表2-8　　　　1923年度汉冶萍所属厂矿的债息负担情况[②]　　　（单位：元）

厂矿	利息担负额
汉阳铁厂	1515203.90
大冶铁厂	887079.67
大冶矿山	699499.69
萍乡煤矿	874433.64
运输课	244745.83
石灰山	256.16
合计	4221218.89

---

① 《孙宝琦致公司董事会函》，1925年6月14日，《汉冶萍公司档案史料选编》（下），第286—287页。

② 《高木条陈公司改革方案》，《汉冶萍公司档案史料选编》（下），第287页。

利息和债息负担额都将由公司产品承担,将会极大地削弱产品的市场竞争力,仍以 1923 年度为例(见表 2-9):

表 2-9　　　　　汉冶萍公司产品因债息的成本情况①

厂名	品名	出产额（吨）	原价（元）	每吨平均价格（元）	负担利息额（元）	每吨利息负担额（元）	对于原价之利息比例
汉阳厂	铸铁	73725	4861096.85	57.01	1514203.30	20.53	36%
大冶厂	铸铁	86144	3997307.79	46.40	887079.69	10.30	22%
大冶铁矿	铁矿	486641	1597304.96	3.28	699499.69	1.44	44%
萍乡煤矿	煤	666739	3753743.38	5.63			
	土法黑煤	86419	1372336.00	15.88	874433.64	1.01	
	新式黑煤	112871	1795783.59	15.91			

汉阳铁厂铸铁每吨负担率为 36%,比大冶铁厂的 22% 高出 14%;即使是出产初级产品的大冶铁矿,每吨矿石负担率竟也达到 44%。与日本八幡制铁所相比,其利息负担率为 3%—13%,两者间存在天壤之别。"于此情势之下,而欲与人争胜于商场,其可得乎?"有鉴于此,方案指出,公司之所以陷入困境,原因固然很多,但利息过重"尤为其致病之由",因此挽救之道在于减轻负担。

借款付息"固为当然义务",但由于汉冶萍与日本关系密切,与日本"有深邃之关系,非普通借款所可同年而语"的借款,面对自身的财政困窘,公司向日本提出减轻借款利率属"事理之当然"。究竟如何减轻借款利率,方案提出的办法是,落实明治四十五年盛宣怀与日本正金银行签订的中日合办草约,"果能于今日实现之,在公司固为得策",但由公司主动提出"尚非其时"。为方便推动合办,可先推动内部事实上的合办,如此一来,汉冶萍向日方的借款便可视作公司资本,其利率便照官利利率来执行,若官利废除,则借款利益亦应废除,但利息废除恐难以得到日本的承认。其融通办法是:公司日后得相当之纯利,允许将其纯利分割几成作为对日方借款的报酬;或以铸铁及铁矿石的价款的回扣交付日本,又能重用

---

① 《高木条陈公司改革方案》,《汉冶萍公司档案史料选编》(下),第 287 页。

现在所聘的日本顾问，则利率减半或免除还是有可能的。方案指出，若长期利率减半，公司一年便可节省约 100 万元，若免除利息，每年节省不下 200 万元。若日方不同意利息减半或免除，公司则乘机提出利益重新分配的条件，即要求制铁所提高铸铁及铁矿石的价格。若铸铁每吨加价 3 日元，年交付 20 万吨，便可增收 60 万日元；铁矿石每吨加价 1 日元，年交付 35 万日吨，可增收 35 万日元。两者合计 95 万日元"约得补将来应付长期借款利息之半额"。此项要求并非不可能之事，但又提出要求制铁所加价如此之多，难免会影响到其对于其他产品的购买，因此肯定困难重重。先以要求减轻利率为前提，实为"救济公司之捷径"，公司恢复"必尤见其速"。

（二）节减经费

一战结束后，公司生产经营状况开始变得困难起来，为节省不必要的开支，曾一度大量裁汰冗员。后为"经费节省、办事敏捷"起见，裁撤机构成为一项重要任务，乃将东京事务所和伦敦事务所裁撤，将公司总事务所由上海迁至汉口，上海只设商务科，兼管金融机关，两项可节省经费 15 万元。

（三）萍乡煤矿

由于受到军阀混战及工潮问题的影响，萍乡煤矿的生产和运输均受到很大影响，"预定收益亦难如愿以偿"。公司唯有将解决的希望寄托于当局，"使干练者统率得宜，则此问题不久必能解决"。对萍矿的煤炭产量，1923 年前日产煤炭为 2400 吨，年产约 87 万吨，若能聘用才识卓越之技师，管理得当，可日增产至 3200 吨，年 120 万吨，每吨利益平均假定 1 元，年收益便可达到 120 万元。

（四）出产品原价及贩卖

由于制品成本太高，贩卖未得其法，所以收益不能如愿以偿。对于汉阳铁厂和大冶铁厂所产的铸铁，出厂成本价分别为 36.48 元和 36.10 元，而交付八幡制铁所的价格亦只有日金 40 元（合银 32 元），相较还亏损 4 元。对于公司而言，最好的办法是增加铸铁产量，将其成本价降至 30 元以下。若能年售与日本 5 万吨，每吨盈利 15 元，则每年便有 75 万元的收益。另外，还可取代在日本市场销售的印度铸铁。总体而言，对铸铁及矿石在日本的销售，公司并无不满之处，只是提出要加强高级干部之间的联络，以消除双方存在的隔阂。

总之，本方案以谋减轻或免除利息与官利为主要宗旨，其次则在于开发增加铸铁及煤炭之产额；再次在于裁汰冗员，重用人才，以振刷社员办事之精神。据此，其贩卖利益与经费负担，有希望节省的部分如下：第一，利息及官利之减轻或全部免除之数 200 万至 400 万元；第二，经常费节减额 15 万元；第三，萍乡石炭利益 120 万元；第四，铸铁国内销售利益 75 万元，铁矿石国外贩卖利益 100 万元。总计可得收入 510 万至 710 万元，以 1923 年的收支计算相比较，年度损失虽为计该年度损失 2295 万元，仍可有 215 万至 415 万元的收益。今资本总额约为 5500 万元，则是年可得三分九毫乃至七分五毫之红利，在当时世界钢铁业萧条的情况下，这一红利分配率已属十分难得。

最后，提出所谓的"积极"方案。上述"消极"方案是公司必须完成的第一步，待内部整顿完善后，再行筹施积极案，方为稳妥。"积极"案的主要内容是：第一，在汉口或汉阳设立焦炭制造所，完全收取其副产物——煤气（瓦斯）设大发电所，向武汉供电，以减轻焦炭成本的负担。第二，采用最新式的炼钢炉直接制钢，改进工艺，减轻钢制品的成本，增强与洋货竞争的能力，进而谋输出的发展。若此改良方案真正有充分收益的希望，则派可靠的人经营，对于所需要的资金筹措也不是没有办法。① 高木向汉冶萍所陈方案对致病之源的分析及减轻利息、节省经费、萍乡煤矿、产品销售等问题以解决公司所面临的困境，但问题的关键是要求日本减轻或免除利息，提高铸铁和铁矿石的价格等，这些长期以来是汉冶萍与日本关系的焦点问题。若能如方案所言，无疑会损害日本的切身利益，自然会遭到其断然拒绝，方案也预料到这一点，为使日本同意这一根本无实现可能的方案，高木便顺理成章地提出中日合办汉冶萍及中重用日本顾问的问题，实质上是为加强日本对汉冶萍的控制张本。

公司董事会认为高木方案"确有可采之处"，并指出上述方案部分或已经实施，或正在筹备进行，或早拟筹办而因款项无着而难以开展，或早经提议而因格于事势未能实行，如伦敦事务所已于 1923 年底就已裁撤，东京事务所于 1925 年 4 月议准归并于大阪销售点。大冶铁厂自借款定议后，已筹备进行，只是因焦煤不能充分接济而致出铁不多。萍乡煤矿腐败已

---

① 《孙宝琦致公司董事会函》，1925 年 6 月 14 日，《汉冶萍公司档案史料选编》（下），第 285—289 页。

极，早就应该整顿，但因发清欠饷需款甚巨，急切难筹，加以路运难恃，只得暂时稍缓办理。经理处迁往汉口，早在民国四五年间即已提议数次，股东联合会鉴于从前集权于汉口，百弊丛生，"甚不赞成"；且公司调度银钱、出售货料等事宜均须在上海办理，而厂矿却多在湖北，经常与湖北官绅有交涉之事，已感到十分困难，若经理处再移驻汉口，遇事更无回旋的余地，所以屡次提议，未能实行。现在时事日非，更难实施。此外，如商减债息、重用顾问等各项问题，关系重大，必须由公司派专员前去商议，请孙宝琦转嘱高木经过上海时与诸董事一谈，俾可详切面询，从长计议，再行斟酌办理。[①] 该方案提出之际，汉阳铁厂已经停火，大冶铁厂即将停火，汉冶萍公司已病入膏肓，事实上已无挽救的机会了。1928年，鉴于中国国内形势与日本国内钢铁工业发展的现状，日本重新确立了对汉冶萍的新政策，将历来推行的从公司获得铁矿石和生铁供应的方针，改为"今后只以汉冶萍供给矿石为满足，不指望其生铁之供应"的方针，以为保证八幡制铁所的原料供应和贷款的偿还。

---

① 《公司董事会致孙宝琦函》，1925年7月17日，《汉冶萍公司档案史料选编》（下），第289—290页。

第三章 国内资本市场的孱弱与日债的控制

第一节 汉冶萍厂矿筹资状况

一 清末民初工矿业筹资的社会环境

矿业投资不同于一般工业投资。矿产资源的隐蔽性，开发活动的不确定性，使得矿业投资具有高风险性。另外，一般工业企业只要经营管理得当，即可实现可持续经营，而矿业生产面临的是不可再生的自然资源，一旦资源枯竭，企业价值将减少，因而矿业投资较之其他工业投资，一般有较高的收益诉求。此外，矿业属于资本密集型行业，一个规模庞大的矿业企业需要消耗巨额资金，准入门槛较高，非一般投资者所能承受。基于这些原因，从民间社会筹集矿业资金的难度极大。揆诸史实，清末中国矿业发展，除极个别地方依靠地方主政官员的政治能量，能获得国家财政、政策的支持外，绝大部分地区没有能力筹集足够资金用于地方矿业开发。

面对丰饶的经济资源，中国历代王朝政府一般具有整合全国资源从事特定的事业开发建设的客观能力，影响政府经济决策的往往因制度设计得不合理。清政府视"矿政"为"秕政"，严行矿禁之策。两次鸦片战争之后，为追寻富国强兵的目标，清政府对矿业经济的价值作用逐渐有了全新认知，但制度缺陷以及由外敌入侵引发的财政困难局面又对清政府的投资决策构成严重挑战。19世纪五六十年代，农民战争造成掏空了清政府的国库，迫使清政府投入巨资加强国防建设。据估计，从1875年到1884年，整个西征及相关的军费支出达到七八千万两，约相当于中国一年的财政收入。① 为加强国防力量，清政府投入重金，用于军工企业建设。据统计，1895年前，在近代军事工业中累计耗用资金约在5000万两以上②，造成生产性投资的不足。19世纪80年代中期以后，清政府面临的内外压力相对减轻，财政状况趋于好转，清政府为营建汉阳铁厂前后投入580多万两白银。虽然汉阳铁厂的工程建设质量问题重重，但就政府的投资能力而言，1885—1895年可谓晚清时期仅有的黄金10年。

甲午战争以后，军费开支和战争赔款使政府财政陷于破产边缘。清政府不得不大量对外借债，寅吃卯粮，以维持债信和国家机器运转。这种背景下，汉阳铁厂不可能再奢望国家财政的资金注入，不得不转向尚未成熟的金融市场。1895年8月11日，光绪谕旨：中国原有局厂，经营累岁，所费不赀，办理并无大效，亟应从速变计，招商承办，方不致有名无实。③同年10月，力已不支的张之洞同意招商承办计划。次年5月14日，张之洞札委盛宣怀督办汉阳铁厂。

西方学者指出，在19世纪西方工业化热潮中，一些国家的国家预算和工业银行弥补了市场需求与资金供应不足所造成的缺陷，但在清末中国，"却一样也没有"，"除了近代外国银行在为国际贸易提供资金方面起了重要的作用外，1911年以前的中国的银行体系几乎完全不能超出山西票号式的汇兑银行和地方性的'钱庄'的范围"。无论是最先成立的中国通商银行，还是大清银行、交通银行，"都没有向工业提供贷款的打算"④。此论虽不无偏颇之处，但总体情况大致如此。汉冶萍公司依靠个人关系曾获益于近代中国资本市场，但作用十分有限。朱荫贵对清末民初汉冶萍公司的资金来源情形作了深入梳理，发现近代中国资本市场对近代大机器工业的支持是有的，但这些支持或限于刚刚有所发展，或限于本身资本不足，导致当时中国的资本市场尚还未有强大实力支撑起近代中国大机器工业发展所需的资金追求。这就为外国借贷并最终受到外资控制留下了空间。⑤

---

① 周育民：《晚清财政与社会变迁》，上海人民出版社2000年版，第266页。
② 张国辉：《洋务运动与中国近代企业》，中国社会科学出版社1979年版，第68页。
③ 中国第一历史档案馆：《清实录·德宗景皇帝实录》，中华书局1987年版，卷371，第859—860页。
④ ［美］费正清主编：《剑桥中国晚清史（1800—1911）》（下），中国社会科学出版社1985年版，第58页。
⑤ 朱荫贵：《试论汉冶萍发展与近代中国资本市场》，《社会科学》2015年第4期。

第三章　国内资本市场的孱弱与日债的控制

　　晚清民初,中国传统金融机构有所发展,但融资能力仍难以满足近代大型钢铁企业的长期需求。以湖北省为例,1912 年,湖北有钱庄 206 家,总资本 1233548 元,1915 年,增至 311 家,资本总额亦只 3782155 元;1915 年,汉口票号拥资总额也只有 160 万两,相对于公司数千万元的资本额而言无异杯水之资。① 有证据显示,这些机构对汉冶萍厂矿的小额短期资金融通提供一定便利,如辛亥革命前夕,汉冶萍公司向国内钱庄借款总计约 180 万两。② 但就长期而论,这些机构无法满足厂矿建设的大额资金需求,特别在社会动荡和金融危机发生之时,它们往往面临巨大的资金流通压力,自身难保,很难向公司提供资金。

　　中国本土的新式金融机构在甲午战争以后陆续出现,某种意义上讲,它是遵循近代产业经济发展一般规律,满足近代交通、工矿建设资金需求的产物。盛宣怀深谙近代金融市场对工矿企业的重要意义。1896 年 10 月 31 日,他递交《条陈自强大计折》③,对其洋务思想加以系统归纳阐述,提出"练兵之要""理财之要"与"育才之要"三大端。在理财一义中,盛宣怀直接向清廷阐明了设立银行的必要性:"西人聚举国之财为通商惠工之本,综其枢纽皆在银行,中国亟宜仿办,毋任洋人银行专我大利。中国银行既立,使大信孚于商民,泉府因通而不穷,仿借国债,可代洋债,不受重息之挟制,不吃镑价之亏折。"在督办汉阳铁厂之后,盛宣怀先于 10 月 20 日获得督办铁路总公司事务、经办芦汉铁路事权,后又四处陈述由华商设立银行的重要意义:"铁政奉旨招商,逾年无效,推原其故,华商无银行,商民之财无所依附,散而难聚。现与熟悉商务员绅筹议,铁路收利远而薄,银行收利近而厚,若是银行权属洋人,则铁路欲招华股更无办法。"④ 他毛遂自荐,多方运作,以促成由其经办银行事务,获得恭王奕䜣、庆王奕劻、户部尚书兼军机大臣翁同龢、吏部尚书李鸿藻、直隶总督王文韶、大学士李鸿章等人的支持。11 月 12 日,光绪谕旨:银行之事责

---

① 苏云峰:《中国现代化的区域研究·湖北省(1860—1916)》,中研院近代史研究所,第 332—334 页。
② 《于焌年致盛宣怀函》,1913 年 11 月 20 日,《汉冶萍公司》(三),第 669—677 页。
③ 《条陈自强大计折》,光绪二十二年九月,《愚斋存稿》卷 1,奏疏 1,第 3 页。
④ 《寄张香帅》,光绪二十二年六月二十日,《愚斋存稿》卷 89,补遗 66,第 28 页。

成盛宣怀选择殷实商户，设立总董，招集股本，合力兴办，以收利权。①此为中国设立的第一家近代银行——中国通商银行。1897年5月27日，中国通商银行成立，总行设于上海，实收商股250万两，拨存部款100万两。在早期，盛宣怀对该行有绝对的控制权。1897年，通商银行实有资本总额为213.1万两，其中，盛宣怀的个人投资和招商局、电报局股款，以及外埠招商局代收股款共179.8万两，占84.4%。②

中国通商银行对汉冶萍公司的资金供给发挥重要作用。这表现为，它以借款和股本的形式直接向汉冶萍厂矿提供资金，同时，中国通商银行作为桥梁纽带，中国铁路建设的资金流转与汉冶萍公司发生密切关系。对此，下文将详细论及。由于盛宣怀的个人关系，中国通商银行与中国基础产业开发建设发生密切合作关系，但作为中国第一家近代银行，其融资能力似嫌不足。汉冶萍公司对外界的借款中，该行往往只能提供数万到数十万不等的借贷能力。

相对于外资银行的利率而言，本土金融机构的资金使用成本极高。王亚南根据利息率的不同曾将旧中国的金融资本划分为三个利息基准，第一个基准是外人在华银行的利息基准，其放贷利息率在4%—8%；第二、三利息基准分别是中国银行和一般旧式高利贷业的利息基准，它们各自在经验上的变动限界在9%—20%与24%—300%。③汉冶萍公司招股时允诺的公司股票每年给八厘官利，旨在吸引民间游资，间接反映了当时中国民间金融资本利率极高的状况。历史上，汉冶萍公司就是在广泛搜罗国内资金之后才大量举借外债的，据汉冶萍公司账册，到1914年6月公司所负内债约计610万两，其中向汉口各钱庄借款高达130多万两。④

盛宣怀在经营萍乡煤矿局的过程中也曾借助中国传统金融组织的模式，自设"官钱号"，即传统的钱庄，试图缓解矿局的资金融通问题。1899年春，萍矿官钱号正式设立。作为有企业兴办的官钱号，萍矿官钱号

---

① 《军机处关于盛宣怀开办银行的批文》，光绪二十二年十月初八日（1896年11月12日），陈旭麓、顾廷龙、汪熙主编《中国通商银行》，上海人民出版社2000年版，第8页。
② 汪敬虞主编：《中国近代经济史（1895—1927）》，人民出版社2000年版，第2273页。
③ 王亚南：《中国半封建半殖民地经济形态与新民主主义经济形态研究》，福建教育出版社1988年版，第176—177页。
④ 《汉冶萍公司债款总细清册》，1914年6月，《汉冶萍公司档案史料选编》（上），第578页。

对矿局的生产经营发挥了重要辅助作用，开创了近代中国金融机构支持实体经济发展的先例。① 矿局发行过当铜元一千文、五千文、十千文三种面值的"吊票"，当银元一元、五元、十元三种票面的"洋票"，以及小面额的供找零用的"竹筹"，发行金额约达数万银元。因印刷精美，做工考究，且有萍乡煤矿雄厚的工业资产做后盾，当地人民乐于接受，"每逢矿务局发薪时，这种票子充斥市场，安源街上的店铺就应接不暇，货柜为之一空"②。但是，萍矿官钱号原始资本额较小，仅银一万两。相对于萍乡煤矿和汉冶萍公司动辄百万的资本用度而言，同样难以满足需求。

中华民国建立后，政府虽有重新整顿财政税收之动议，但政争不休，军阀混战，社会动荡，生灵涂炭，财政竭蹶，达于极点。1913 年，北京政府的财政预算支出 64200 余万元，收入 55700 余万元，不足 8490 余万元。若除去 22000 余万元的外债收入，当年赤字高达 30800 余万元。第一次世界大战虽然为中国钢铁业的发展创造良好市场环境，但也对中国财政造成极大影响。1914 年 7 月 29 日，即奥匈帝国宣战的第二天，伦敦、巴黎、柏林及纽约等地股市暴跌。战争影响很快波及银行业："开战未及两周，各国间汇票与纸币之兑换，并银行现金之支出，大都至于不得已而停止。"外债无处可募，北京政府财政濒于破产。"两年以来，当局者徒为挖肉医疮之计，而永无长治久安之图，以致债积如山，危险转甚"；"无论在欧在美，今后数年间，外债之绝望可断言矣"。③ 1916 年，北京政府财政部每月收支情况大致为：政费支出包括各部院经费、国会经费、近畿驻军饷、警察保安月饷、出使经费、国立学校经费、清室优待费和军用预备饷，共计 8 项，每月约须 2000 万元；而收入只有关余（海关税除赔款外债所余之款）、盐余（同上）、烟酒税、印花税、所得税，每月约计 1200 万元。"地方统税，本应解中央，各督军借口作为中央驻在各省军费之用，截留不解。故收支相抵，月亏约八百万元。"④ 财政困难若此，政府虽有支持、发展钢铁业之倡议，其结果只能是纸上空谈。

---

① 熊昌锟：《论近代中国工业化过程中的企业资本筹集——以萍乡矿局官钱号为例》，《清史研究》2020 年第 6 期。
② 何章生：《萍乡地方货币史话》，《萍乡文史资料》第 8 辑。
③ 《欧洲战争与中国财政》，《甲寅杂志》1914 年第 4 号，转见于《中华民国史事纪要》，1914 年 7 月至 12 月，中华民国史料中心 1982 年版，第 704—718 页。
④ 曹汝霖：《一生之回忆》，春秋杂志社 1966 年版，第 171 页。

作为典型的资本密集型产业，发展钢铁工业往往需要投入大量资本。晚清民初的中国，财政竭蹶，入不敷出，特别是甲午战争以后，政府财政罗掘俱穷。与此同时，中国金融市场尚处于萌发阶段，缺乏足够的实力满足大型钢铁企业建设的资金需求。再加上近代中国金融资本对于工业投资，"恒为短期信用或抵押借款，而极少长期固定之投资"，"银行对于工业之投资向不重视。北京政府时代大小银行几竟以政治借款之投机为务"。① 因此，近代中国钢铁工业对外部资金的依赖具有必然性。对此，许多有识之士有相似的看法。1910年，有论者批评当时利权收回运动中的拒债行为，称："美国经营事业多借外资，曾投莫大之资本以筑铁路，不数年而国民生计及铁路公司两得大利，今且一跃而为世界之富国。倘中国大借外债，投诸生产事业，而国民经济从此日益发达，何致惹外人之监督财政哉？""我国今日民生凋敝，安能毁家纾难乎？拒债者既不知外人干涉财政之原因，复不量国民经济之能力，只畏外债若蛇蝎而欲争回商办，其热心固可敬，而其愚亦甚矣。"民国初年，农林兼工商总长张謇明确指出："铁矿需本尤重，非用开放主义，无可措手。"② 盛宣怀于风烛残年之际回首汉冶萍的借债之路，曾向其姻亲孙宝琦袒露心迹，颇值得今人深思："当今非借款不能办事，而借款必起风潮。愚见扁舟荡漾在风浪中，无论如何颠簸，必须想到登岸时光景。华商魄力太小，程度尤浅，三年无利，已经着急，遑论接济。倘无国力提倡保护，恐舍去借款，无他妙法。"③

二 汉冶萍公司的资本筹措

汉阳铁厂官办期间，主要完成汉厂主体设备及附属企业的初建工作，并维持生产运营合计2年，实际耗资约583万库平两。资金来源渠道比较单一，均由清政府提供（见表3-1）。其中，虽有部分商款，但由清政府商借而来，它与汉阳铁厂并无债权、股权关系。

---

① 方显廷：《中国工业资本问题》，商务印书馆1939年版，第54—56页。
② 《向部员宣布农林工商政策的通告》，1913年10月24日，沈家五主编《张謇农商总长任期经济资料选编》，南京大学出版社1985年版，第9—10页。
③ 《盛宣怀致孙宝琦函》，1914年3月22日，《汉冶萍公司》（三），第818页。

表3-1　　　　　　　1896年5月前汉阳铁厂实用款项一览　　　　（单位：库平两）

来源	数目	来源	数目
广东闱姓商人订银	131670	湖北织布局股本银	278762
户部拨款（关东铁路建设款）	2000000	汉阳铁厂产品价银	24825
湖北省盐厘	300000	江南筹防局经费	500000
湖北省盐粮道库银	400000	两淮商捐	500000
湖北省海防捐	28552	各厂及商号欠款	101199
湖北枪炮厂经费	1564622	总计	5829630

资料来源：湖北省档案馆：《汉冶萍公司档案史料选编》（上），第138页。

1896年后，汉阳铁厂（含大冶铁矿）的资金来源渠道主要有以下几种：（1）股金；（2）企业间资金拆借，即非金融企业让渡的资金；（3）金融借款，包括内债和外债，日本方面以预支矿价、铁价名义提供的款项亦视作外债。

盛宣怀接办汉厂之初，拟招股100万库平两，官利每年八厘至一分。① 由于当时汉厂处境艰难，民间投资者视为畏途，无人愿意附股，盛氏乃利用个人关系，动员相关企业认购。招股情形见表3-2。但截至1905年春，汉厂招股仅50余万两。②

1905年前，汉厂资金来源中，发挥主要作用的是企业间的资金拆借。盛宣怀接办汉厂时，同时掌握铁路总公司、轮船招商局、中国通商银行、电报总局、华盛纺织厂等重要企业，正所谓"一只手捞十六颗夜明珠"。他利用个人关系，促成这些企业不断向汉厂拆借资金。正如盛宣怀所言："从前敢于冒昧承办，所恃招商、电报、铁路、银行皆属笼罩之中，不必真有商股，自可通筹兼顾，故支持铁厂，余力尚能凭空起造一上等煤焦矿。"③ 表3-3显示，至1905年5月，这些企业（含中国通商银行）共拆

---

① 《汉阳铁厂铁山煤矿公司股票存根》，光绪二十九年七月初一日（1903年8月23日），《汉冶萍公司档案史料选编》（上），第167页。

② 《湖北铁厂账册》，光绪三十一年十一月（1905年12月），上海图书馆藏盛宣怀档案，档号012246。

③ 《盛宣怀致张之洞函》，光绪三十二年正月初六日（1906年1月30日），《汉冶萍公司》（二），第539页。

借资金约洋例银 2749110 两，占汉厂该欠总数的 39.3%。其中，铁路总公司对汉厂扶持尤为积极，1905 年前，曾向汉厂预支大笔资金。资料显示，1896 年后，铁路总公司芦汉铁路项目曾预拨汉厂轨价 190 万两。① 汉厂以铁轨抵偿，至 1900 年，实预支铁路总公司轨价 1319600 两②，到 1905 年，依然欠 994267 两。③

表 3-2　　　　　　汉阳铁厂官督商办时期股金来源　　　　（单位：库平两）

投资者	数额	所占比例	投资者	数额	所占比例
轮船招商局	250000	25.0	电报局	222000	22.0
中国通商银行	328500	32.85	萍乡煤矿	100000	10.0
钢铁学堂	39000	3.9	南洋公学	6000	0.6
古陵记	36500	3.65	上海广仁堂	20000	2.0
共计	1002000	100.0			

资料来源：张国辉：《论汉冶萍公司的创建、发展和历史结局》，《中国经济史研究》1991 年第 2 期。

汉厂在 1905 年时金融借款亦已达到一定规模。外债方面，1904 年 1 月，为准备汉厂改良资金，盛宣怀以预借矿价名义，向日本兴业银行借款 300 万日元（约合洋例银 226 万两），约定以大冶铁矿石价款偿还。④ 这是汉冶萍厂矿在 1908 年前最重要的一笔对日借款。内债方面，国内钱庄、票号多提供小额借款，批次繁多，期短息重，详情难于统计，大约总数不超过 50 万两。内外债合计，汉厂金融债欠达洋例银 3299114 两，占该欠总数的 47.2%。

表面上看，汉厂面临严重的偿债压力，但事实并非如此。在汉厂债务资金中，首先，企业间拆借资金多仰赖盛宣怀个人关系，一般不存在强索债务风险，从后来历史看，这部分资金多数转化为汉冶萍公司股金。其

---

① 盛宣怀：《愚斋存稿》，沈云龙主编《近代中国史料丛刊续编》，文海出版社 1975 年版，第 78 页。
② 盛宣怀：《愚斋存稿》，第 222 页。
③ 王尔敏、吴伦霓霞：《盛宣怀实业函电稿》（下），第 491—492 页。
④ 《大冶购运矿石预借矿价正合同》，光绪二十九年十一月二十八日（1904 年 1 月 15 日），《汉冶萍公司》（二），第 387—389 页。

次，金融借款中，日本兴业银行300万日元是最主要一笔借款，日方要求以铁矿石价款偿还。大冶铁矿储量丰富，在这方面，汉厂有足够的偿债能力。正因如此，至1905年春，盛宣怀等人非但不担心债务违约，反而决定继续实施负债经营战略，谋划更大规模扩张。

表3-3　　　　　1905年5月前汉阳铁厂主要该欠款目　　　（单位：洋例两）

该欠项目	数额	该欠项目	数额
华商股份	544849	铁路总公司预支轨价	1280062
正太铁路生息款	808710	大冶预收矿价	2262957（300万日元）
大冶预收矿价存正金银行利息	50560	生铁捐	234298
上海通商银行总行	353151	汉口通商银行生铁押款	40000
汉口通商银行往来款项	80000	轮船招商局往来款项	187187
信义银行借款	241310	三井洋行借款	100000
三井洋行预付生铁定价款	70000	亨达公司预付生铁定价款	60000
大仓洋行借款	99582	比利时郭克尔厂料价	101202
其他	474705	共计	6988573

资料来源：《湖北铁厂账册》，上海图书馆藏盛宣怀档案，档号012246。

萍乡煤矿是汉厂为解决燃料问题而兴办的大型煤炭企业，1898年春正式开办，"开办之初，并未领有资本，起首用款，即皆贷之庄号"[①]。1899年，萍矿向德国礼和洋行借款400万马克（约合银131万海关两），借期12年。此后，萍矿招集商股，国内一些企业陆续投资入股，实际招收股银100万库平两。其资本构成见表3-4。有证据显示，迟至1905年3月后，萍矿100万两创办股本才招足，此前股金总数当不超过60万两。[②] 同年，萍矿将历年股息50万两入股，合计股银150万两。

---

① 《张赞宸：奏报萍乡煤矿历年办法及矿内已成工程》，光绪三十年十二月（1905年1月），《汉冶萍公司档案史料选编》（上），第205页。
② 《盛宣怀致张赞宸函（萍字第8号）》，光绪三十一年二月二十二日（1905年3月27日），上海图书馆藏盛宣怀档案，档号006943-3。

表 3-4　　　　　　　　萍乡煤矿创办资本构成　　　　　　（单位：库平两）

投资者	数额			占总额（%）
	首次入股	二次入股	小计	
汉阳铁厂	200000		200000	20
轮船招商局	150000	80000	230000	23
铁路总公司	150000		150000	15
电报局		220000	220000	22
香记等商户	100000	100000	200000	20
总计	600000	400000	1000000	100

资料来源：湖北省档案馆：《汉冶萍公司档案资料选编》（上），第 204 页。

与汉厂相似，到 1905 年春，权益资金在萍矿建设用款中也不占主要地位（见表 3-5），权益资金比重约为 31.8%。债务资金是萍矿主要资金来源渠道，其中，企业间拆借资金达库平银 1911446 两（含中国通商银行借款），金融借款 1668341 两。同样，萍矿债务资金相当一部分依靠盛宣怀个人关系筹集，其债务违约追偿风险也较低。

表 3-5　　　　　　　1905 年萍乡煤矿该欠款目　　　　　　（单位：库平两）

该欠项目	数额	该欠项目	数额
华商股份	1500000	礼和洋行借款	779781
汉冶萍驻沪总局	1531798	招商局	203219
道胜洋行	131971	大仓洋行	262640
汉口通商银行	95429	国内庄欠	493949
各商井	81000	总计	5079787

资料来源：湖北省档案馆：《汉冶萍公司档案史料选编》（上），第 205 页。
注：1. 华商股份含股息入股 50 万两。
　　2. 各该欠项相加后与总计数目稍有出入，系照录原资料。

1905 年后，汉冶萍三大厂矿启动改良计划，其主体工程包括：改良原有的 2 座 100 吨炼钢炉，新建 2 座 30 吨碱性平炉，以及相应提高轧钢能力。据李维格估计，工程需筹资 500 万两。[①] 面对这一资金需求，汉厂、

[①] 《李维格：新公司接办汉阳铁厂之预算》，光绪三十一年三月上旬（1905 年 4 月上旬），《汉冶萍公司》（二），第 488 页。

萍矿并未追加股本，而是将此前尚未招满的股款补足。然此资金终不过杯水车薪。更可虑的是，1905年前后，轮船招商局、电报总局、铁路总公司等陆续被北洋政治集团攘夺，汉冶萍的融资环境恶化。在此背景下，汉冶萍不得不倚重金融借款。

外债方面，日本有意排挤他国资本介入汉冶萍，并成为主要外债来源。比较重要的有两笔：1906年2月，汉厂向三井洋行借款100万日元，4年还清。① 1907年3月，萍矿向大仓组借款200万日元，7年还清。② 两项合计，约合洋例银207万两。

内债方面，据1908年3月盛宣怀奏称：截至1907年秋，"铁厂已用商本银1020余万两，煤矿轮驳已用商本银740余万两"，合计1760余万两，其中，商股350万两，股息入股79.5万两，公债票银50万两，预支矿价、铁价、轨价合300余万两，其余外债、商欠将近1000万两。③ 综合分析，估计1908年前，汉冶萍的内债约近800万两。

综上，到1907年秋，汉冶萍资金来源总计达洋例银2038.8万两（内铁厂商本银1020万两、煤矿轮驳商本740万两和汉厂旧产业折算价值278.8万两），其资金结构具有如下特点：

第一，权益资金在资金来源中所占比例较小，截至1907年秋，共计708.3万两（内含商股350万两、股息入股79.5万两和汉厂旧产业折算价值278.8万两），在全部资金来源中的比重为34.7%。

第二，债务资金约达1330.5万两，厂矿负债率为65.3%。虽然这一比重较两年前变化并不大，但债务资金结构开始出现不利于厂矿的变化：首先，内债不再是盛宣怀从其染指的企业挪借而来，而多为国内金融资本，须定期支付高额利息。如1907年8月盛宣怀偿言：汉冶萍"已借商款七百余万两，常年赔利六七十万之巨，近并重息亦借不到"④。其次，外债也不再主要依靠铁矿石偿还，且都要求在短期内偿还本息。与两年前相

---

① 《三井洋行一百万元借款合同》，《旧中国汉冶萍公司与日本关系史料选辑》，第145—147页。
② 《大仓组二百万借款合同》，《旧中国汉冶萍公司与日本关系史料选辑》，第152—154页。
③ 《盛宣怀奏铁厂商本情形折》，光绪三十四年二月（1908年3月），《汉冶萍公司档案史料选编》（上），第175—176页。
④ 《盛宣怀致张之洞函》，光绪三十三年七月初六日（1907年8月14日），《汉冶萍公司档案史料选编》（上），第174页。

比，厂矿开始面临较为严重的债务违约风险。

第三，日债在资金来源中已占有相当比重，但尚不具有压倒性优势。1905年8月，即汉冶萍厂矿刚启动改良计划时，日本政府洞悉汉冶萍存在巨额资金需求，确立通过大笔贷款以攫取厂矿特权的方针。① 日债数额随后不断增加，扣除历年归还部分，至1907年底，日债总额约为500万两，约占资金来源总数的24.5%，其中还有相当一部分以铁矿石偿还本息，故单纯由日债引发的债务风险相对较小。

进入1907年底，汉冶萍厂矿建设迎来最关键的时期。一方面，厂矿改良工程初显成效。是年秋，盛宣怀亲赴湖北、江西视察厂矿后，欣悦之情，溢于言表，他夸口："三年内日可出钢铁一千吨，十年内可与克虏伯新钢厂相颉颃。"② 另一方面，厂矿扩建工程刚刚起步，特别是汉厂上下寄予厚望的第三号化铁炉才刚兴建，急需资金接济。在此背景下，盛宣怀决定将汉冶萍厂矿组建一个"真实完全公司"，以吸纳社会资金。1908年3月，汉冶萍公司向农商部注册成立，拟招收资本2000万银元。

这次招股是汉冶萍厂矿在经营形势趋于好转的情况下，面向社会公开吸纳资本的活动，实事求是讲，这次招股活动并非毫无效果。到1913年，汉冶萍公司招收股金约1533万银元，约合洋例银1129万两（见表3-6）。公司股金来源可分为三种：（1）原汉厂、萍矿老股股金和预支农工商部部款；（2）老股、新股的股息；（3）1907年后老股增股和新募的股金。三种资金中，实际上只有第三种可为1908年后的汉冶萍公司提供现金支持。

表3-6　　　　　1898—1913年汉冶萍公司股本进账一览

年份	银元	年份	银元
1898	504750元	1908	新招股本1631583元
1899	375000元	1909	新招股本3135836元
1900	381150元	1910	新招股本1226835元

---

① 《日临时兼任外务大臣桂太郎致大藏大臣曾祢第一一二号机密函》，光绪三十一年七月初二日（1905年8月2日），《旧中国汉冶萍公司与日本关系史料选辑》，第125页。

② 《盛宣怀致张之洞密函》，光绪三十三年十月二十五日（1907年11月30日），《汉冶萍公司》（二），第650页。

续表

年份	银元	年份	银元
1901	225000 元	1911	新招股本 89552 元
1903	503852 元		湖南公股 724800 元
1904	120000 元		股息入股 627754 元
1905	440250 元	1912	股息入股 386614 元
1907	450000 元	1913	股息入股 1135311 元
	老股增股 1000000 元	总计	股本 15326705 元
	公股 1380000 元（预支轨价）		
	老股股息入股 988418 元		

资料来源：湖北省档案馆：《汉冶萍公司档案史料选编》（上），第 577 页。

据表 3-7，1907—1913 年，公司募集现金股银约 710 万银元，合洋例银 523 万两。单从募集资金的绝对数额看，短期内（主要是 1907—1911 年）募集 500 多万两现银，这在当时已是不俗的成绩。但这与汉冶萍公司同期的资金投入相比，仍然相差甚远。

表 3-7　　1907—1916 年汉冶萍公司资产状况一览　（单位：洋例银·两）

年份	汉冶厂矿	萍乡煤矿	总资产
1907	6460866	6637931	13098797
1908	11647682	7651359	19299041
1909	15023980	8648703	23672683
1910	18146131	9247159	27393290
1911	19817815	9152514	28970329
1912	19228443	8963330	28191773
1913	20706174	9277302	29983476
1914	22400808	9468157	31868965
1915	24456184	10071205	34527389
1916	25158472	10619966	35778438

资料来源：湖北省档案馆：《汉冶萍公司档案史料选编》（上），第 560—561、566—568、571—572、575—576、585—586、589—590 页；湖北省档案馆：《汉冶萍公司档案资料选编》（下），第 697—698、702—703 页。

注：该资产状况为厂矿历年盘存数据。

据表 3－7，1907—1913 年，汉冶萍公司总资产净增 1688 万两。这当然并非企业利润转化而来，而是不断追加投资的结果。然而，新募现金股金仅 523 万两，剩余的 1100 多万两资金出自何处？笔者认为，主要渠道有二：一为预支轨料价款；二为金融借款。

首先，辛亥革命前，汉冶萍利用有利的政治环境，再次获得预支大笔轨料价款的机会。1908 年初，盛宣怀出任邮传部右侍郎，三年后升任尚书。借此，盛氏再次将个人势力推及铁路、电报、轮船等领域。在其操纵下，公司预支巨额轨料价款，主要有两笔：1908 年 5 月，预支四川铁路公司 100 万两洋例银；1911 年 7 月，预支邮传部 200 万两洋例银。但辛亥革命后，盛氏失势，该资金渠道阻断。

其次，汉冶萍金融借款泛滥成灾，1911 年 10 月前，新借金融借款达规银 1117 万两（合洋例银 1090 万两），其中：

外债方面，日债几乎垄断公司外债。1908—1911 年，已执行且款额较大的几笔日债有：①1908 年 6 月和 11 月，横滨正金银行总计 200 万日元借款。②1910 年 9 月和 11 月，正金银行总计约 223 万日元借款。③1911 年 4 月，正金银行 600 万日元预借予生铁价款。此三笔日债，折合规银约 767 万两。

内债方面，至 1911 年 10 月，汉冶萍公司实欠官办银行规银 170 万两，另有国内钱庄借款，计 180 余万两，二者合计约 350 万两。①

1908—1911 年是汉冶萍公司债务负担增加最快的时期。1907 年秋，汉冶萍该欠 1760 万两，内含股份 429.5 万两。1908 年底，该欠洋例银 2246 万两，内含股份 567 万两。② 而到 1911 年底，该欠洋例银 3436 万两，其中股份 938 万两，国内外借款达 2338 万两。③ 加上旧汉厂产业价值，1911 年底，公司资金来源总计为 3714.8（3436 + 278.8）万两，债务资金比重较 1907 年底有所下降，为 62.9%。

依靠这些资金，到 1911 年底，汉厂拥有化铁炉 3 座、炼钢炉 6 座，年

---

① 《于焌年致盛宣怀函》，1913 年 11 月 20 日，《汉冶萍公司》（三），第 669—677 页。
② 《汉冶萍公司第一届该存各款简明清帐》，宣统元年三月（1909 年 5 月），《汉冶萍公司档案史料选编》（上），第 561 页。
③ 《汉冶萍公司辛亥年十二月底止该存各款第四届汇核总数简明清帐》，1913 年 4 月 25 日，《汉冶萍公司档案史料选编》（上），第 571—572 页。

产铁 15 万吨、钢 7 万多吨。冶矿具备 30 多万吨/年的采矿能力,并辅有现代化运输设备。萍矿的煤炭年产量超过 100 万吨,成为国内屈指可数的煤炭企业。1908—1910 年,公司扣除各项费用后,连续 3 年盈利。

然而,好景不长。1911 年 10 月,武昌起义事发。战争双方"移铁作墙,炉顶架炮",汉冶萍损失惨重。据事后统计,公司因革命造成的损失达 372.5 万两。[①] 受革命党胁迫,1912 年 2 月,公司以大冶矿局全部产业作抵,押借 300 万日元,其中 250 万日元转交南京临时政府。为恢复生产,1912 年 12 月,公司又向正金银行借规银 250 万两。到 1913 年 11 月,公司借款总数达规银 2534.7 万两(合洋例银 2474.4 万两),其中内债约 700 万两,日债总数超过 1500 万两,详见表 3-8。

表 3-8　　　　　1913 年 11 月汉冶萍公司借款总数概表　　　（单位:规元两）

名目	数额	名目	数额
产业抵押借款	13166234	预收钢轨价	3202097
煤焦、铁抵押借款	526800	应作股票款	1700156
预收生铁价	4500000	钱庄行号款	2127976
预收矿石价	123711	总　计	25346974

资料来源:陈旭麓、顾廷龙、汪熙编:《汉冶萍公司》(三),上海人民出版社 2004 年版,第 662—677 页。

注:1."产业抵押借款",除道胜银行、东方汇理银行借款合计 100 万两和东方公司借款 205 万两外,余皆为日债。

2."预收生铁价",即 1911 年 4 月正金银行 600 万日元借款,合规银 450 万两。

3."应作股票款",系武昌起义前清政府官办银行、官钱局的借款,后充作公司股份。

4. 1 日元 = 0.75 规银两。

清末民初,日本之所以不断向汉冶萍提供借款,意在控制汉冶萍,使之成为日本钢铁工业的原料基地。其手段乃是通过借款,获取汉冶萍全部产业的抵押担保权和经营管理权。如 1911 年 4 月,在与汉冶萍协商 1200 万日元大借款时,正金银行总经理高桥是清在同日本外务省、大藏省等会商后电告日方谈判代表:"日本之所以重视此次借款,其目的旨在汉阳、

---

① 《汉冶萍公司详晰答复政府委员曾述棨、王治昌条件》,1914 年 6 月下旬至 7 月上旬,《汉冶萍公司》(三),第 851 页。

大冶取得优先权,如实际上不能确保汉阳、大冶之担保,而即于此时进行巨额借款则殊无意义。"① 但由于盛宣怀的抵制,加上中国民间的反对,到1913年12月,日方未能遂愿。表3-8所列"产业抵押借款",抵押品主要为大冶矿局全部产业、九江大城门铁矿和汉冶萍公司的轮驳车辆、煤铁存货、地产等,汉厂、萍矿的核心生产设备并未作为日债抵押。

1913年12月,利用汉冶萍急需资金救济的时机,八幡制铁所、正金银行与汉冶萍签订1500万日元预借生铁、矿石价款合同,此为汉冶萍发展史上最大一笔借款。② 合同规定了借款资金用途,其中900万用于扩建工程费用,在大冶兴建两座大型炼铁炉及附属设备,600万用于偿还公司旧债。作为交换,汉冶萍同意:借款以公司现有及因本借款公司所添置之动产、不动产、一切财产、并将来附属此等财产之所有财产作共同担保,抵押给正金银行;以制铁所所购矿石、生铁价值还本付利,不足者以现款补足;公司聘用日本人为最高工程顾问和会计顾问。

日本通过该合同实现了觊觎已久的目标,合同签订后,汉冶萍公司深陷债务泥潭不能自拔。到1914年6月,公司债务高达规银2762.4万两(合洋例银2696.7万两)。若加上当时已签约但尚未支付的900万日元,则为规银3437.4万两(合洋例银3355.6万两)。③ 其中,日债达3530日元,约合洋例银2584.5万两。④ 而同期公司股本仅洋例银1129万两。这样,受借款合同束缚,公司丧失独立自主发展能力,在资金用途、经营管理、产品价格及销路等方面均不同程度受制于人,实际上沦为日本的钢铁原料基地。

到1914年6月,汉冶萍公司资金结构可概括为:

第一,全部资金来源总计达洋例银4763.4万两(含债务资金3355.6万两、股金1129万两、旧厂产业价值278.8万两),较1907年底增加了2724.6万两。

---

① 《日正金银行总经理高桥复驻北京董事小田切电》,1911年4月25日,《旧中国汉冶萍公司与日本关系史料史料选辑》,第197页。
② 《汉冶萍公司与日本制铁所、横滨正金银行订立预借生铁矿石价甲、乙合同》,1913年12月2日,《汉冶萍公司》(三),第686—695页。
③ 《汉冶萍公司债款总细清册》,1914年6月,《汉冶萍公司档案史料选编》(上),第578—579页。
④ 《加藤致日置益函》,1914年12月17日,《汉冶萍公司档案史料选编》(上),第367页。

第二，权益资金共计洋例银 1407.8 万两，其在资金来源中的比重较 1907 年进一步下降，为 29.6%。权益资金比重过少，已经严重危及汉冶萍自主管理和正常经营，使其生产经营活动不得不受制于外部因素的控制。

第三，债务资金达 3355.6 万两，已超过当年汉冶萍公司总资产（见表 3-7）。债务资金比重进一步上升，达 70.4%。债务资金内部结构出现巨大变化，突出表现为日债数额飙升。日债总额高达洋例银 2584.5 万两，是 1907 年的 5 倍多，占债务资金总数的 77.0%，占全部资金来源的 54.3%，比 1907 年底提高了 29.8%。日债在汉冶萍公司资金来源中已占据绝对优势地位，日本正是以此控制了汉冶萍生产经营活动以及产品流向。

汉冶萍公司深陷日债泥潭，原因是多方面的，中国国内资本市场的孱弱是无法回避的重要原因。

首先，国内资本市场整体实力不足。如表 3-7 所显示的，1913 年底，汉冶萍向国内钱庄行号告贷约 213 万两，总数并不算少，但实际上，该借款在公司总借款中的比例并不高，作用并不突出。

其次，国内资本市场发育不健全，资金使用成本极高。国内资本市场提供的资金，无论是股金，还是金融借款和企业间拆借，汉冶萍都必须支付不菲的费用。股金方面，囿于传统的投资习惯，近代中国盛行官利制度。在此制度下，不论企业盈利与否，不论股金是否已用作资本投入运营，股东自交付股金一年后，均可享受一定比率的利息收入。汉冶萍公司亦不得不遵循该制度。官督商办时期，汉厂官利为每年八厘到一分，萍矿为一分。1908 年，汉冶萍公司组建，规定"长年官息八厘"，若有盈余，再派发红利①，换句话说，股金的资金成本率至少为 8%。官利制度赋予股东以投资人和债权人的双重身份，股金成为股权和债权的结合体。金融借款方面，国内银行及庄号的借款以获取债务利息为目的，资金成本较高。如 1911 年公司所借钱庄行号款项，月息多在七厘到八厘半之间，即年息为 8.4%—10.2%。② 企业资金拆借方面，尽管为汉冶萍公司拆借资金的企业

---

① 《商办汉冶萍煤铁厂矿有限公司推广加股详细章程》，光绪三十四年三月（1908 年 4 月），《汉冶萍公司档案史料选编》（上），第 236 页。
② 《附件：于煐年致盛宣怀函》，1913 年 11 月 20 日，《汉冶萍公司》（三），第 672—675 页。

多与盛宣怀关系密切,但并非无偿使用,公司必须为此支付一定的利息。如1908年5月,四川铁路公司预支公司100万两,年利率9%。① 从资金成本角度衡量,企业拆借的资金实与金融借款无异。

历史上,汉冶萍公司支付了巨额资金成本费用。据公司会计所统计:到1913年,公司支付的利息总计洋例银1396.7万两,内含债息985.6万两,股息411.2万两。其中,汉厂共支利息679.2万两,内含债息452.6万两,股息226.5万两;萍矿共支利息717.5万两,包含债息532.9万两,股息184.6万两。② 而同期,公司总计该欠洋例银4096万两。③ 换句话讲,至1913年底,含股份银在内,公司每欠3两白银,就有1两系用于利息支出。巨额资金成本支出是导致公司亏损严重的重要原因。如1913年,汉冶萍公司亏损洋例银109.2万两,而当年股息和债息支出高达237.6万两。④ 故盛宣怀尝言:"十余年来,其中亏折尤巨者实为利息一项。"⑤

正是在此局面下,日债大举进入汉冶萍公司。曩昔史家多批评汉冶萍公司过分依赖日债,其实,从资金来源的角度分析,公司举借日债,多为在求诸国内而不可得的情况下的迫不得已之举。如在1910年商借600万日元生铁价款时,盛宣怀曾向日方明确声明:"此款非一时需用,敝公司拟先尽用本国之款,难筹再行斟酌借用外款。"⑥ 对日本人的非分之想,盛氏早已了然于心。1901年,在致张之洞密函中,盛氏一语中的:"日铁分数不如大冶,瞻瞩所及,高掌远蹠,于是长官和田介、伊藤来议,以有无互济为词,实则心目耽注在租山自采。只因钩勒严紧,不得已勉订按年售运

---

① 《汉阳铁厂与川汉铁路总公司续议购轨合同》,光绪三十四年四月十七日(1908年5月16日),《汉冶萍公司》(三),第10页。
② 《汉冶萍是历年支出利息清单》,1914年6月,《汉冶萍公司档案史料选编》(上),第581页。
③ 《汉冶萍公司民国二年十二月底止该存各款第六届汇核总数简明清帐》,《汉冶萍公司档案史料选编》(上),第586页。
④ 《汉冶萍公司民国二年一月至十二月底止收支各款第六届汇核总数简明清帐》,1915年1月,《汉冶萍公司档案史料选编》(上),第584—585页。
⑤ 《盛宣怀致李维格函》,宣统元年闰二月十八日(1909年4月5日),《汉冶萍公司》(三),第73页。
⑥ 《盛宣怀、李维格致中村雄次郎函》,宣统二年十月初六日(1910年11月7日),《汉冶萍公司》(三),第157页。

之约。"① 但面对"官款无着",而华商"附股衰旺只问有利无利",厂矿"因十年不发现息,故人皆视附股为虚牝"的局面②,汉冶萍除借外债外,别无他途。

第二节 日债对汉冶萍公司的控制

日债对汉冶萍公司的控制是一个漫长的过程。自清末至民初,代表日方参与这场"围猎"活动者除八幡制铁所及其主管部门农商务省外,日本外务省、大藏省、官方及民间金融机构、工商企业以及军方力量都深度介入。这种多头协作的模式能够充分发挥各自的优长,形成强大合力。

一 辛亥革命前日债在汉冶萍公司影响力持续加强

19世纪末20世纪初,日本政府大力发展钢铁业,投入巨资,兴建八幡制铁所。然而,经过多年的建设实践,日本政府发现本土铁矿石供应难以为继,遂将目光转向当时东亚地区唯一一家采用机器开采运输的铁矿企业——大冶铁矿。利用当时汉阳铁厂燃料不足的困境,1899年4月7日,八幡制铁所与汉阳铁厂签订《煤铁互售合同》,其后两次修订文本。③ 中日两家钢铁企业发生业务关系。但随着萍乡煤矿的工程建设日见成效,汉阳铁厂的燃料问题渐获解决,对日本煤焦的兴趣逐渐降低。相比之下,随着汉阳铁厂改扩建工程提上日程,资金不足严重困扰着盛宣怀。当时,德国资金和技术已占先机,在萍乡煤矿建设中发挥重要作用。

1902年,日本政府确定由大冶铁矿供应八幡制铁所铁矿原料。1903年,日本外务大臣小村寿太郎赤裸裸言明对大冶铁矿的野心,"在于使其与我制铁所关系更加巩固,并成为永久性者;同时又须防止该矿落入其他外国人之手,此乃确保我制铁所将来发展之必要条件"④。为此目的,日本

---

① 《盛宣怀致张之洞密函》,光绪二十七年正月初六日(1901年2月24日),《汉冶萍公司》(二),第222页。
② 《盛宣怀致李维格函》,光绪三十三年四月二十八日(1907年6月8日),《汉冶萍公司》(二),第598页。
③ 《煤铁互售合同》,《旧中国汉冶萍公司与日本关系史料选辑》,第9—13、21页。
④ 《日外务大臣小村致驻上海总领事小田切第12号机密函》,光绪二十九年二月十二日(1903年3月10日),《旧中国汉冶萍公司与日本关系史料选辑》,第44—45页。

向铁厂放债遂成为一项政府行为,在政府统筹协调下,日本政府、金融与工业界通力合作,矢志于控制大冶铁矿。应该指出,当时日本政府的主要目标还是针对铁矿石资源,对汉冶萍厂矿的钢铁和煤焦产能没有过多奢望。由于汉阳铁厂及其附属厂矿依靠官款建成,清政府严禁其通过中外"合办"的方式获取建设资金,并反对汉阳铁厂通过抵押产业的方式获取借款,因此,日本对汉冶萍的资金借款常以预支相关产品价值的形式实现。1904年1月,在日本政府的协调下,日本兴业银行同盛宣怀签订《大冶购运矿石预借矿价正合同》,订借300万日元,此为汉阳铁厂大规模对日借债之嚆矢。该合同实现了日本插手大冶铁矿事务、掠夺大冶铁矿资源的企图,为日本进一步控制大冶铁矿打下基础。其一,它以"大冶之得道湾矿山、大冶矿局现有及将来接展之运矿铁路及矿山吊车并车辆、房屋、修理机器厂为该借款之担保。此项担保,在该限期内,不得或让或卖或租与他国之官商",断绝了其他列强侵夺该地区及厂房设备的可能。其二,在大冶矿区聘用日本矿师。据此,日本矿师西泽公雄等长期驻扎大冶,为日本各界合力掠夺提供了大量情报。其三,以日本制铁所按年所购矿石价值给还本息,不还现款,"倘本项逐渐减少,计算不到三十年便可还清,则大冶矿局暂停数年还本,以符合同三十年期限。此暂停还本数年内,矿价抵息外多余之数,制铁所付交现款"[①]。简而言之,大冶矿局必须以相关财产作保30年,不得提前还本,期间不得自行处置其产业。

一些学者认为在《大冶购运矿石预借矿价正合同》中,日方取得巨大利益,中方付出巨大代价,认为大冶铁矿售价过低,而且以冶矿矿山作抵押,对汉冶萍不合理。事实上,在当时,大冶铁矿头等铁矿每吨3日元(约合银2.14海关两)的价格并不算低,这比日本最初的报价高出0.6日元。1910年,汉冶萍公司与美国西方炼钢公司议订生铁及铁矿石合同,商定的铁矿石价格也不过每吨1.5美元(约合银2.27海关两)。况且1904年的合同约定,10年后,将参照挖矿之深浅和英国铁价涨跌,议定价格。至于借款担保,此为资金借贷过程中的必要条件,只要借款者保证债信,并不会引发严重后果,无必要做过分解读。须知1899年德国礼和洋行400万

---

① 《大冶购运矿石预借矿价正合同》,光绪二十九年十一月二十八日(1904年1月15日),《汉冶萍公司》(二),第387—389页。

马克借款，盛宣怀以轮船招商局作抵押担保，事实证明，该担保也未影响招商局正常营业。笔者以为，不应过分夸大汉冶萍的损失。从总体上看，通过合作，中日双方企业都获得利益，其间虽然有些条款对汉冶萍不尽合理，如借款期限过长，且不能提前偿清借款，日本管理人员进驻冶矿，售口铁矿成色的标准过高等，但总体上说，此次交锋和合作实现了双方的优势互补，对两家企业的发展都起到积极促进作用。它极大缓解了汉冶萍厂矿建设资金不足的问题。须知没有这笔借款，就不会有1904年汉阳铁厂的改良计划。

汉冶萍厂矿在1904年底正式启动大规模的改良扩建工程，资金用度浩繁。尽管取得了日本兴业银行的300万日元借款，但其改良资金还是从一开始就捉襟见肘。汉阳铁厂改良工程单购机、地脚工程、改良旧炉等首批建设资金约需22万多英镑，兴业银行300万日元约合30万英镑，其中10万英镑拨归萍乡煤矿救急。① 为解决资金不足问题，汉冶萍厂矿向外国银行与国内庄号不断提出小额借款以应急需。

日本驻华使领馆人员密切关注汉冶萍厂矿改良计划，由其策划谋求对汉、萍贷款，借以控制。此时，除大冶铁矿外，日本政府对汉阳铁厂和萍乡煤矿亦有觊觎之心。1905年5月，日驻汉口领事向外务省密报，"汉阳铁政局向来专从事于生铁及铁轨之制造，芦汉铁路竣工后，铁轨需要减少；同时，生铁之大批订货亦不多，故经常存货堆积，使资金周转感到困难"，他们敏锐地感到厂矿的扩张需要大笔资金，这是日本向汉阳铁厂和萍乡煤矿资本渗透的绝佳时机，否则，"设我国无人接受，势必会由德国资本家贷与，因此，如大仓（厂矿拟借款对象之一——引者注）尚在踌躇，即请敦劝其他资本家玉成其事"②，建议主动向厂矿提供巨额债款。日本政府对此高度重视，农商务省、大藏省和外务省会商后积极酝酿借款计划，报内阁总理大臣桂太郎批准，确定了对厂矿借款总方针：（1）不主张小额借款，以大笔资金的贷款取得大冶铁矿及萍乡煤矿的采掘权；（2）聘用日本技师负责厂矿及汉阳兵工厂的经营；（3）政府不出面，以商业关系

---

① 《盛宣怀批李维格禀文》，光绪三十一年二月（1905年3月），《汉冶萍公司档案史料选编》（上），第172页。

② 《日驻汉领事永泷致外务大臣小村第15号机密函》，光绪三十一年四月二十一日（1905年5月24日），《旧中国汉冶萍公司与日本关系史料选辑》，第123页。

进行，贷款金额控制在 500 万日元内。具体操作上，日本政府授意日驻汉口领事，对此次借款，借款金额要大，利息减低，并延长大冶铁矿采掘权之年限；以铁政局及萍乡煤矿作抵押，聘用日本人为技师负责业务等。①日本政府急于通过该借款获得更大的利权。

面对日本方面主动抛出的贷款计划，汉阳铁厂提出借款条件：必须将贷款与钢铁销售联系在一起，以钢铁利润作为支付利息及偿还本金之用。李维格建议八幡制铁所每年购运汉厂生铁 1 万吨以上、每吨价格 30 日元左右。与此同时，因钢铁价格时有高低，故现在所定价格，有效期间，定为两年左右，此后，每年应协商价格一次。此两项条件是双方开议的前提条件，否则此项借款不便进行。② 日方提出的条件为：（1）以铁政局所属之地址房屋机器及一切物件为抵押，以萍乡煤矿及所属房屋机器铁路船只作副押；（2）由兴业银行推荐日人两名在铁政局及萍乡煤矿，以供咨询；厂矿一切事宜改变，需征询此二人或兴业银行，俟其允诺，才能举办；（3）三井代销铁厂生铁，挪还兴业银行资本应得之利息。③ 据此意见，日方首次在谈判中提出汉阳铁厂的抵押要求。对上述要求，特别是第二点，汉阳铁厂坚决反对，表示此系"政治借款"，"无合作余地"。双方谈判无果而终。

谈判破裂让一些洞悉汉冶萍经营内情的日本人士大为紧张。这些人主要为日本驻沪、汉领事馆人员。他们久居中国，掌握大量情报，洞悉汉冶萍与列强之间的交际往来，特别是对汉冶萍与德国之间日益密切的关系感到忧心忡忡。他们认为，谈判破裂"会使对方倾向于依靠德国商人"，"倘日本政府不采纳我们忠告，（汉阳铁政局）则有转移到德国人手中之危险。此与我国在长江之利权关系很大"④。在他们的居间联络策划下，日本民间资本暂时满足了汉冶萍的资金需求。1906 年 2 月 13 日，三井洋行与汉阳

---

① 《日临时兼任外务大臣桂太郎致大藏大臣曾弥第 112 号机密函》，光绪三十一年七月初二日（1905 年 8 月 2 日），《旧中国汉冶萍公司与日本关系史料选辑》，第 124 页。

② 《日驻上海总领事永泷久吉致外务大臣小村第 136 号机密函》，光绪三十一年九月二十一日（1905 年 10 月 19 日），《旧中国汉冶萍公司与日本关系史料选辑》，第 134—135 页。

③ 《日驻上海总领事永泷久吉致外务大臣小村第 139 号机密函》，光绪三十一年九月二十八日（1905 年 10 月 26 日），《旧中国汉冶萍公司与日本关系史料选辑》，第 140 页。

④ 《日临时兼任外务大臣桂太郎致外务次官珍田电》，光绪三十一年十月十八日（1905 年 11 月 14 日），《旧中国汉冶萍公司与日本关系史料选辑》，第 142 页。

铁厂签订合同，借款 100 万日元，借期 3 年，年息 7.5%，三井代销汉厂钢铁产品，以货款偿还本息，借款以汉厂存货作担保。① 1907 年 3 月 19 日，大仓组与萍乡煤矿签订合同，借款 200 万日元，年息 7.5%，借期 7 年，以萍矿所有生利之财产作担保，俟萍矿还清礼和借款，位次便以大仓为第一担保。② 日本内阁未过多介入这两笔借款谈判，日方最初要求的延长大冶铁矿采掘年限、派驻顾问和攫取汉厂、萍矿的抵押担保权等目标都未实现。

此回合交锋中，利用资本市场上德国资本对日本构成的潜在威胁，汉冶萍成功从日本获得 300 万日元资金，缓解了改良工程中的部分资金紧张问题。同时，借款未获得公司产业的抵押担保，这维护了公司产业产权的安全。而日本政府高估了日本资金的价值，妄图毕其功于一役，全面掌控汉冶萍，阴谋未能得逞。

在日债努力控制下汉冶萍厂矿的活动中，横滨正金银行扮演十分重要的角色。该行成立于 1879 年，早年主要为办理外汇、债券业务的外贸银行。20 世纪初，该行逐渐成为执行政治任务的金融机构。1907 年，该行总经理高桥是清称正金银行是"担当国家特别金融任务的机关，其宗旨和目的与一般营利公司迥然不同"，"我们要根据情况，即或牺牲自己的利益，也要为国家利益尽职尽责"③。横滨正金银行作为一个新角色受日本政府指派，代表日方参加到制铁所与汉冶萍的博弈中。

正金银行对汉冶萍最早一笔借款发生在 1907 年 12 月 13 日，数额较小，总计 30 万日元，以汉冶萍运往制铁所的铁矿石价款偿还。④ 次年 6 月 13 日和 11 月 14 日，正金银行分两次向汉冶萍借款共计 200 万日元。该笔借款虽以汉冶萍所有产业和九江大城门铁矿山一同担保，但约定 2 年后，

---

① 《三井洋行一百万元借款合同》，《旧中国汉冶萍公司与日本关系史料选辑》，第 145 页；《三井物产会社代销汉阳铁厂货料合同》，光绪三十二年正月二十日（1906 年 2 月 13 日），《汉冶萍公司》（二），第 542 页。
② 《大仓组二百万借款合同》，《旧中国汉冶萍公司与日本关系史料选辑》，第 152—154 页。
③ 傅文龄主编：《日本横滨正金银行在华活动史料》，中国金融出版社 1992 年版，第 40—41 页。
④ 《大冶矿局向日本横滨正金银行借款合同》，光绪三十三年十一月初九日（1907 年 12 月 13 日），《汉冶萍公司》（二），第 659 页。

可随时归还。① 加之数额相对较小，并不足以控制汉冶萍。这点连日方也十分清楚。1911年，正金银行驻北京董事小田切万寿之助说：此200万日元贷款"虽以汉冶萍公司全部财产为担保，但此款在预先告知后即能全部偿还，是亦不甚可靠"②。

然而，就在日本方面不断向汉冶萍提供借贷，期望通过债务资金积累，借以掌控汉冶萍之时，令其意想不到的是，汉冶萍避开日本的严密监视，经过1年的秘密协商，在1910年3月与美国西方炼钢公司、美商大来洋行签订《订购汉冶萍生铁及矿石合同》，以15年为期，约定每年出售生铁、铁矿石各计3.6万—10万吨，由大来洋行负责运送。③ 该合同若履行，将给汉冶萍带来一次难得发展机遇。除了获利丰厚，更重要的是，它将改变汉冶萍在资金、市场方面对日本的过度依赖，形成美日相互制衡、汉冶萍从中取利的局面。具体负责与美商联络的汉冶萍公司协理李维格对合同签订感到十分满意，视为"生平得意之着也"，认为"敝厂有此大宗生意，可放手大做矣"。④

由于汉冶萍保密工作极为细致，日方直到合同签订后的第三天才获悉此事。震怒之余，日本各方开始反思其对汉冶萍的政策。制铁所驻大冶铁矿技师西泽公雄认为，美国购买大冶矿石，不仅意图掌控长江流域利权，而且是为其国内资源状况所迫，不得不插手东亚事务。盛宣怀等在生铁贩卖合同中加入矿石一项，是日本近年来热衷于开发朝鲜铁矿、大冶输日矿石减少所致。他提请日本当局注意，对汉冶萍应采取积极进取的方针。⑤

与美商合同签订不久，1910年5月，汉冶萍第3号250吨高炉投产，生铁产能大幅增加。就在内外形势对汉冶萍均极为有利之时，7月，上海

---

① 《汉冶萍公司与横滨正金银行借款合同》，光绪三十四年五月十五日（1908年6月13日），《汉冶萍公司》（三），第12—14页。
② 《日正金银行驻北京董事小田切致总经理高桥电》，宣统三年二十八日（1911年4月26日），《旧中国汉冶萍公司与日本关系史料选辑》，第199—200页。
③ 《美国西雅图西方炼钢公司、美商大来洋行订购汉冶萍公司生铁合同》，宣统二年二月十二日（1910年3月22日），《汉冶萍公司》（三），第124、132页。
④ 上海图书馆编：《汪康年师友书札》（一），上海古籍出版社1989年版，第590页。
⑤ 《日驻大冶技师西泽致制铁所长官中村函》，宣统二年三月初八日（1910年4月17日），《旧中国汉冶萍公司与日本关系史料选辑》，第161—163页。

发生股票风潮，重创中国金融行业，汉冶萍的资金链面临崩断之险。汉冶萍董事会秘书杨学沂向盛宣怀报告："弟素持不可多借日款之议，事到棘手，只能冒险，恳兄再向正金续借日金七八十万元。"① 几乎与此同时，美国西方炼钢公司因经济原因，无法履行合同，导致汉冶萍的产品销售，特别是生铁销售问题顿时严峻起来。来自资金和市场的双重压力迫使汉冶萍不得不求助于日本，这为日本强化在汉冶萍的势力存在创造良好条件。

为救济汉冶萍，保护八幡制铁所的原料供应，日方在1910年底向汉冶萍提供多个批次的短期借款。9月10日、11月17日，正金银行各向汉冶萍提供100万日元借款。其中，前一次借款参照1908年200万日元借款条件；后一次借期1年，以盛宣怀及其他股东所执之公司股票票面计150万银元做担保。② 12月28日，三井洋行借款100万日元，借期1年，以集成公司契据做担保。

同时，制铁所决心把汉冶萍的生铁销售纳入其钢铁生产体系中。1911年，八幡制铁所执行第二期扩张计划，将钢产能由18万吨扩充至35万吨，为此，急需增加生铁原料供应。1910年11月7日，制铁所的中村雄次郎亲赴北京与盛宣怀签订《售购生铁草合同》，约定自1911年起，汉冶萍对制铁所每年出售1.5万吨生铁，此后逐年增加，到1916年达到10万吨/年的标准，至1926年期满。③ 该合同的正式文本在1911年3月31日签订。为实现10万吨/年的生铁供应标准，汉冶萍势必扩张炼铁产能。4月19日，制铁所、正金银行和汉冶萍签订《预借生铁价值合同》④，由正金银行借予汉冶萍公司600万日元，用以扩建炼铁高炉。此项借款因服务于制铁所的扩张计划，故日方并未提出抵押担保的要求。

1911年1月，盛宣怀出任清政府邮传部尚书。伴随盛宣怀步入政治生

---

① 《沪杨绶卿来电》，宣统二年九月十二日（1910年10月13日），《汉冶萍公司》（三），第1261页。
② 《汉冶萍公司向横滨正金银行借款合同》，宣统二年十月十六日（1910年11月17日），《汉冶萍公司》（三），第159—160页。
③ 《日本制铁所与公司订定售购生铁草合同及有关往复函件》，《旧中国汉冶萍公司与日本关系史料选辑》，第169—175页。注：正合同1911年3月31日签订，与草合同内容完全一致。
④ 《预借生铁价值合同》，《旧中国汉冶萍公司与日本关系史料选辑》第183页。注：因制铁所与汉冶萍签订《售购生铁正合同》为3月31日，应汉冶萍公司建议，该合同文本上也写作同样日期，实际签字日期应是4月19日。

涯的巅峰状态,汉冶萍公司经过多年的改良扩建,展现较为光明的发展前景。盛宣怀实施铁路干线国有政策,力图通过个人政治能量,重新将清政府的铁路建设与汉冶萍公司的钢铁生产紧密结合。据日本人的情报,汉冶萍与督办川汉、粤汉大臣订立合同,将提供钢轨及桥梁材料合计20万吨,价值一千三四百万两白银。① 1911年7月,邮传部先期预支汉冶萍200万两洋例银。另外,盛宣怀利用英、法、德、美四国铁路借款取得重大进展之机,拟以萍乡煤矿做抵押,从四国借款200万镑(约合银2000万两),连同1911年3月正金银行的600万日元借款,偿还汉冶萍旧债,并扩张公司规模。②

  日本方面对此十分忧虑。在其看来,如果汉冶萍同四国达成借款协议,虽是以萍乡煤矿做抵押,但债务则为汉冶萍公司债务,那么汉冶萍与四国之间就产生关系,"而且从债务金额来说,亦不能说日本比其他外国大得多"。为阻止汉冶萍与其他国家建立起联系,高桥是清一方面以此前盛宣怀在签订600万日元《预借生铁价值合同》时曾向制铁所许诺,如筹措事业扩张经费,当先与日本商谈,以此为借口,极力抵制公司向他国借债行为,敦促盛宣怀重新考虑向四国募债的做法;另一方面又表示,只要以汉冶萍全部产业和铜官山矿为担保,日本有意承担公司200万镑债款。③

  然谈判正在进行时,消息泄露,舆论哗然。与此同时,盛宣怀主持的邮传部与正金银行1000万元借款也被披露。④ 清廷陆军部攻击盛宣怀假公济私。在此背景下,盛宣怀提议暂时中止汉冶萍借款案。因此变故,负责谈判事宜的小田切于4月21日提请正金总行再次更改方案,放弃盛宣怀最忌讳的厂矿抵押担保问题,而以"制铁所生铁矿石价款作抵偿,进行1200

---

  ① 《日正金银行北京分行经理实相寺致董事小田切出差汉口"复命书"》,宣统三年闰六月十四日至六月二十五日(1911年8月8日至19日),《旧中国汉冶萍公司与日本关系史料选辑》,第216页。
  ② 《日正金银行驻北京董事小田切致总行代理总经理山川勇木函》,宣统三年正月十七日(1911年2月15日),《旧中国汉冶萍公司与日本关系史料选辑》,第188—189页。
  ③ 《日正金银行总理高桥是清复驻北京董事小田切函》,宣统三年二月初九日(1911年3月9日),《旧中国汉冶萍公司与日本关系史料选辑》,第191—192页。
  ④ 1911年3月24日签订合同。借款主要用于拨还邮传部赎回京汉铁路官款,及新奉铁路与交通银行款息。

万元以下借款之秘密谈判"，并要求取得汉厂、冶矿的优先担保权。① 4月25日，高桥是清在同外务省、制铁所、大藏省等会商后电告小田切，指出："日本之所以重视此次借款，其目的旨在汉阳、大冶取得优先权，如实际上不能确保汉阳、大冶之担保，而即于此时进行巨额借款则殊无意义"②，命令小田切等停止协商。

不过，在日本外交系统，1911年4月25日，驻华公使伊集院致函外务省，支持小田切的意见。他强调，李维格私下曾向日方提出，将本借款改为五国共同借款。他认定，汉冶萍在迫不得已时会采取向他国借款的做法。而且一旦因盛宣怀的健康状况不能履职，情况将变得更加复杂，为此，他希望外务省说服正金总行，同意1200万日元大借款。"如本案不能成功，则对将来恐别无保障之途，而且从前经过种种苦心与策划逐渐赢得的我方对汉冶萍公司的特殊地位，亦将难免毁于一旦"③。制铁所驻大冶铁矿技师西泽公雄也致电制铁所的中村雄次郎，建议对1200万日元大借款，"千祈忍受目前若干不便，予以同意"，此举是"避虚名得实利的一种手段"，"绝对必要"④。很明显，伊集院、西泽公雄是想在盛宣怀失去对汉冶萍的控制之前，通过巨额借款造成日本与汉冶萍关系密切的既定事实。

4月26日，日本外务省、大藏省、制铁所和正金银行会商后决定，同意1200万日元大借款，同时放弃以汉厂、冶矿做担保。5月1日，1200万日元《预借生铁价值续合同》签字，合同注明："此借款并无抵押"，但汉冶萍亦不将产业抵押他国借款。⑤

从1200万日元《预借生铁价值续合同》的商谈过程看，日方先放弃以萍矿做抵押，继而放弃以汉厂、冶矿做担保，似乎胜利的一方又是汉冶

---

① 《日正金银行驻北京董事小田切致总经理高桥电》，宣统三年三月初四日（1911年4月2日），《旧中国汉冶萍公司与日本关系史料选辑》，第195页。
② 《日正金银行总经理高桥复驻北京董事小田切电》，宣统三年三月二十七日（1911年4月25日），《旧中国汉冶萍公司与日本关系史料选辑》，第197页。
③ 《日驻中国公使伊集院致外务大臣小村第一六一号电》，宣统三年三月二十七日（1911年4月25日）；《日驻中国公使伊集院致外务大臣小村第一六四号电》，宣统三年三月二十八日（1911年4月26日），《旧中国汉冶萍公司与日本关系史料选辑》，第196、198页。
④ 《日正金银行北京分行致东京分行转大冶技师西泽公雄发给农商务省中村雄次郎电》，宣统三年三月二十九日（1911年4月27日），《旧中国汉冶萍公司与日本关系史料选辑》，第201页。
⑤ 《预借生铁价值续合同》，《旧中国汉冶萍公司与日本关系史料选辑》，第204页。

萍。首先，它从日本获得巨款，年利率仅6%，再次挫败了日本寻求公司全部产业作抵押的企图。其次，借款偿还方式十分自由，如生铁价值不够还本付息，可以焦炭抵付。更有利的是，汉冶萍融资的主动权并未被束缚。虽然日方不允许公司将产业抵押给他国，但是合同规定："公司如将汉冶萍产业抵押与中国度支部、币制局或大清银行，以公司债券抵借中国国家钞票，可以照办，其汉、冶两地产业，不必先尽（正金）银行。"再次，"如公司、银行各董事不允通过及制铁所不允照办，此合同即行作废"。因借款合同对汉冶萍十分有利，所以合同签订后，高桥是清就怀疑盛宣怀在整个过程利用了日本"热切希望贷款"的心理而欲擒故纵，迫使日本一再降低条件。

1911年前公司厂矿订外债完全是企业发展所需，对厂矿而言是自身为解决发展资金而进行的正常经济行为，公司也完全有自己的发展决策权力。铁厂在官督商办后，官款无着、商股踌躇，大部分工程用金均靠借债，正如时文所说的："萍乡先借礼和马克，后还礼和，续借大仓一款，非此不能成萍矿；大冶先预支矿石价，非此不能成汉厂。嗣后九江矿借正金一款，又预支正金生铁价一款，非此不能续成汉、萍两处之扩张。"① 没有这些资金投入，汉冶萍公司不会有此后的发展规模。到辛亥革命前，公司开始扭亏为盈，也说明外债的使用取得成效。依靠包括日债在内的外债，公司生铁、钢、焦炭和矿石的产量不断攀升，在辛亥革命前夕公司前景已较为明朗，也已开始大批供应川粤汉铁路路轨，1911年同美国钢铁界建立了联系。虽然日方放贷包含罪恶的阴谋，对此李维格也有所认识，但不能因为他们有此目的就认为不能为汉冶萍公司使用。资本从来都是嗜利的，关键在于公司自身能否实现它向有利于自己的一面转化，我们在看到外债中后期捆束公司发展时，应该承认其前期对公司的促进作用，它为企业提供了发展资金，弥补了国内资本的不足，虽然中方接受了一些苛刻的条件，如矿石价格低、冶矿聘用日本矿师、产业担保过巨等，但从整体上说，在辛亥革命爆发之时，日方尚不足以控制公司生产经营。1912年日本极力谋求中日合办汉冶萍公司，也从侧面说明革命前日本对控制汉冶萍并未有足够的能力。另外，在1911年以前，不能说汉冶萍适应日本钢铁工业

---

① 《汉冶萍公司历史之平论》，1913年3月，《汉冶萍公司》（三），第434—435页。

发展的需要而不断改变自己的生产结构。这一点从汉阳铁厂的产能对比上很容易得出结论。辛亥革命前汉阳铁厂有马丁炉6座，每座设计容积30吨，8小时出钢一次；炼铁方面，250吨炼铁炉一座，另外有张之洞建造的日产百吨的小炼铁炉两座，很明显这一时期的生产结构还是比较合理的。辛亥革命后，汉阳铁厂又建250吨化铁炉一座，大冶建450吨化铁炉两座，而公司这时期仅添置一座30吨马丁炉，其生产结构明显侧重于炼铁，即满足于日本制钢业的生铁需求。因此，辛亥前日债的使用并未使公司生产受制于日本。

但是，这并不意味着日方在汉冶萍公司一无所获。日债在汉冶萍公司的不断增加，特别是1911年3月和5月的两次预借生铁价款总计1800万日元，连同前借，汉冶萍公司日债总额已到惊人地步。这一既定事实向列强明白无误地宣示了日本与汉冶萍的特殊利益关系，汉冶萍与其他国家的合作渠道事实上被切断。在与日方交锋的过程中，汉冶萍表面上赢得多个回合的胜利，实际上但却陷入一个博弈困境中，即理性参与人的选择过程是理性的，而结果是非理性的。长期大量依赖日本资金，最终使汉冶萍深陷日债泥潭，不能自拔。

二 辛亥革命后日债实现对汉冶萍公司的控制

辛亥革命爆发后，盛宣怀作为铁路国有策的罪魁祸首，受到革命政府的通缉。汉冶萍公司身处革命风暴中心，损失惨重。民国建立后，汉冶萍公司吸纳日债，一方面是因为汉冶萍公司为回复营业，确需资金接济；另一方面，公司管理层也希望进一步引入日本资本，增强日本在汉冶萍公司的经济存在，以便在混乱的时局中保证投资安全。

面对民国初年中国混乱的局势，日本方面筹谋对汉冶萍的最后一击。它以历史上日本与汉冶萍以资金维系的密切关系为依据，并通过1913年底的1500万日元大借款强化这层关系，其最终目的是希望中日"合办"汉冶萍公司，以实现对汉冶萍的直接经营管理。

中华民国成立后，汉冶萍产业的支配力量出现两支。一为民国政府。南京临时政府以盛宣怀为民国通缉犯，以没收财产相要挟，借此掌控汉冶萍。南京临时政府代表汉冶萍与日方博弈，意图通过汉冶萍获得日本借款，充作军费。在南京临时政府授意下，1912年初，中日双方签订

"合办"草约,并以此为基础,汉冶萍向正金银行借得300万日元,其中,转交临时政府250万日元。但由于社会舆论的强烈反对,"合办"计划最终流产。正如局内人所称:"舆论反对已成燎原,非柄政数人所能说转。"①

二为以盛宣怀为首的公司原管理层。辛亥革命后,盛宣怀一度流亡海外。1913年,他当选汉冶萍公司董事长,重新控制大权。在与日方博弈过程中,盛宣怀的主要意图是维持汉冶萍公司正常运营,且尽量不使其个人利益受损。1913年12月,在未先知会北京政府的情况下,盛宣怀与正金银行签订1500万日元大借款。② 该借款主要用于偿还汉冶萍旧债(该债务很多与盛宣怀关系密切),并恢复和扩大汉冶萍的钢铁生产。作为交换,汉冶萍同意:借款以公司现有及因本借款公司所添置之动产、不动产、一切财产、并将来附属此等财产之所有财产作共同担保,抵押于正金银行;以制铁所所购矿石、生铁价值还本付利,不足者以现款补足;公司聘用日本人为最高工程顾问和会计顾问。

汉冶萍产业支配力量的变化,使得汉冶萍与日本政府的博弈变得更为复杂。盛宣怀利用北京政府对钢铁业的重视,希望其介入汉冶萍的经营管理,以此寻求庇护。1914年2月2日,公司董事会向农商部提出官商合办案,拟以官欠作为股份。③ 对此,3月5日,日本政府表达了对汉冶萍官商合办案的反对态度。7日,汉冶萍股东大会顶住日方压力,通过官商合办案。④ 4月13日,公司董事会正式呈文国务院和农商部,请求官商合办,以此前公司积欠的国家款项扣除辛亥革命给公司造成损失,剩余部分充当汉冶萍国家股份,另由北京政府筹借银1000万两,扩充公司规模。⑤ 5月

---

① 《王勋致高木电》,1912年3月4日,《汉冶萍公司档案史料选编》(上),第339页。
② 资料显示,汉冶萍公司签订1500万日元大借款时,北京政府并不知晓。如1914年1月10日,农商部对该借款发表声明,称:"此项借款无论是否预付铁砂或生铁价目,抑系单纯借款,必须先呈本部核准方准签字,否则无效。"(《史料选辑》,第485页)
③ 截至1914年,汉冶萍借用官款计洋11391283元,其中包括预支邮传部轨价200万两,四川铁路公司轨价100万两,借交通、大清银行及各省官钱局160余万两,这些都是公司遗留的前清旧欠。
④ 《公司董事会致国务院、农商部电》,1914年3月7日,《汉冶萍公司档案史料选编》(上),第309页。
⑤ 《公司董事会呈国务院、农商部暨鄂都督、省长文》,1914年3月9日,《汉冶萍公司档案史料选编》(上),第309—310页。注:该文实际缮发时间在4月13日。

25日，北京政府派曾述棨等赴上海调查公司情形。7月20日，曾递交调查报告。8月5日，张謇就此事发表意见，力主"国有"，暂以"官商合办"为过渡，国家入股后，将修改与日本订立的合同，加强管理，并最终通过国家控股方式实现汉冶萍国有案。[①] 12月11日，袁世凯北京政府饬令江海关监督施炳燮再次彻查公司历年办理情形。

在汉冶萍官商合办案中，因北京政府主要以前清政府债务入股，基本无须现金投入（筹措流动资金除外），加上在中央有以张謇为首的农商部的极力支持，所以并非不具有操作性。面对影响汉冶萍公司的两股力量出现合流、合作的局面，日方深感不安。一旦官商合办案成功实现，日本在处理公司问题时将不得不以中国政府为交涉对象，势必增加控制的难度。

形势发展至此，日本方面为扫除全面控制汉冶萍的障碍，转而以北京政府为主要博弈对象。1915年1月18日，日本提出"二十一条"要求，将汉冶萍问题作为悬案列入交涉中。慑于日本的军事外交压力，5月25日，北京政府外交部发出《关于汉冶萍事项之换文》，声明：中国政府因日本国资本家与汉冶萍公司有密接之关系，如将来该公司与日本国资本家商定合办时，可即允准；又，不将该公司充公；又，无日本国资本家之同意，不将该公司归为国有；又，不使该公司借用日本国以外之外国资本。[②] 至此，无论在民间商事层面，还是在国家政府层面，日本在汉冶萍公司攫取的权益均获得认可。

对中国而言，北京政府公开整顿汉冶萍公司、将公司收归国有的做法被禁止。从民国成立到1915年，中国社会各界要求政府介入公司经营管理的呼声不曾间歇，北京政府对汉冶萍进行改组整顿的计划也一直在酝酿之中。《关于汉冶萍事项之换文》签订后，该议论顿时烟消云散。

对日本而言，《关于汉冶萍事项之换文》实质上迫使北京政府接受了以往汉冶萍对日借款合同，承认其既得利益，并使日本"合法"地取得了"合办"汉冶萍的资格。汉冶萍"合办"计划由此被再次提上议事日程。只不过因为北京政府主观上并不认同汉冶萍中日"合办"，加上中国社会舆论对中日"合办"强烈的抵触情绪，使得日本政府搁置了汉冶萍"合

---

① 《北洋政府农商部总长张謇呈大总统文》，1914年8月5日，《旧中国汉冶萍公司与日本关系史料选辑》，第505—506页。
② 黄纪莲：《中日"二十一条"交涉史料全编》，安徽大学出版社2001年版，第189页。

办"计划。

自"二十一条"交涉案被曝光，汉冶萍公司又一次被推至风口浪尖，媒体关于公司的新闻报道、调查报告以及历史评论连篇累牍，公司与日本十余年的交往内幕被公开。《关于汉冶萍事项之换文》签订后，日方撕下面纱，对汉冶萍的侵夺从此从幕后走向台前，手段更加赤裸裸。

到1915年，汉冶萍公司基本丧失了自主发展能力。它以生铁、矿石偿还本息，加上之前的预借款，合同规定的战后汉冶萍应交付给日本的生铁、矿石分别为：1919年生铁7万吨，铁矿石27万吨；1920年生铁16万吨，铁矿石28万吨；1921—1933年生铁达到21.5万吨，铁矿石32万吨，到1936年应交付生铁31.5万吨，铁矿石为42万吨，此后维持该额度，直至1953年。① 再比照汉冶萍公司的产量，其产铁最多的年份是1919年，达166097吨。② 尚不够交付日本的生铁量。很明显，汉冶萍已经沦为日本制铁业的附属，只不过因为合同规定，汉冶萍在开始数年内只付利息，暂不还本，使得其尚能苟延残喘数年。而刚巧这时候第一次世界大战爆发，给汉冶萍吹来了一阵迟来的春风。期间，孙宝琦出任汉冶萍公司董事长，曾经酝酿募集国内资金偿还日债，正金银行上海分行经理小田切对此表示："所借之款到期不还不可，期不到强还之亦不可。还款方法，合同具在，不得容易更改。倘拟违约还款，必致牵动局面。"③ 其用意不言而喻。以掌控汉冶萍为夙愿的日本人已经完成了这一计划，双方的主导依附关系已经确立。

民国成立后，汉冶萍公司卷入复杂的政治旋涡中，公司管理层亲日倾向明显加重。盛宣怀对日本人玩弄政治手腕，借以自保。作为公司技术管理专家的李维格亲日倾向严重，进而对如何维护公司利益意识模糊，特别

---

① 《日本制铁所长官押川则吉致公司董事函》，1916年8月2日，《旧中国汉冶萍公司与日本关系史料选辑》，第677—678页。
② 此结果综合《李维格在第一届股东大会上的报告》[《汉冶萍公司档案史料选编》（上），第250页]、《汉冶萍煤铁厂矿有限公司商办第十二届账略》（上海档案馆藏，编号Q322—1—176，第146—148页）、《中国矿业纪要（第二次）》（农商部地质调查所1926年印行，第133页）、《中国矿业纪要（第三次）》（农矿部直辖地质调查所1929年印行，第297页）等资料比较得出；代鲁先生在《汉冶萍公司的钢铁销售与我国近代钢铁销售市场》（《近代史研究》2005年第6期）一文中列表显示该年份为1924年，产量为179128吨。
③ 转引自汪敬虞主编《中国近代经济史》（1895—1927），上海人民出版社1998年，第1749页。

是在辛亥革命爆发后表现得更为强烈。如辛亥革命前夕，盛宣怀在北京与美国商人关于制铁事业曾有过各种商谈；在辛亥革命后逃往青岛时，盛宣怀又与德国银行商谈过某种借款，李维格知道后，对盛宣怀痛陈利害，"认为日本与公司的关系非常亲密，现已成为不可分离的关系"，"此际任意玩弄外交小手法，与各方面势力接触，企图从中渔利，绝非得计"。① 在1913年汉冶萍公司申请"国有"案中，日本坚决反对，公司驻日商务代表高木陆郎在对日本政府提出的对策中竟然包括："在中国政府宣布汉冶萍国有之际，李维格以下技师职员声明去职，甚至将运送大冶矿石之轮船放空两三次，然后以矿石不能如约运送，再向北京政府提出严重抗议"②。从中可看出李维格与日方关系非同一般。从这个角度看，日债对汉冶萍公司的控制似乎是辛亥革命后中日有关各方追求的目标。

---

① 《小田切自大连致横滨正金总行经理三岛弥太郎第1函》，宣统三年十月二十七日（1911年12月16日），《旧中国汉冶萍公司与日本关系史料选辑》，第278页。
② 《高木自上海致制铁所长官中村雄次郎函》，1912年7月22日，《旧中国汉冶萍公司与日本关系史料选辑》，第375页。

第四章 账务处理与簿记改良

第一节 汉冶萍账务处理

一 账务处理方式的演变

1896年，汉冶萍招商章程规定，设立包括总银钱所在内的12个机构以适应商办的需求。总银钱所的职责是：专司银钱总账兼稽核全厂收发，考查各所旬报、月表诸务，并采办各项应用材料。① 总银钱所不仅专司银钱，同时还具有稽查的职责。在实际操作中，汉阳铁厂、大冶铁矿和萍乡煤矿均设有银钱、收支和稽核机构，人员由盛宣怀委派。② 由于总银钱所与各厂矿管理银钱的机构并不是隶属关系，这种各自为政的银钱管理不能真实反映铁厂整体的盈亏情况，掌管总银钱所的盛春颐为此抱怨：自光绪二十二年四月至光绪二十四年六月两年多的时间，铁厂迄未汇结全厂盈亏总数，"无以见铁厂之实在难易，亦无以比较递年增减盈绌之实在情形"。他向盛宣怀建议仿招商局章程，采用分年结总之法，先就光绪二十二年四月十一日起至年底止，"通盘查核，悉心会计，标列综结、亏结两大纲，条分缕晰，寓繁于简，纤悉无遗，汇开总册"，具体办法如下：

综核项下：
　厂该各处款银八十一万二千七百五十五两四钱八分六厘
　厂存各处款银十六万一千两八钱七厘
　各处欠厂款银三万一千四百六十一两二钱六分六厘

---

① 《盛宣怀：招商章程八条》，光绪二十二年三月（1896年5月），《汉冶萍公司档案史料选编》（上），第129页。
② 刘明汉主编：《汉冶萍公司志》，第108页。

厂存货料银十八弯六千六百六十二两一钱二分

厂存成本银十二万五千九百零二两八钱一分八厘

亏结项下：

实支银五十四万五千四百零三两二钱九分九厘

除进各款银二十三万七千六百七十四两八钱二分四厘

净亏本银三十万七千七百二十八两四钱七分五厘①

此法虽然比较笼统，但基本上反映出铁厂的总体盈亏状况，便于高层掌握厂矿的实际情况，因此得到了盛宣怀的认可。随后，光绪二十三年的收支总册也制定出来，盛宣怀查看后，提出应发交稽核处逐细考核，再编简明总册呈览。他还提出具体改善的意见：内有斤两尺寸，旁用号码标注，如橡皮三百尺，分三分下合银至三百二十余两，显有舛误，检查流水实每尺规银一两一钱，与总数相符，系缮写笔误，饬令逐条加签更正。通过总册，他发现导致厂矿盈亏的问题所在，如员司丁役300余人，常年薪伙工食3万余两；运费脚力一项，用银至120300余两；采办物料亦81000余两，三项实为异常靡费。其原因在于：一是外洋工人首先注重的煤铁采矿工人，其次是机匠艺徒，再次便是转运食力，而中国表面上是遵守外国的规则，实则上无所事事的员司甚多；二是鄂厂地形散漫，工务丛杂，分资群力之处的确与洋厂不同，在选人用人方面必须人尽其用，若用人漫无限制，则会出现推诿废弛和蠹蚀侵盗的问题。他指出，去年多次严饬裁并，但至今并未执行，因此导致岁亏巨款。对于运费脚力，除招商局轮船转运煤铁水脚外，其余矶头、东码头及存煤棚厂的挑力均转赴各炉之用；煤铁转运所为何少用铁轨运送，而多用筲抬，导致月费运费达几万金，要求严查所司发工价有无弊混；材料所为丛弊渊薮，沪汉办料，员司管料，工匠领料，虽各不相谋，但大都希望多用多买，产生舞弊却无法诘责；稽核处最易滋弊，务必推陈致新，尽量消除靡漏。要求盛春颐、宗得福对上述问题切实解决，"万勿视为具文"②。

---

① 《盛春颐上盛宣怀禀》，光绪二十四年六月十三日（1898年7月31日），《汉冶萍公司》（二），第45页。

② 《盛宣怀札盛春颐、宗得福文》，光绪二十四年六月初一日（1898年7月19日），《汉冶萍公司》（二），第42—43页。

汉冶萍早期财务管理采用的是传统簿记制度，因为汉阳铁厂、大冶铁矿和萍乡煤矿三厂财务独立，各自负责自身的财务，业务相对比较单纯，采用的是中式簿记，由各厂矿将自身存欠结果报与总银钱所汇总，用收支总册的形式得出公司亏欠情况。随着各厂矿的快速发展，这种记账方法明显不能适应益趋复杂的业务，其最大的缺点是不以收、付作为记账符号，因而在账目中除发生人欠、欠人的债权债务等项外，其他大多数业务只作一些简单的记录，尤其是不能进行平衡结算，这样就难以防止和发现舞弊行为（见表4-1）。所以在1901年萍矿招商章程中，盛宣怀明确提出"生意大例，最忌账目混杂"。对于如何避免弊窦，其方法是"进出银钱、煤焦数目，立流水簿，逐日过清，不得囤积。按月月结，年终则总结，庶几眉目清楚"①。这实际上是中国传统的流水记账方式。流水账是整个账簿组织的基础，分为草流和细流两部分。草流是最原始的会计记录，它在这个账簿中依然起最原始凭证的作用，其性质与西式簿记的备忘录大致相同。细流是按照草流整理序时的日记账。

表4-1　　　　　1905年萍乡煤矿存欠款情况一览②　　　（单位：库平银·两）

欠款		存款	
单位	金额	单位	金额
通商汉行	95429.46	汉阳铁厂结欠	785784.71
协成号	36068.2	汉冶萍驻沪总局抵还礼和洋行本息	95900
道胜行	13197.44	大冶铁矿局	2968.264
仁太庄	34431.242	马鞍山矿局	12494.058
元大庄	131310.22	萍乡官钱号	9583.344
惠怡厚庄	83900	萍乡官钱号五届盈余	49085.824
大仓行	262639.7	上海、南京、安庆、汉口、武昌等	39635.5
万丰隆庄	33389.13	萍乡矿运醴陵、湘潭、武汉在途生煤焦炭	201400
豫康庄	4259.6	萍乡总局及各井厂并醴陵、湘潭、岳州、汉阳等外局备用经费及挑力水脚等	38961

---

① 《萍乡煤矿有限公司招股章程》，光绪二十七年六月（1901年7—8月），《汉冶萍公司》（二），第251—252页。
② 张赞宸：《奏报萍乡煤矿历年办法及矿内已成工程》，光绪三十年十二月（1905年1月），《汉冶萍公司档案资料选编》（上），第205页。

续表

欠款		存款	
单位	金额	单位	金额
和丰庄	19096.2		
载昌记	9370.1		
庆安庄	3744.29		
颐和记号	6775.5		
福记	5034.5		
升记	4685.1		
张凯记	1885.26		
萍乡官钱号	120000		
归并各商井欠款	8100		
合计	873315.942		1235812.7
盈亏状况	亏损362496.758		

1908年汉冶萍公司成立之际，在《汉冶萍煤铁厂矿推广加股章程》中专辟《会计》一章，对此前的产业及账目的处理办法加以说明：

第八十二节　本公司账目自光绪二十二年四月接办之日起，截至光绪三十三年十二月止。每月有月总分存汉厂、萍矿，每年终有总结存于总公司，以备股东查看。三十四年以后，每年终一总结，凡属股东，均各印送一份。所有汉冶萍三处及各埠所置产业、所订营业及存欠各项合同契据均存总公司，悉归查账人查核，董事局经管。

第八十三节　本公司收支账目光绪三十三年八月底止，汉阳铁厂（大冶铁矿在内）共用商本银一千二十万余两，萍乡煤矿（轮船、驳船在内）共用商本银七百四十七万余两。其自九月初一起，十二月底止，俟结清后再行布告。

第八十四节　本公司该款除老商股本及预支矿价、预支轨价之外，均属债欠，应俟招足股份由董事局议定归还各欠，赎回各项产业契据，悉归董事局存执。

第八十五节　汉冶厂矿老股截至三十三年止，已给息股库平银二十九万五千余两，萍矿已给息股库平银五十万两，均发有股票、息折，各自分执。现在新商议拟改给公债票，老商议欲全数发还现银，自应仍照原给息股一律换给普通股票，以昭平允。

  第八十六节　汉厂、冶矿、萍矿以及转运轮驳共有账目四宗，按月按年各结账表，送总公司汇算盈亏，所入之款除去商本额息及各项支销册有盈余即为红利，作三十成开派，载第二章第十四节。①

汉冶萍公司成立后，管理会计的人事与机构逐渐规范。上海总公司设管理银钱一人，由董事局在股东内公举；各厂矿设管理银钱和稽核各一人，由董事局选派。这个时期的财务管理，各厂矿自负盈亏，各自有自己的股本，所需资金的筹措、产品的销售、材料的供应均由厂矿负责。总公司的开支由各厂矿分摊。总公司账略只是各厂月报、年报的汇总，记账方式是沿袭传统的"四脚账"。以汉冶萍公司第一届账略为例，主要内容共分为以下几个方面：

  汉冶厂矿收款：

  一、收售京汉、苏浙、闽、粤等铁路局钢轨料价，洋例银七十七万四千六百六十八两七钱四分五厘。

  二、收售枪炮等厂钢铁料价，洋例银一万七千一百六十三两七钱二分八厘。

  ……

  以上八项共收洋例银二百六万五千九百五十五两七钱八分二厘，系汉厂冶矿售钢铁各矿。

  萍矿收款：

  一、收历届结余，洋例银六十万万一千五百七十七两一钱八分八厘。

  一、收售铁厂焦炭及沪、汉、岳、长、洙各局现售焦炭价，洋例银一百七万五千一百三十七两七钱九分。

---

①　《汉冶萍煤铁厂矿有限公司推广加股详细章程》，光绪三十四年三月（1908年4月），《汉冶萍公司档案史料选编》（上），第236—239页。

……

以上十二款共收洋例银二百六十七万三千一百五十七两五钱四分二厘,系萍矿售煤焦价及历届结余各款。

总共结收洋例银四百七十三万九千一百十三两三钱二分四厘。

汉冶厂矿支款:

一、支发大冶、兴国州、萍乡各外局经费,洋例银十四万六千八百二十六两一钱四分三厘。

一、支购华洋材料价,洋例银三十八万三千五百四十一两七钱三厘。

……

以上十六款共支洋例银四百五十四万九千一百二十二两三钱七分一厘,系汉冶厂矿添置成本及活本各款。

萍矿支款:

一、支机矿窿工挖煤一切经费,洋例银六十七万五千六百八十三两九钱二分五厘。

一、支机器洗煤一切经费,洋例银四万九千二百五十三两七钱四分四厘。

……

以上三十三款共支洋例银三百六十八万六千五百八十五两一钱二分一厘,系萍矿添置成本、折轻成本及活本各款。

总共结支洋例银八百二十三万五千七百七两四钱九分二厘。

以上收支两抵,汉冶厂矿透支洋例银二百四十八万三千一百六十六两五钱八分九厘。

以上收支两抵,萍矿透支洋例银一百一万三千四百二十七两五钱七分九厘。

汉冶厂矿盘存总:

一、存新炼钢厂成本,洋例银四百六万四千五百四十九两。

一、存新化铁炉尚未完工已用工料等款,洋例银一百三十五万二千七百八十二两二钱七分一厘。

……

以上盘存各项共计洋例银一千一百六十四万七千六百八十一两九

钱六分七厘,内除上届盘存厂本洋例银六百四十六万八百六十六两四钱二分六厘,又官局移交旧厂财产冲抵上届结亏洋例银二百七十万三千六百四十八两九钱五分二厘外,实计本届加存厂本,洋例银二百四十八万三千一百六十六两五钱八分九厘。

萍矿盘存总:

一、存矿产基地,洋例银一百十三万九千三百五十九两二钱三分四厘。

一、存矿外房屋生财,洋例银四万八千二十九两二钱九分三厘。

……

查本届盘结总账,汉厂计亏洋例银八万四千三百四十五两三钱四分八厘,又光绪三十三年年底以前结亏洋例银二百七十万三千六百四十八两九钱五分二厘,本系接办官局以后之亏款,即以现存官局移交旧厂之财产约估折半如数冲抵。萍矿计余洋例银十二万八千二百三十四两五钱二分一厘,又光绪三十三年年底以前结余洋例银六十五万一千五百七十七两一钱八分八厘,共计结余洋例银七十七万九千八百一两七钱九厘,已于机矿成本项下折减洋例银二十七万九千八百十一两七钱九厘,如数折除,作一结束。故汉冶萍本届账略,并无盈亏,理合声明。① 后附有《第一届该存各款简明清账》。

从上可以看出,这只是各厂矿年度简明账略的一个汇总,即各厂矿将自身的年度收入和开支情况汇总报与总公司最终形成,这种记账方式结合了中国传统单式簿记与复式簿记"四脚账"的优点,比较清晰地看出公司的年度损益情况。"四脚账"的总簿,相当于西式簿记之总账,它承担分类核算的任务,在整个账簿组织中处于中枢地位。整个账簿组织是由三个部分组成。它体现了证、账、表三结合;综括核算与明细核算相结合;盈亏计算与平衡钩稽账目方法既分立又有参互比照的作用。在经营范围比较小、业务活动比较简单的企业,通常设置一本总清簿,通过这册总清簿中的分户核算,反映各类经济事项,但这种簿记方式办法简单,缺点也显

---

① 《汉冶萍公司第一届收支各款简明清帐》,宣统元年三月(1909年5月),《汉冶萍公司档案史料选编》(上),第558—560页。

而易见：虽然能月计岁会，而于资产实数，制货成本，款项材料统记，尚未能精确明白①；虽然依各种名称罗列科目，而未将各项目依会计性质进行分类，不能如复式簿记更清楚地反映其财务实际状况；另外，不能采取左右对照式记账，使收支的平衡对照更加明了。② 从汉冶萍早期发展史中，可以发现其中的会计制度明显地经历了从传统的单式簿记到复式簿记的一个过程，这与企业的规模、范围及发展程度密切相关。这种转变是一种巨大的进步，然则对于组建公司后的汉冶萍而言，仅仅使用传统的复式簿记难以满足公司经营的需要，而越来越多地采用成本会计制度。

二　主要会计业务

（一）账略的处理

账略的基本内容，到完全商办时期已成定型：一为股票挂失章程；二为结账概况；三为综合部分，按照该存顺序逐项开列；四为彩结，按照先存后支的顺序依次开列。账略编成后，一律铅印装订成册，分送各股东审阅。账略既借鉴了西式会计报告的编制方法，也吸收了"四脚账"的平衡原理，立足点在于改良。草结合账略，组成了汉冶萍的结账报告（见表4-2）。账略这一特定样式的结账方式已经完备。查账员既要在全部账略之后，声明"以上各帐与清帐复核相符"并签押，又要与其他董事们共同"公启"汉冶萍公司结账（本届）情形节略，并签押。这种账略的处理方式基本已成为惯例。1934年汉冶萍公司第二次临时股东大会对《会计》做出修改，规定："本公司之账略，每月月终应月结一次，每年六月终应决算一次，每年年终应总决算一次，总决算期之账略应由董事会依法造具各种表册，送交监察人查核，出具报告书后，一并提交股东常会请求成。"③

---

① 《夏偕复、盛恩颐致公司董事会函》，1918年9月17日，《汉冶萍公司档案史料选编》（下），第310—311页。
② 江满情：《中国近代股份有限公司形态的演变》，华中师范大学2007年版，第99页。
③ 《汉冶萍煤铁厂矿有限公司修正章程》，1934年7月23日，参见刘明汉主编《汉冶萍公司志》，第262页。

表 4-2　　　　　　　　汉冶萍公司第一至九届账略　　　　　（单位：洋例银·两）

届次	厂矿	收款	支款	结余与透支	盈亏情况
第一届（1909年）①	汉冶厂矿	2065955.782	4549122.371	-2483166.589	持平（光绪三十四年正月至十二月底止）
	萍矿	4739113.324	3686585.121	1013427.579	
第二届（1910年）					10934.375
第三届（1911年9月）②	汉冶厂矿	3951637.508	7098618.502	-3146980.994	276578.56（宣统二年正月至十二月底止）
	萍矿	7810999.364	4387439.81	3423559.554	
第四届（1913年）③	汉冶厂矿	3804581.449	5883527.016	-2078945.567	1593477.164（1911年辛亥年正月至十二月底止）
	萍矿	6518724.362	3846301.631	2672422.731	
第五届（1914年）④	汉冶厂矿	1267588.013	1792388.629	-524800.616	-1280818.806（1912年壬子年正月至十二月底止）
	萍矿	1377752.919	2133771.109	-756018.190	
第六届（1915年）⑤	汉冶厂矿	3167495.753	5319027.925	-2151532.172	283736.894（1913年正月至十二月底止）
	萍矿	6034676.372	3599407.306	2435269.066	
第七届（1915年）⑥	汉冶厂矿	4213147.720	5793545.957	1580398.237	2255970.237（1914年正月至十二月底止）
	萍矿	7792995.317	3956626.202	-3836369.115	

---

① 《汉冶萍公司第一届账略》，宣统元年三月（1909年5月），《汉冶萍公司档案史料选编》（上），第558—560页。

② 《汉冶萍公司第三届账略》，宣统三年七月（1911年9月），《汉冶萍公司档案史料选编》（上），第564—566页。

③ 《汉冶萍公司第四届账略》，1913年4月25日，《汉冶萍公司档案史料选编》（上），第568—573页。

④ 《汉冶萍公司第五届账略》，1914年4月，《汉冶萍公司档案史料选编》（上），第573—577页。

⑤ 《汉冶萍公司第六届账略》，1915年1月，《汉冶萍公司档案史料选编》（上），第583—587页。

⑥ 《汉冶萍公司第七届账略》，1915年6月，《汉冶萍公司档案史料选编》（上），第587—591页。

续表

届次	厂矿	收款	支款	结余与透支	盈亏情况
第八届 （1916年）①	汉冶 厂矿	4843480.121	6788369.575	1944889.454	1909501.34 （民国四年正月至 十二月底止）
	萍矿	8269742.192	4415351.398	3854390.794	
第九届 （1917年）②	汉冶 厂矿	7303642.939	6671759.555	631883.384	2683.499 （民国五年正月至 十二月底止）
	萍矿	3958954.059	4588153.944	629199.885	

根据历届账略，汉冶萍公司历年的盈亏情况一目了然（见表4-3）。

表4-3　　　　　　　　汉冶萍公司历年盈亏一览③　　　　　　（单位：元）

年份	盈数	亏数
光绪三十四年（1908）	61883.50	
宣统元年（1909）	15400.53	
宣统二年	64151.71	
宣统三年		2301500.85
民国元年（1912）		2872075.52
1913		1538389.82
1914		100967.97
1915		388105.93
1916	1878496.83	
1917	2801872.20	
1918	3797904.47	
1919	2918463.63	
1920		1279588.44

---

① 《汉冶萍公司第八届账略》，1916年8月，《汉冶萍公司档案史料选编》（下），第695—699页。

② 《汉冶萍公司第九届账略》，1917年12月，《汉冶萍公司档案史料选编》（下），第699—704页。

③ 刘明汉主编：《汉冶萍公司志》，第125页。

续表

年份	盈数	亏数
1921		511835.03
1922		3666876.36
1923		2952609.86
1924		4034736.00
1925		3181301.00
1926		2985606.00
1927		2901092.00
1928	1204.000	
1929		1593818.00
1930		415142.00
1931		1723192.00
1932	65.571	
1933	153.126	
1934	7.859	
1935	219.961	
1936	100.842	
1937		

（二）借贷、股本、股息、花红的处理

1. 借贷

盛宣怀拟先招股100万两，每股100两，计1万股，周年官利8厘。[①]由于当时汉厂煤铁并举，"局势艰难"，民间投资者视为畏途，无人愿意附股。[②] 盛宣怀麾下的轮船招商局和天津电报局也是汉厂资金挹注的重要来源，直到1902年两局被袁世凯夺取。除此之外，汉口发达的钱庄和票号也为汉厂提供了一定的周转资金。汉口居长江和汉水交汇之处，"南经湖南

[①] 《盛宣怀：招商章程八条》，光绪二十二年三月下旬（1896年5月上旬），《汉冶萍公司》（一），第67页。

[②] 《户部奏折》，光绪二十二年六月十二日（1896年7月22日），《汉冶萍公司》（一），第130页。

以及云、贵，北界河南，西通川、陕"，"舟车辐辏"，一向被称为"江海贸易之总汇"。① 不过，钱庄和票号提供资金的数额不大，周期短，利息重，属于临时借贷行为。到1905年春，汉厂实收股金洋例银仅544849两。至1908年汉冶萍组建公司，所招商股数量十分有限，据盛宣怀奏称，截至1907年秋，铁厂已用商本银1020余万两，煤矿轮驳已用商本银740余万两，合计1760余万两，其中，商股350万两，股息入股79.5万两，公债票银50万两，预支矿价、铁价、轨价合300余万两，其余外债、商欠将近1000万两。②

在汉冶萍历史中，最大的资本来源还是外国的借款，主要是日本。汉冶萍最早最大一笔借款来自礼和洋行借款，为开发萍矿，盛宣怀1899年向礼和借款400万马克（合银300万元）。1904年盛宣怀向日本兴业银行借款300万日元，在此后的数十年间，汉冶萍累计向日本借款33笔，借款总额为日金50601800.84元，规元银390万两，洋例银82万两（见表4-4）。

清末，汉冶萍还向德、俄、英等国洋行借款，主要是小额的应急借款。辛亥革命后，由于日本政治控制的加强，汉冶萍加强了对日债的依赖，很难从其他国家借债了。

巨额的内外债使汉冶萍背负了沉重的债息，据统计，从第一届至第十六届，公司的债息总额竟达洋例银14170964.121两，8752464.66元，几乎与其股本相当，这些最终都计入了其产品的成本之中，极大地削弱了产品的市场竞争力（见表4-5、表4-6）。

2. 股本

汉冶萍官办时期，资本来源主要是官款。官督商办和商办时期，资本筹集主要通过借贷和招股。1896年《招商章程》中规定："查泰西各国，凡重大商务，多集公司，纠集于众。兹蒙督宪招商承办，拟请先集资本一百万两，每股百两，计一万股，周年官利□厘，以招满百万为度。"③

---

① 张国辉：《晚清钱庄和票号研究》，社会科学文献出版社2007年版，第69页。
② 《盛宣怀奏铁厂商本情形折》，光绪三十四年二月（1908年3月），《汉冶萍公司档案史料选编》（上），第175—176页。
③ 《盛宣怀：招商章程八条》，光绪二十二年三月下旬（1896年5月），《汉冶萍公司》（一），第67页。

表4-4　汉冶萍公司所借定期或不定期日债一览①

编号	借款日期	债权人	借款数额	利率 原定利率	利率 1917年9月	利率 1925年1月	利率 1930年6月	还本办法	抵押和担保
1	1903.12.14（光绪二十九年十月二十六日）	大仓组	洋例银20万两	7.2厘				1年为期	
2	1904.1.15	兴业银行	日金300万元	6厘			5.5厘	30年为期。1924年9月修改原约，改为自1927年3月停止还本，仅付利息，以后25年间摊还	大冶矿山如纱翅帽、得道湾、金山岩等处②
3	1905.6	大仓组	日金30万元	7.5厘					
4	1906.2.28	三井物产会社	日金100万元	7.5厘				3年为期。后展至1914年6月30日到期	萍乡煤矿所产煤炭及焦煤③
5	1907.12.13	大仓组	日金200万元	7.5厘				7年为期。前3年只付利息，后4年分4期还本	钢厂所产钢铁及枝存煤焦与材料④

① 刘明汉主编：《汉冶萍公司志》，第128—133页；徐义生主编：《中国近代外债史统计资料》，中华书局1962年版，第32—53页；代鲁：《汉冶萍公司史研究》，武汉大学出版社2013年版，第14—17页。
② 《大冶购运矿石预押借矿价合同》，第113页。
③ 《三井洋行一百万日元借款合同》，《旧中国汉冶萍公司与日本关系史料选辑》，第146页。
④ 《日驻上海总领事永泷复外务大臣林董第五十六号电》，光绪三十三年三月十七日（1907年4月29日），第150页。

续表

编号	借款日期	债权人	借款数额	利率				还本办法	抵押和担保
				原定利率	1917年9月	1925年1月	1930年6月		
6	1907.12.13	汉口正金银行	日金30万元	7厘				5年为期	与前编号2兴业银行借款相同
7	1908.6.13	横滨正金银行（第一批）	日金150万元	7.5厘	7厘	6厘	5.5厘	10年为期，前3年付息，第4年起分7年还债。1913年修改原约，改为1915年起，分8年归还。1925年1月又改为1924—1927年3年间停止还本，仅付利息，以后25年间本利均等摊还	每年收买大冶铁矿矿砂
8	1908.11.14	横滨正金银行（第二批）	日金50万元	7.5厘	7厘	6厘	5.5厘	同上	同上
9	1909.3.21	汉口正金银行	洋例银50万两	8厘				1909年4月19日起分两年半还清	公司汉口地契一至六号共26张作抵盛宣怀本人作保
10	1910.9.10	横滨正金银行（第三批）	日金100万元	7厘	6.5厘			原定2年为期，后改为1911年起分3年归还	与前编号7正金银行借款相同

续表

编号	借款日期	债权人	借款数额	原定利率	利率 1917年9月	利率 1925年1月	利率 1930年6月	还本办法	抵押和担保
11	1910.11.17	横滨正金银行（第四批）	日金612730元	7厘	6.5厘	6厘	5.5厘	1915年分5年归还。1925年1月修改原约，改为1924—1927年3月停止还本，仅付利息，以后25年间本利均等摊还	同上
12	1910.11.17	横滨正金银行（第五批）	日金614395元	7厘	6.5厘	6厘	5.5厘	同上	同上
13	1910.12.28	三井物产会社	日金100万元	9厘			5.5厘	1年为期，于1911年10月又展限1年，加息1厘，1912年12月28日到期	向六合公司转借集成纱厂契据
14	1911.3.31	横滨正金银行（第六批）	日金600万元	6厘			5.5厘	15年为期，自1915年起分11年还本。1925年1月修改原约，改为1924—1927年3月停止还本，仅付利息，以后25年间本利均等摊还	汉冶萍每年向制铁所提供大约15000吨生铁[1]

[1] 《日本制铁所与公司订定售购生铁草合同及有关往复函件》，宣统二年十月初六日（1910年11月7日），《旧中国汉冶萍公司与日本关系史料选辑》，第169页。

续表

编号	借款日期	债权人	借款数额	利率				还本办法	抵押和担保
				原定利率	1917年9月	1925年1月	1930年6月		
15	1912.2.8（民国元年）	汉口正金银行（第八批）	洋例银12万两	8厘	7厘			1913年和1914年各归还一半	
16	1912.2.10	横滨正金银行（第七批）	日金300万元						
17	1912.6.13	横滨正金银行（第九批）	日金50万元	7厘	6.5厘	6厘	5.5厘	原合同末订偿还期；后订为1915年起分两年归还	萍乡煤船轮船、驳船
18	1912.12.7	上海正金银行（第十批）	规元银250万两	8厘	6厘	6厘	5.5厘	1914年起分3年归还。1925年1月改为自1924—1927年3年间，停止还本，仅付利息，以后25年同本息均等摊还	北洋政府公债票500万元，汉阳地契87张，汉阳铁厂机料、煤焦、钢枝单共37张，上海浦东码头地契1张
19	1912—1913	上海正金银行	规元银120万两	8厘				不定期	汉口地契2张，钢轨枝单1张，矿石枝单1张

续表

编号	借款日期	债权人	借款数额	利率 原定利率	利率 1917年9月	利率 1925年1月	利率 1930年6月	还本办法	抵押和担保
20	1913.4.10	三井物产会社	规元银10万两						栈单1张,计生铁4000吨
21	1913.4.11	同上	规元银5万两	8.5厘				原期限不详,后改为不定期	栈单1张,计生铁2000吨
22	1913.5.19	同上	规元银5万两	8.5厘				同上	同上
23	1913.11.30	同上	日金50万元	8.5厘				同上	汉口地契17张,计生铁15000吨,矿石40000吨
24	1913.12.2	横滨正金银行(第十一批)	日金600万元	7厘	6.5厘	6厘	5.5厘	40年为期,1919年起分34年还本,1925年1月修改原约,改为1924—1927年3年间停止还本,仅付利息,以后32年间本利均等摊还	以汉冶萍所有资产作抵,并聘请日本人作为公司最高工程师顾问和会计顾问①
25	1913.12.2	横滨正金银行(第十二批)	日金900万元	7厘		6厘	5.5厘		同①

① 《六百万偿还短期大债或善后借款合同》和《聘请会计顾问合同》,见《旧中国汉冶萍公司与日本关系史料选辑》,第443、462—463页。

续表

编号	借款日期	债权人	借款数额	利率				还本办法	抵押和担保
				原定利率	1917年9月	1925年1月	1930年6月		
26	1917.9.7	安川敬一郎	日金125万元	前5年6厘后再商定				自九州制钢公司开炉之日起,第六年分10年均等摊还	公司应领九州制钢公司股票全部
27	1919.4.25	同上	日金125万元	同上	同上			同上	
28	1925.1.21	横滨正金银行（第十三批）	日金850万元	6厘			5.5厘	合同生效后,分35年归还,前3年只付利息,后4年起,按年均等摊还本金	公司现有财产及因本借款所添之一切财产
29	1927.1.27	横滨正金银行（第十四批）	日金200万元	6厘			5.5厘		与编号24、25、28三项相同
30	1930.5.28	横滨正金银行（甲借款）	日金11681.62元	2厘				自1930年6月1日起,分15年均等摊还	无抵押
31	同上	横滨正金银行（乙借款）	日金117375.56元	2厘				同上	同上

续表

编号	借款日期	债权人	借款数额	利率				还本办法	抵押和担保
				原定利率	1917年9月	1925年1月	1930年6月		
32	同上	横滨正金银行（息款）	日金504142.16元	无息				自1930年6月1日以后停止偿还，自1945年6月1日起按年摊还，乙借款按年摊还金额与甲金额同	同上
33	1930.5.28	兴业银行（息款）	日金26501.50元	无息				自1930年6月2日起，分15年偿还	同上
总计			日金50601800.84元，规元银390万两，洋例银82万两						

表 4-5　　　　　　　汉冶萍公司第一届至第十六届债息①

届别	洋例银	金额
第一届	同	911779.202 两
第二届	同	872665.929 两
第三届	同	848703.305 两
第四届	同	1700140.038 两
第五届	同	176604.112 两
第六届	同	1569803.692 两
第七届	同	1032406.261 两
第八届	同	1643848.201 两
第九届	同	1599258.663 两
第十届	同	1851027.651 两
第十一届	同	1964728.066 两
第十二届	洋	1710767.58 元
第十三届	同	1688811.38 元
第十四届	同	2366908.37 元
第十五届	同	2712156.8 元
第十六届	同	273820.53 元
总计	洋例银 14170964.121 两，8752464.66 元	

表 4-6　　　　　　　汉冶萍公司所借日本以外的外债②

编号	借款时间	债权人	金额	利息	期限	用途	担保
1	1899	德国礼和洋行	400 万马克	年息 7 厘		开办萍乡煤矿	招商局在上海洋泾浜一带的产业
2	1904	华俄道胜银行	库平银 131971.44 两		短期息债		

---

① 《汉冶萍公司档案史料选编》（下），第 42 页。
② 徐义生编：《中国近代外债史统计资料》，中华书局 1962 年版，第 42—49 页。

续表

编号	借款时间	债权人	金额	利息	期限	用途	担保
3	1908	麦加利银行	英金19313镑12先令2便士			汉阳大冶购机用款	汉阳铁厂栈存钢轨2682吨及夹片280吨
4	1908	东方汇理银行	洋例银250000两			汉冶萍购机用款	汉冶萍公司地契79件及栈存钢轨4000吨
	1908	德华银行	洋例银130000两				岳州存煤及焦煤
	1908	礼和洋行	洋例银240000两				岳州存煤及焦煤
	1908	捷成银行	洋例银82000两				生铁2500吨及铁条2500吨
5	1910	华俄道胜银行、东方汇理银行	洋例银1000000	年息9%		汉冶萍公司萍乡煤矿用款	汉冶萍公司所置运输用汽船
6	1910	义品洋行（即六合公司）	法金449000法郎	年息8%		汉冶萍用款	
7	1910	汇丰银行（六合公司）	规银357000两	年息9%	3年	汉冶萍用款	
		汇丰银行	规银66000两	年息7%			
		汇丰银行（六合公司）	公砝银200000两	年息9%			
8	1910	义品洋行（六合公司）	规元222000两	年息9%		汉冶萍用款	

1898年创办萍乡煤矿时，先后招股100万两，其中轮船招商局23万两，电报局22万两，汉阳铁厂20万两，铁路公司15万两，香记商户20万两。① 1908年，盛宣怀在组织汉冶萍公司的奏折中，提出老股200万两库平银折合银元300万元，老股加股200万元，共500万元；还申请将预支轨价拨作农工商部公股174万元；另招股1500万元，共计2000余万元，每股50元，共40万股。不论老股、新股、官利8厘，于次年三月发放。至1916年，收进股本（含股本利息拨作股本）17065234.20元（见表4-7）。②

表4-7　　　　汉冶萍公司历年收进股本册（1898—1916）③

序号	年份	股金
1	光绪二十四年（1898）	收库平银336500两，合银元504750元
2	光绪二十五年	收老股库平银250000两，合银元375000元
3	光绪二十六年	收老股库平银254100两，合银元381150元
4	光绪二十七年	收老股库平银150000两，合银元225000元
5	光绪二十九年	收老股库平银335900两，合银元503852元
6	光绪三十年	收老股库平银80000两，合银元120000万元
7	光绪三十一年	收老股库平银293500两，合银元440250元
8	光绪三十三年	收老股库平银300000两，合银元450000元；收老股加股银元1000000元；收预支轨价，拨作农工商部公股银元1380000元；收老股光绪三十三年底止利息拨作股本银元988417.5元
9	光绪三十四年	收新招股本，银元1631582.5元
10	宣统元年（1909）	收新招股本，银元3135835.65元
11	宣统二年	收新招股本，银元1226834.7元

---

① 张国辉：《论汉冶萍公司的创建、发展和历史结局》，《中国经济史研究》1991年第2期。
② 《汉阳铁厂、大冶铁矿、萍乡煤矿合并成立汉冶萍煤铁有限股分公司议单》，光绪三十三年九月二十九日（1907年11月4日），《汉冶萍公司》（二），第642页。
③ 《汉冶萍公司历年收进股本册》，1914年6月，《汉冶萍公司档案史料选编》（上），第577页；刘明汉主编《汉冶萍公司志》，第122页。

续表

序号	年份	股金
12	宣统三年	收新招股本，银元89552.35元；收湖南公股，银元724800元；收本年股息拨作股本，银元627754.03元
13	1912	收本年股息拨作股本，银元386613.85元
14	1913	收本年股息拨作股本，银元1135311.25元
15	1914	收本年股息拨作股本，银元927934.07元
16	1915	收本年股息拨作股本，银元662704.50元
17	1916	收本年股息拨作股本，银元147893.80元
合计		以上共收股本银元17065231.20元

3. 盈余分配

商办时期，会计所的主要职责之一是对汉冶萍公司营业利润的一部分以股息、花红的形式进行分配。会计所统辖各厂矿会计纯为成本账，所有财务账，如股款、债券、付息、付红等，皆与厂矿无涉，当由会计所主其事（见表4-8）。[①] 具体分配情况如下：因"辛、壬、癸三届均因无力付息，议填息股"[②]，1912年，填发息股38万余元，1913年底填发息股113万余元，1914年填发息股8厘，1915年填发息股4厘，现金4厘，1916年填发息股2厘，现金6厘。从光绪三十四年（1908）至民国十年（1921）汉冶萍公司共发放股息洋例银8462858.361两，规元1804006.95元（见表4-9），由股息拨作股本共计4876426元，约占28.6%。[③] 汉冶萍在一战期间（1914—1919）经历短暂繁荣，共盈利29406408.51元，其中填发息股1906541.40元，发现金股息7296283.20元，约占总利润的31.3%。[④] 欧战结束后，汉冶萍发展一落千丈，收入大幅度下降，1924年和1925年汉阳铁厂和大冶相继停产，走上依赖日债度日的道路。

---

① 《改良簿记专处第二次报告》，1918年9月16日，《汉冶萍公司档案史料选编》（下），第711页。
② 《盛会长报告书》，1915年5月27日，《汉冶萍公司档案史料选编》（上），第276页。
③ 刘明汉主编：《汉冶萍公司志》，第121页。
④ 许涤新等主编：《中国资本主义发展史》，第2卷（下），第826页。

表4-8　　　　汉冶萍公司历年支出债息、利息清单①　　（单位：洋例银·两）

厂矿 年份	汉厂		萍矿		备注
	债息	股息	债息	股息	
1896—1907	1567933.587	296791.21	库平银50万	533614.108	1）萍乡煤矿从1908年开办起，因此其债息和股息的数据均是从这一时间算起 2）汉萍厂矿共支洋例银13967123.372两。内计债息洋例银9855531.076两，股息洋例银4111592.650两
1908	292433.494	243633.149	611759.496	162422.099	
1909	312883.595	366806.512	548879.142	244537.673	
1910	357185.047	419902.342	476052.428	279934.894	
1911	537381.899	274014.633	621772.445	182676.422	
1912	743526.417	168756.945	426311.954	112504.63	
1913	715147.408	495563.358	433743.416	330434.675	
小计	4526491.447	2265468.149	3618518.881	1846124.501	

债息和利息成为汉冶萍收入支出的重要一部分，使其背上了沉重的包袱。另外，作为股份有限公司，股息是按持股比例应该分配给股东的盈余，由于汉冶萍公司少有盈利，所以多以股息填股的方式发放给股东。从第一届至第十二届，股息还有所发放，至汉阳铁厂和大冶铁厂相继停火后，汉冶萍难以为继，靠日债维持生存，故而停止了股息的发放（见表4-9）。

表4-9　　汉冶萍公司第一届至第十六届股息发放情况②

届别	洋例银	金额
第一届（1908）	同	398469.036两
第二届（1909）	同	600440.993两
第三届（1910）	同	684371.406两
第四届（1911）	同	445705.361两

---

① 《汉冶萍公司历年支出利息清单》（自光绪廿二年商办日起至民国二年十二月第止），1914年6月，《汉冶萍公司档案史料选编》（上），第580—581页。

② 《汉冶萍公司事业纪要》，《汉冶萍公司档案史料选编》（上），第41页。

续表

届别	洋例银	金额
第五届（1912）	同	274495.834 两
第六届（1913）	同	806215.189 两
第七届（1914）	同	883641.181 两
第八届（1915）	同	940006.424 两
第九届（1918）	同	739469.027 两
第十届	同	1275695.144 两
第十一届	同	1414348.766 两
第十二届	洋	1804006.95 元
第十三届	无	
第十四届	无	
第十五届	无	
第十六届	无	
合计		8462858.361 两，又 1804006.95 元

公司还对持有股票的员工进行红利奖励。按《加股章程》规定拨发。《加股章程》第十四条规定："除官息及各项开支外，尚有盈余，是为红利，作成三十成开派，以二成提公积，四成提作办事出力人员酬劳，一成五为最先创始头等优先股三百万元之报酬，一成五为推广加股二等优先股七百万元之报酬，其余二十一成不论优先普遍按股均派。"1918 年 12 月 29 日汉冶萍公司召开第十届股东大会，会议就股息与红利问题进行讨论，决定头等优先股每股发 5.4 元（其中红利为 1.4 元），二等优先股发 5.2 元（其中红利 1.2 元），普通股发 5 元（其中红利 1 元）。1934 年，股东临时大会对股息及红利政策加以修正，股息按年六厘派发，其余以三百分率分派下列各款：（1）股东红利，二百分；（2）董事长、常务董事及董事、监察人报酬十五分；（3）办事人员酬劳三十分；（4）劳工恤养金十五分；（5）头等优先股特别红利十五分；（6）二等优先股特别红利十五分；（7）特别公积金十分①（见表 4 – 10）。

---

① 《汉冶萍煤铁厂矿有限公司修正章程》，1934 年 7 月 23 日，刘明汉主编《汉冶萍公司志》，第 262 页。

表4-10　　　　　　　1917年汉冶萍公司职员红奖①

机关名称	职员人数	普红数目	特奖数目	合计	百分数
董事会	44	10646.000	49900.000	60546.000	20.67
经理处	18	12799.000	37500.000	50299.000	17.17
会计所	22	3625.000	7000.000	10625.000	3.63
商务所	26	5426.000	2300.000	7726.000	2.64
运输所	278	16671.930	5500.000	22171.930	7.57
汉厂	456	35223.220	22944.000	58167.220	19.86
冶厂	77	8776.380	7000.000	15776.380	5.39
冶矿	166	10486.832	7960.000	18466.832	6.30
萍矿	416	40123.100	9000.000	49123.100	16.77
总计	1503	143777.462	149104.000	292901.462	100.00

第二节　簿记改良与稽查制度

一　簿记改良的缘起与筹备

晚清期间"四脚账"是具有中式会计特色的复式账法，也是中国固有之复式簿记中发展比较成熟的一种记账方式，是一种较为进步的复式记账法，但与借贷簿记相比它还存在许多问题，如账簿组织建设尚不够严密，会计核算项目的设置还不够科学，账户体系不够健全，账页和结册的格式因过去简略而缺乏科学性，对会计凭证的引用还停留在比较低级的阶段，以及在基本账法的处理方面还显得烦琐和杂乱，等等。汉冶萍公司账目一向沿用的是旧式简单簿记，当时范围尚小，营业不多，单式簿记足可应用，随着公司规模日大，事业日增，其"复杂为中国实业之冠"，旧时记账方式已难以适应公司发展的需要。汉冶萍从商办起，沿用旧式会计方法达二十余年之久，随着公司事业的日益发展，经营范围不断扩大，经济活动日趋繁杂，当时的旧会计制度越来越不适应发展的需要。在日常会计工作中逐渐暴露出账目不完备，结账不真实、记账不及时，与当时会计之精密、准确、迅速三大重要原则相背离，由于旧会计制度日益显出手续过于

---

①《附件：夏偕复致公司董事会函》，1919年7月15日，《汉冶萍公司档案史料选编》（下），第716页。

简陋，办法过于凌乱的缺点，与公司日益庞大的机构组织不相适应；由于会计部门没有审核手段，账单只凭签字不问来龙去脉，一账二付或虚货付款屡有发生；货币计量单位不一，进出货币记录混乱，收票、付票不按期入账，结账时往往凑合成数；总公司会计核算以实收实支为基础，会计整理往往疏漏，造成结账不真实，每年的账略错误百出，如此等等，弊病丛生。旧式会计不仅对汉冶萍公司的经济发展不适应，而且造成管理上的严重后果，造成挪用公款，侵吞利息以至贪污、诬报等弊端时有发生。① 另外，为推进簿记改良，公司所属之大冶新厂已采用新式记账法，采用新式簿记已成一种大势。

另一方面，拥有巨大债权的日本要求公司簿记改良成为一个契机。1916 年 10 月公司所依靠的年度收入大宗的 13000 余吨粤汉钢轨被抵押在正金银行，总、副经理夏偕复、盛恩颐向正金银行情商，承诺以其他钢货替换抵押以应路需，正金银行却提出，公司会计一部分簿记既未完备，需要改良，意在乘机借此添用日人执掌簿记，以便"该行能悉公司情形，以为挪借款项之标准"。在盛恩颐看来，正金银行此举明为要求公司对簿记加以改良，实际上是安插日人控制公司财务。因会计"关系公司财政主权，似非外人所能干预"，主权所在，不容放弃，在此两难之际，不如将本公司厂矿各账目一律改用新式簿记，"以杜借口"。② 董事会表示赞同，即请总、副经理速筹办法。③ 夏、盛乃设改良簿记专处，聘请精通银行、铁路、海关以及普通营业、简单制造之账的专家凌潜夫为专员，调查厂矿簿记情形，会订簿记格式。还设一簿记讲习会，隶属于簿记专处，延请簿记教授培养学生，以期养成簿记人才。"似此办理，收效较速，免致外人干涉，实为整顿公司要图。"④ 在颁布的改良簿记专员职务章程中规定：(1) 专员受总、副经理委托，应按照公司各厂矿情形，负责编订最新式各

---

① 交通部财务会计局、中国交通会计学会编：《招商局会计史》（上），人民交通出版社 1994 年版，第 193—194 页。
② 《夏偕复、盛恩颐致公司董事会函》，1916 年 10 月 31 日，《汉冶萍公司档案史料选编》（下），第 704—705 页。
③ 《公司董事常会议案》，1916 年 11 月 3 日，《汉冶萍公司档案史料选编》（下），第 704 页。
④ 《公司董事会致夏偕复、盛恩颐函》，1917 年 7 月 27 日，《汉冶萍公司档案史料选编》（下），第 704—705 页。

项适宜的簿记、附单、表册；（2）专员编订的各项簿记、附单、表册，应负责教授各处该管员司使用；（3）专员负责在编订各种新式簿记，无权干预财政情形和收支出入，但对于公司财政方面可提出有益意见并陈请总、副经理核夺；（4）专员为执行职务起见，随时可调取各处各项账册及有关系之各种凭单、报告书等；（5）专员为便于行使所订簿记起见，得随时嘱令各该管处试行订就各项格式；（6）专员如遇各该处员司不服指挥，应陈明经理或厂矿长酌办，但不得故意要挟；（7）专员应遵守公司现行一切章程；（8）专员如行上项职务有不便之处，得提出意见书于总、副经理酌核。①

凌潜夫先后聘请10余位专家，到各厂矿进行了两次调查，逐项考询，并与各厂矿长暨收支、统计、稽核各员将应行改良事宜反复研究，缮具调查报告及簿记格式，"系就历史之习惯，参照簿记之原理，折衷而定一是"。② 首先，制定《划一成本办法条款二十二条》，处理公司与各厂矿的财务关系。主要内容有：（1）从1919年1月1日起，各厂矿所不再摊负总公司费用，但总公司代购材料，酌抽佣金二厘五。（2）厂矿所固定资产原值作为总公司的投资。（3）汉厂历年盈余账拨归总公司。（4）萍矿历年亏损账拨归总公司。（5）厂矿所有的股票、借票、一切有价证券及其他无形资产，悉归总公司经管。（6）各厂矿所所有债务、股本及应负之债息、股息，悉由总公司担任负责。（7）各厂矿所所有废铁、废钢、牧畜、种菜、教育等款，悉宜拨登厂矿所正账。（8）从1919年1月1日起，各厂矿所一切固定资产，均以年息八厘按月转总公司账。（9）汉厂旧有沪栈码头及该码头之小轮渡，应归总公司直接经管。（10）长沙、汉口、汉阳分销各局，由商务所经管。（11）各厂矿应收未收各账，悉由总公司负责。（12）堆存于各分销局之煤焦，应由商务所经管。（13）汉厂之汉平轮船及轮驳，拨归运输所经管，轮驳价值照原造价或李厂长估单为标准。（14）萍矿旧有轮驳拨归运输所，其价值照该矿轮驳基本账。（15）株洲、杨梅洲、豹子岭、虞公庙、城陵矶、汉阳、汉口、武昌，一切地亩、房产、堆栈、驳岸、趸船、家具、生财等，悉拨归运输所经管。（16）汉厂拨入冶矿洋例

---

① 《改良簿记专员职务章程》，1917年8月，《汉冶萍公司档案史料选编》（下），第705页。
② 《夏偕复、盛恩颐致公司董事会函》，1918年9月17日，《汉冶萍公司档案史料选编》（下），第310—311页。

五百万两为该矿资金资产。(17) 保险：轮船按月三厘（汉平外保）；驳船按月二厘（由汉运沪之钢铁外保）；煤焦自保由株运汉，值千抽二；由岳运汉，值千抽一，民运值百抽一；矿石石灰窑至汉，值千抽一。(18) 折旧利率：大冶、萍乡之矿区，折旧以存矿之多少为准，折中估计萍乡积煤约可三千万吨，冶矿约可二千五百万吨，两矿折旧便以此数为准。地亩无折旧。机器、房厂、住宅以五厘折旧。码头、栈房以二厘五折旧。轮驳以五厘折旧。家具、零星什器概不折旧（价在一百五十元以上者不在此例），新添配换之件当由用度账列销。(19) 从1919年1月1日起，总公司、各厂矿所账目一律改银元为本位。(20) 萍矿两等小学教育捐于本年底取消，其历年提存之款作为该校基本金，全数拨归总公司存于银行，所得利息作为该小学长年经费。(21) 汉阳之钢铁，萍乡之煤焦，大冶之矿石、哆嗦石及白石等产品，均当以该产品之成本直入商务所账，所有售出，悉由商务所经管，即厂矿产品之互售，亦须由商务所转账。(22) 厂矿产品由厂矿运抵码头，便属商务所经管，其由厂矿码头运至承销地点之运费，应由运输所与商务所清算，与厂矿无涉。① 统一公司各厂矿成本标准，为簿记改良奠定了基础。

同时，各厂矿所会计处着手改组以适应簿记改良的需要。各厂矿所设立会计处，直辖于会计所，统管厂矿所全机关会计事宜，凡出纳银钱、登记账目、编订表册诸事皆由其负责。各会计处设收支、簿记和统计三科，设处长一人，由董事会核准，经理委任。② 汉阳铁厂会计处以顾宗林为处长，许恒为副处长兼收支科长，陈吉昌、杨铨为簿记科科长、帮科长，黄日新为统计科长。大冶铁矿会计处以孙天孙为处长，孙河环为簿记科长，马湛恩为收支科长，刘琢为统计科长。萍乡煤矿会计处以李赐求为处长，屠鹤清为副处长兼收支科长，凌子贞为簿记科长，屠浚为统计科长。运输所会计处以汉厂会计处长顾宗林兼充处长，林天吉为副处长，樊维新试署簿记科长，金忠谅为收支科长，朱达辞为统计科长。所有各处收支、簿

---

① 《附件：改组会计所画一成本办法条款》，《汉冶萍公司档案史料选编》（下），第312—313页。

② 《附件：厂矿所会计处组织职务简章》，《汉冶萍公司档案史料选编》（下），第312页。

记、统计三科，均隶属于各该会计处，以期统一和连贯。① 随后，夏偕复和盛恩颐推荐毕业于美国工商等大学的朱起蛰任为统计科科长，兼簿记科科长；以原收支处处长费相善改任收支科科长。② 定于 1919 年 1 月为公司实行新式簿记之期，先行试办，是年 1 月 1 日为本总事务所试行新簿记之期，各厂矿则拟于 11 月 1 日试行。

二 《改良簿记报告书》的主要内容

以凌潜夫为首的改良簿记处经过两次调查，分别于 1918 年 3 月和 9 月向公司董事会及经理处提交了两份《改良簿记报告书》，其主要内容作如下简述。

汉冶萍所经营的制造事业不同于普通的商业账目，不仅要具有工程学识、深知账务等专业知识，还要洞悉公司内外情况。公司货物种类繁多，其用料、用工、用机械、用原力各不相同，生产的货物如生铁、钢锭、钢坯等原料均可出售，成品如钢轨、钢板、角钢、槽钢、方钢、圆钢、工字钢、鱼尾板、钩钉、螺丝等皆系售品，源头皆由生铁起，甚至于极小的螺丝都必须计算其真正成本，才能知晓其盈亏情况。对此，一是必须了解原料价格，费用金额，产业价值；二是资本的利息及折旧构成产品成本的一部分，总公司、总公事房与巡警、卫生等公共机关的经费应由产品分担；三是钢货涉及不同的机器、人工，必须妥善分配，便可分担利息、折旧、工费，以确定其负担情况；四是原料的价值，配料、辅料的来源还涉及价格的起落、汇水的高低和运输的方法。

因此，成本计算是簿记改良的关键，其改革存在三大困难。（1）出货成本的确数无从核算。折旧部分由原用资本分期拨还，机器折旧即为其购买款项在使用年限期间的付出，或其不能使用而为新购准备资金的折旧，或其中途稍有损坏所用款项的折旧。若公司对于各处机器、房屋等皆不折旧，会导致每年实用之数、出货成本确数、公司盈绌等难以计算。汉冶萍厂矿账法最大的问题就是门类不清与成本不准确。汉阳铁厂账目有添置添

---

① 《盛恩颐致各厂矿所函》，1918 年 12 月 17 日，《汉冶萍公司档案史料选编》（下），第 312 页。
② 《夏偕复、盛恩颐致公司董事会函》，1919 年 4 月 18 日，《汉冶萍公司档案史料选编》（下），第 313 页。

造一类，但此款并非用于添置添造，若按添置、添造计算，此账可归入资本；若本身存在而后变更，则当属修理营养，如一律纳入资本类，则出货独享其利而不负责，是谓不公，资本加重，利息增多，而使出货分负其责，不论其是否应负，是谓不确，此应改者一。铁路车辆费用及其他公共费用与总公事房、卫生、巡警等处不同，总公事房等费用可按照出货多寡分摊；铁路费用则按照各处使用多寡由各用处照数认担，绝不能统扯摊派，此应改者二。物料、机器等股各有专司，各分门类，其成本应当分摊于所有出货之中，此应改者三。萍矿矿账较为简单，分类法还算清晰，只是因为沿用简单方法，故时常发生有往无来和有来无往的问题，账簿未能完全表示。大冶铁矿账目虽分为营业、产值、存该三类，但数据并不明晰，存在"帐理未误而帐情实谬"的问题。一旦账法确定，则应当核算成本。各厂矿虽有成本账，但都不确实，汉厂的成本账与事实不符，萍矿的成本账未能精密，冶矿的成本账则难征实在，所以必须以出货成本为基础，然后可以言盈绌。各厂矿所有机器、房屋、地基、轮驳、产业之细数全部不知，所知的数据仅是总数，且一款一项之中含有无数不同的机器产业，而机器产业的作用寿命又各不相同，若不细致核算，则折旧问题也无从着手，而成本仍无法精确计算。（2）新账旧账难以并行。新旧账的组织之法不同。新账注重转账，旧账独重现款；新账凡应收付的不论其为现款、欠款、宕款，均须入账；旧账则转账极少，收付皆用现款，现款当不致歧误，而就账簿上的非现款转账数额相比必然大不相同。分类方法不同。新账置于甲账，旧账必置于乙账，两者结果不同对于成本关系很大，如前例化铁炉添铁箍一道，旧账则作添造归入资本，新账归入修理作为开支，作为出铁成本新账则较高，旧账则较低，新账资产无增减，旧账资产当增加。新旧账出货成本每吨生铁相差之数当在十两左右，而钢货的价格则因此增高，两者相差更大。因此若新旧方法并行，在初办之时新账成本必重于旧账，若干年后新账成本折旧，最终达到无成本的结果，而旧账则成本越积越重，利息愈多，逐渐尾大不掉。如能新旧合一，以新账门类及其组织法为标准，而仍用直式账簿，公司会计数月之后便可明白新账原理，一二年后可应付自如。（3）人才缺乏，解决的最好办法是选择富有工程学识，深悉各处情形的工程师置身账房，学习账务，以养成明白账情的工程师。

鉴于此，簿记改良欲图简洁、精密、确当，必须分清门类，改成复式；欲求精确，宜将全公司资本例银4000余万两，就汉冶萍三处现有之机器、矿山、房屋、基地、车路、轮驳，以其原有的价值加以分配，作为其资本基础，然后将门类分清。分门类最好的办法是以各制造机关，不论其产煤、产铁、产锰、产石、化铁、化钢、制钉、造砖、翻砂、打铁、机器、电气、木模、绘图、修理、水力、土木、车辘等，各矿厂及车路轮驳等出产制品及产品附属机关，凡占有资本并营业的机构皆须独立门户，各计盈亏。

除汉冶萍厂矿外，还有运输所及大冶新厂两处。运输所所有资产即从前汉厂萍矿所有轮驳，账务仍归汉萍两处管理。运输所应独立出来，其所辖轮驳百艘即为其资本，所以运输机关独立的是事务和账务。将汉萍两处现有轮驳数查出原本，或全部割交，或酌减几成作为折旧移交运输所，或分派资本若干由其按照此数照认利息，并以此资本分配各轮驳与所属趸船、码头，即为其各自的资本，计其费用、薪工开支，分别核算，再加入利息、折旧、保险诸费，以取偿于所运矿石、煤焦、钢铁、物料等，而以计各轮驳之盈亏，于是汉厂所出钢铁可以此运费加入原料配料而计其精确成本。冶厂仍在兴建，所用款项包括基地、轨道、车辆、房屋乃其产业即为成本，所以该厂现用簿记仍照旧进行，只需门类分清。

成本账分为三部分：第一，资产成本；第二，造货成本；第三，营业成本。资产成本是最初的基础，即所有产业的价值及筹备作业时的经费，当按年分摊拨还；营业成本，即成货之后运往销售地点的水脚、运费、关税、消耗、损失与经用开支一切营业上的费用，包括资产成本与造货成本。在公司三项成本中，资产成本并未加入，造货成本略具雏形，营业成本则混杂不分，所以必须弄清楚资产成本，必须分开造货成本与营业成本。汉厂1916年生铁每吨18.5两仅为造货成本，出货成本应加上折旧，估计应当在30两左右；出货成本加上营业成本，才是完全的成本。另外，中国币制紊乱，又加以时局纷扰，金融上落更倏忽无定。因此汉冶萍足迹所至之处，应将货币设法划一，免为市侩挟制，而受无穷之累。

由于总公司远在上海，对于厂矿的管理鞭长莫及，为配合此次改账，报告建议总账房须迁至汉口，乃可以三处兼顾；如必与总公司同处沪上，则须由总账房选派一二精明账理之人周巡厂矿，监督进行。其次，账略格式以汉阳为标准，萍冶两处可以此类推。最后，账簿合总账、现金账、货物账等聚于一页，按照各处所有账项，分为若干门，每门之中就其事务繁简又各分为若干类，每类之中又以其性质不同各分为若干目，每目之中又各分为若干子目。①

由于"兹事体大，非一手一足之烈，且必须胸有成算，预定步骤，乃能收群策群力之效"，报告提出：总事务所及各机关至少必须专员六七人，总事务所二三人，汉厂、萍矿、冶矿、运输所各一人，方能满足改革的需要。具体的办事日程是：（1）自五月一日起，现有各专员会集总事务所，逐层研究，详加讨论；（2）自六月一日起各专员分赴各机关调查细目，于月内结束；（3）自七月或七八两月各专员重集总事务所，将各人调查细目及其心得共同讨论，取决多数，商榷办法并筹备一切；（4）自九月起分头着手办事。②公司经理处致函各厂矿局所，要求配合簿记改良专家顾介眉、李惠之、孙谔高等人的调查工作。③调查组与运输所所长潘毓初议定，运输所从厂矿剥离出来成为独立机关，该所账目当较厂矿为易，改革拟于七月一日开始。④对于汉冶萍币制紊乱问题，账略改革以汉厂为标准，调查组建议萍乡通用的湘平银与上海通行的规元一律以洋例为本位，一旦全部改用洋元，习惯上或生窒碍。⑤凌潜夫还提出，过去账目以厂矿为主，现改以总公司为主脑，各厂矿为肢体，集权于总公司；改革于是年十月（或十一月）试办，一则各专员会集公司可备讨论；二则使新用各员稍稍明了解过去情形，以资习练；三则利用旧有账员之熟手，以资考镜，以便次年与各厂矿同时实行。⑥

1918年9月改良簿记专处提出第二次报告书，主要内容有五方面。

---

① 《凌潜夫：改良簿记报告书》，1918年3月27日，《汉冶萍公司档案史料选编》（下），第705—710页。
② 《凌潜夫致夏偕复函》，1918年4月18日，《汉冶萍公司档案史料选编》（下），第710页。
③ 《公司经理处致各厂矿局所函》，1918年5月24日，《汉冶萍公司档案史料选编》（下），第710页。
④ 《改良簿记专处致盛恩颐函》，1918年5月25日，《汉冶萍公司档案史料选编》（下），第711页。
⑤ 《改良簿记专处致夏偕复函》，1918年9月6日，《汉冶萍公司档案史料选编》（下），第711页。
⑥ 《凌潜夫致夏偕复、盛恩颐函》，1918年9月6日，《汉冶萍公司档案史料选编》（下），第711页。

(1)调查厂矿实在情形及其制铁、制钢、采矿、采煤详细手续。公司账目分为总账和成本账两部分,总账易得其纲领,不难措手,成本账则随产品种类及制造手续而异。成本账分为原值、制造或开采值、总值和售价四级,因原值来由各不相同,制造及开采手续亦各异,因此必先知其经过手续的实在情形。(2)调查固定资产的实数。公司固定资产包括矿山、机器、铁路、房屋及种种生产设备等,历年虽有盘存,恐难得准确数据,为此将汉阳铁厂与大冶铁矿分开,汉萍两处之轮驳、码头、栈房划归运输所,成为汉、冶、萍厂矿与运输所四个独立机关。汉厂由官局移交,其产业数目即混合冶矿在内,并无细账,亦从未分记,冶矿现有之固定资产悉于汉厂账上。汉冶既各成独立机关后,拟依照冶矿前负汉厂二成债息为标准,由汉厂拨出银 500 万两为冶矿固定资产之资金;萍矿成本按其固有账目估算。汉萍轮驳悉划归运输所,该轮驳价值即为运输所固定资产资金。(3)厘定账目。开支款项性质不同,依据其性质以订定账目,为开源节流张本。(4)计算成本账按照计工、计银、计料、计机器时间等方法。(5)改单式簿记为复式簿记。

第二次报告书亦拟定试办办法六则。(1)商务所应统辖各厂产品销售。对于公司的制造开采和销售产品,凡属公司产品均归其掌管。汉厂生铁或钢货造成运抵码头,便属商务所范围之内。冶矿、萍矿均照此办法。如是则各厂、矿所有账目仅为成本账,而营业盈亏悉由商务所负责,商务所之盈亏即全公司之盈亏。(2)折旧率按规定折旧。固定资产性质各不相同,可分为笼统折旧和分析折旧两种,笼统折旧即核计每一厂矿固定资产若干,除地产外,每年统折若干;分析折旧即于一厂矿中,先分某某股,再于每股中分为房屋、机器、物件各若干,逐件估计,逐件折算。(3)会计所组织与簿记改良。会计的主职是有审核、簿记和统计。审核为第一步,凡款之应付应收,必详审其实在,确知其历史,厘明用度,划分账目,依照公司种种会计则例,以实行其审核职务;审核无误则由簿记者计其数目,分别登记,为公司永久的记载;统计则照统计原理编制各种统计报告表,以资经理及厂矿长之查考,为定公司政策张本,而备董事、股东审核。(4)总公司费用为管理费用,由其按照各厂矿固定资产数向汉冶萍三处平均分摊。(5)轮驳保险问题。运输所有拖轮 21 艘,钢木驳 151 艘,所值在 200 万左右,若以二厘保险,则每年保险费应付 4 万,当由公司自保，每艘每月由运输所付入总公司洋若干作为保险费。对于汉萍船，资本较大，且仅一艘，自以外保为宜。保险率为：轮船按月三厘（汉平外保）；轮驳按月二厘（由汉运沪之钢铁外保）；煤焦已保：由株运汉值千抽二；由岳运汉值千抽；民运值百抽一。矿石，由冶运至汉，值千抽一。（6）银钱本位之规定。公司账记应以洋圆为本位。①

准备工作就绪后，1919年正式实行新的会计制度，改单式簿记为复式簿记。公司会计所权力扩大，直接管理各厂矿财务，总管银钱收支、产业、股票。下设汉阳铁厂会计处、大冶铁矿会计处、萍乡煤矿会计处、汉阳运输所会计处（由汉阳铁厂会计处兼），并按照日本制铁所的会计制度，采用复式簿记的记账方式。会计账目分为三项：一是财产目录，以表示公司的资产；二是损益计算书，以反映收入与支出的结果；三是借贷对照表，总结盈余转入此处。② 会计所要求各厂矿编制预决算，精确计算产品成本；确定各厂矿固定资产收归公司所有，作为公司向各厂的投资，按固定资产额以年利8%付给公司，各厂矿不再摊派董事会和总事务所费用；提取固定资产折旧费；各厂矿的产品按照前两年的平均价格售给公司，由公司商务所统一销售。各厂矿的产品定价与实际成本的差数，作为厂矿盈亏，仍由公司结算。公司和各厂矿的账目，一律改用银元为计算单位，克服汉冶厂矿（汉阳铁厂、大冶铁矿）通用洋例银、萍乡煤矿用湘平银、上海用规元的不统一状况。1924年公司决定对各厂矿停止提取折旧费和各厂矿对公司应付的固定资产投资利息。③

三　会计所的成立及其内部组织变迁

官办时期，因资金短缺和焦炭缺乏，汉阳铁厂发展十分艰难。汉阳铁厂商办后，内部管理加强，自身发展速度加快。1899年，盛宣怀向礼和洋行借款400万马克，从德国购买机器大举开发萍矿。1904年，盛宣怀委派汉阳铁厂总办李维格赴欧美考察铁政，解决了生铁含磷过重的问题。1908

---

① 《改良簿记专处第二次报告》，1918年9月16日，《汉冶萍公司档案史料选编》（下），第711页。
② 《汉冶萍公司事业纪要》，《汉冶萍公司档案史料选编》（上），第45页。
③ 刘明汉主编：《汉冶萍公司志》，第109页；又见《汉冶萍公司档案史料选编》（上），第45页。

年，盛宣怀将汉阳铁厂、大冶铁矿和萍乡煤矿合并组建为钢铁煤联营公司。1909年汉冶萍公司召开第一届股东大会，实行董事会负责制，盛宣怀被举为总协理（总理），会同董事会议决事务，选举查账董事2人，权理董事9人。① 汉冶萍公司成立后，公司作为法人，开始出现经营权和所有权相对分离的情况，总理作为法人代表对内对外代表公司执行业务，而拥有所有权的股东不一定参与企业的实际经营。这就需要更为具体的制度、办法来规范公司的经营活动和财务收支，其中会计制度开始从传统的单式簿记发展到复式簿记。② 1913年，汉冶萍公司上海总事务所成立收支所，下设款项、稽核和文书三股。随后，收支所改为会计所，于焌年任会计所所长，在三股之外另加"统计股"，股长由其兼任。后因"股票处于各股不相附丽"，遂另设一股票处，专司换填股票及发息事宜。为加强财务管理，公司制定《公司会计所暂行试办规则》大纲十二条，在已有稽核股、款项股、文书股基础上加设统计股，并于厂矿及运销局内酌设稽核、款项、统计处，使公司在纵向上形成垂直领导，在横向上形成互相牵制的管理系统。规定：公司所有出入款项，均由会计所款项股经收经付；公司所有出入款项及各种华洋簿记、表册、单据，均须会计所稽核股审查稽核；公司所有各种华洋簿记、表单、报册，均归会计所统计股分别登记编制，每届一年造报资本、产品、营业、存欠、盈亏等账略；公司华洋簿记、表册、单据、合同，均交会计所文书股分别编号归档，妥填保存，并管理本所华洋函牍文件。其责任是：会计所长应该担负分设各股处应办事件完全责任；所有经收款项，均须随时存放本公司指定之各银行，不得闲置挪移；所有经付款项均须根据文卷单票，不得预支悬宕；各种华洋簿记、表册、单据，均须依照本公司颁发程式办理，不得舛错牵混、笼统登记。③ 各厂矿财务人员由矿长直接领导改为由总公司会计所和厂矿长双重领导。

　　1917年5月，因公司产业地连三省，公司增设产业股经管其事。因此，会计所共设款项、稽核、文书、统计、产业五股及股票处。由于"今

---

① 《公司第一届股东大会选举查帐董事、权理董事票选数目清单》，宣统元年三月二十七日（1909年5月16日），《汉冶萍公司档案史料选编》（上），第253—254页。
② 江满情：《中国近代股份有限公司形态的演变——刘鸿生企业组织发展史研究》，第95页。
③ 《公司会计所暂行试办规则》，1913年4月，《汉冶萍公司档案史料选编》（上），第426—430页。

昔异势，繁简失宜者"，因此会计所"亟应量予变通，酌加改组"。如稽核一项，总事务所已设有总稽核处，该股近于骈枝；文书一项，事务简单，无设专股之必要。会计所副所长金忠讃、赵兴昌向夏偕复、盛恩颐提出撤裁稽核、文书两股；款项股专司出纳，并直辖各厂矿收支，应将款项股改名为收支股，以副名实；统计股综核公司全局出入营业盈亏暨编制预算决算，但未设专员，邻于虚设。建议以原款项股股长金匊蕃改任收支股股长，原稽核股股长赵炳生改任统计股股长，并各兼代会计所所长；产业股，负有清理保管之责，应与股票处同仍旧贯。"似此一变通间，仅存三股一处，人不加多，事有专责，而对于各厂矿收支、统计，亦有统属，不相牵混"。该建议得到了董事会的批准，同时委任金忠讃兼理文书股股长，赵兴昌兼任统计股股长。经过裁汰，会计所在裁撤稽核和文书两股后，实质上只存在款项、统计、产业三股和股票处。又因统计股所用股员多人，"历时至久，卒无成效，以致盈亏总账，不能核结"，因此将统计股员司全行辞退。① 旋因簿记改良的需要，正副经理夏偕复、盛恩颐陈请董事会恢复会计所先前所设的审核、簿记、收支、统计、产业五股，每股设股长一人，分司职掌，特置所长一人总其成，置副所长一至二人以辅助所长执行职务，由董事会委任，各股长则由经理等酌派②，在拟定的《会计所组织及职务章程》③ 中，凌潜夫由改良簿记处主任改任会计所长，赵兴昌和金忠讃任会计所副所长。各股股长分别是：卞肇新任审核股股长；陈文涛任簿记股股长；金忠讃兼任收支股股长；沈庆圻任统计股股长；孙宝琛任产业股股长。④ 12月，各厂矿所设立会计处，直辖于会计所，统管厂矿所全机关会计事宜，负责出纳银钱、登记账目、编订表册诸事；会计处设收支、簿记、统计三科，簿记科又分总账簿记和成本簿记两课，总账课司登记银料往来，整理悬宕，审核单据，划分账目，结束月账及其他簿记事宜；成本课司

---

① 《金忠讃、赵兴昌致夏偕复、盛恩颐函》，1918年3月29日，《汉冶萍公司档案史料选编》（下），第309—310页。

② 《夏偕复、盛恩颐致公司董事会函》，1918年9月17日，《汉冶萍公司档案史料选编》（下），第310—311页。

③ 《附件：会计所组织及职务章程》，《夏偕复、盛恩颐致公司董事会函》，1918年9月17日，《汉冶萍公司档案史料选编》（下），第311页。

④ 《夏偕复、盛恩颐致公司董事会函》，1918年9月17日，《汉冶萍公司档案史料选编》（下），第311页。

各处出产账目，登载每种出品之工料及机器时间之消耗，编制各种出品成本表。统计科司订定各种表册、报告、统计图说及编制预算等事。①

1923 年，会计所副所长赵兴昌、金忠讚向夏偕复、盛恩颐指出：总公司费用及公司全年预算原由审核股和统计股完成，后审核股裁撤后，所司预算归并于统计股兼管。虽然每年编制预算，但除经常费用外，平时用款并不完全根据预算范围，以往财政充裕时应付并不困难，及至目下款项支绌，所有用款必须根据预算严密审查，毋使逾越，"庶于筹措分配款项，亦有所凭借，不致临时贻误"。因此会计所目前的"要图"是应别立一部专行监管预算，使得预算、统计与簿记"一气呵成"，提议将簿记、统计、预算三股合并为综核股，设股长一人，簿记、统计、预算三项各设主任一人，各股员应司职务随时由股长指派，通力合作。推荐簿记股长陈希濂改任综核股股长兼簿记主任，费敏士为预算主任，唐世仁为统计主任。

四 会计所各股的职责规定

会计所对内部稽核、款项、统计、文书各股的具体职责作了明确规定。稽核股审查稽核收支各款，登记凭单，各种簿记，华洋结单发票，预算，决算，各种表单、票据、股票、合同，月报年报；款项股，掌理调拨出纳款目，股票息单暨发给股息，接洽债款事项，筹画债款利息及还本，柜存现款，银行往来款目，登记柜存实存流水记事簿暨各项往来簿记，储蓄款目；统计股掌理划一华洋簿记，拟定华洋表单、报册程式，登记各种簿记，汇结收支各款总账事项，汇造统计月报、年报，编制预算决算，编制各种表单，填写华洋结单发票及股息单；文书股掌理保存华洋簿记、表册、单据、合同、股票存根、股票息单及文卷，收发华洋函电册件，处理华洋文牍，翻译华洋文牍，记录往来文件要略，编订华洋文件成案，编纂华洋各种报告，记录各股处办事员职名履历。②

此外，董事会还制定会计所《办事规则九十条》，对所属文书股、稽

---

① 《附件：厂矿所会计处组织职务简章》，《盛恩颐致公司董事会函》，1918 年 12 月 14 日，《汉冶萍公司档案史料选编》（下），第 311—312 页。
② 《分股掌理事务规则三十二条》，见《公司会计所暂行试办规则》，1913 年 4 月，《汉冶萍公司档案史料选编》（上），第 427 页。

核股、款项股、统计股的职责进一步细化，并就工作程序过程加以明确①，主要有以下四个方面。

1. 款项股与稽核股关于收款的程序。（1）凡关于收款各单据收讫后，由款项股盖用红字华洋文收讫图记，关于付款各单据付讫后，由款项股盖用蓝字华洋文付讫图记（附华洋文收讫付讫图记程式）。（2）交款单内载各款，经款项股点收无误，即在该交款单及存根上签押，加盖收讫图记，将存根发还，毋庸另给收据。（3）款项股收入款项如系现款、即照数登入现金簿记内，详注事由（附现金簿记程式）。（4）款项股收入款项，如系即期或远期票款，应即先行登记银行钱庄期票留底簿记内，加盖骑缝图记，每日送请所长签押，俟将该票付存银行后，再请所长签销（附银行钱庄期票留底簿记程式）。（5）款项股将款收讫后，应将该交款单连同附件，交统计股编制登账凭单（附华洋文登账凭单程式）。（6）凡交款不具交款单者，应由款项股照填收款正副收据，交稽核股核明，在副收据及存根上签押，再送所长核签，由款项股将正收据发给交款人（其须由邮递者交文书股备文发寄），副收据连同文件交统计股编制登账凭单（附华洋文收款收据程式）。（7）款项股经手各款或存柜内或存银行，应随时商准所长办理。（8）款项股遵照收股章程收到股款后，即照开收股单及填股凭单（附收股单、填股凭单程式），交稽核股核对签押，送由所长核签，交统计股照收股单编制登账凭单，并照填股凭单填写股票及息单。（9）统计股将股票及息单照填后，即连同填股凭单交稽核股复核，在存根上签押，送所长核签。（10）股票及息单经所长核签后，即送所长、经理签字、并报送董事会盖印，交由款项股发给存根，交文书股保存。（11）款项股应另立收股簿记，详细登记，每日交稽核股签押，送所长核实。（12）统计股应另立股票记事簿记，将填写发出股票息单详细登记，每日交稽核股签押，送所长核签。（13）收入银行现金应由款项股点清后，在该银行送银簿内加盖收讫图记，并填写收入银行现金单，经稽核股查核签押，所长核签后，交统计股编制登账凭单。（14）领款单内载各款，如可以付现款，即款项股照付，如应付票项，即由款项股照开银行支票付给，付讫后应该即在该

---

① 《办事规则九十条》，见《公司会计所暂行试办规则》，1913年4月，《汉冶萍公司档案史料选编》（上），第427—430页。

领款单及存根上签押并加盖付讫图记,将存根发还。(15)款项股发出款项如系现款,即照数登入现金簿记内,详注事由。(16)款项股将款付讫后,应将该领款单连同附件交统计股编制登账凭单。(17)凡领款不具领款单者,应由款项股填写发款收据(附发款收据程式),交稽核股核明,在存根上签押,送所长在存根上签押,交由领款人在收据上签字,由款项股照付后,即将收据连同文件交统计股编制登账凭单。(18)凡持汇票(附汇票程式)前来查验者,应由款项股检取票根,对明无误,在汇票及票根上标明兑付日期,签押盖用骑缝图记,送所长并稽核股签押,将汇票交还来人,票根仍存款项股备查,并由款项股知照稽核、统计两股查照。(19)凡凭汇票领款者,由款项股检对汇票根,交稽核股审查签押,送所长签销照付,汇票连同票根即交统计股编制登账凭单。(20)凡以折据领款者,由款项股填写付款单,交稽核股审查签押,送所长核签照付,其付款单即交统计股编制登账凭单(附付款单程式)。(21)凡持股份息单来领股息者,由款项股查明股份底簿,核对该戳后照填付息单(附付息单程式),连同原来息单交稽核股审查,在付息单上签押,并将股份息单盖戳送所长核签,由款项股登记股息簿记内照付,将股息单交统计股编制登账凭单。(22)凡以函电领款者,由文书股填写付款单,连同原文交稽核股审查签押,送所长核签,由文书股备文连付款单,交款项股照付,此单即由款项股交统计股编制登账凭单。(23)凡以结单领款者,由文书股交稽核股审查签押,送所长核签,再由文书股备文,连同结单,交款项股照付,此结单应由款项股交统计股编制登账凭单,并由统计股填写收件单,交文书股存案(附收件单程式)。(24)转账单由文书股交稽核股核明签押,送所长核签,交统计股编制登账凭单。(25)存放银行款项,须由款项股将所存银数,开具存款单,送所长核准,交稽核股签押后,填写存款或送款簿,送交银行签收。此存款单即由款项股交统计股编制登账凭单(附存款单程式)。

2. 款项股与稽核股关于各款项的管理流程。(1)支取银行款项,应由款项股填写支票,在存根上签押,交稽核股审查,在存根上签押,送所长签字。等账凭单概由统计股编列号次,依照门类,填写华洋文字,交稽核股核明签押,送所长核签,交款项股登入柜存流水事簿记签押,交还统计股,分别登载华洋簿记,签押存储,按月汇交文书股保存。(2)柜存现款暨银行往来存欠各款，逐日由款项股结清后，填写日计报单，送所长查核，另印两份，交稽核、统计两股备查（附华洋文日计保单程式）。（3）柜存现款，应由稽核股随时点查，每月至少两次，如查有不符之处，应即详细报明所长核夺。（4）款项股应逐日由柜存流水记事簿记照过实存流水记事簿记与银行往来簿记，再由实存流水记事簿记分别过入各项往来簿记（附流水暨各项往来簿记程式）。（5）柜存实存流水记事簿记暨银行往来簿记，应逐日清结，送所长查核签字，其各项往来簿记每月一结，选具简明逐月递加清表，送所长查核，并另印两份，交稽核、统计两股备查（附递加表程式）。（6）逐日银洋及金镑市价应由款项股详注流水簿记内，并照填行情涨落表，以备查考（附行情涨落表程式）。（7）各种华洋簿记应由统计股、款项股分别编列目录，分送所长、稽核股备查，如有增添，应随时声明办理。

3. 统计股关于各种总结、分总、分清簿记的管理。（1）各种总结、分总、分清簿记应由统计股按月核结，逐月递结，每年清结。（2）各种簿记按月结总后，应由稽核股在月结及逐月滚结总数上盖用红色"核"字图记签押，如查有舛错涂改，应即送请所长核夺。（3）各种簿记经稽核股签押后，应由统计股汇造月报，交稽核股核对签押，所长核签，送经理处、董事会查核备案（附月报册程式）。（4）各种分总、分清每年清结后，由统计股造具年报，经稽核股核对签押，所长核签，送经理处、董事会查核备案。（5）统计股每年应造简明年报，经稽核股核对签押，所长核签，送经理处、董事会查核。

4. 统计股关于应收款项和实支款项的管理。（1）所有应收款项，由统计股查明，开单送稽核股核对签押，所长核签，再由统计股填写结单发票，送稽核股复核，所长核发（附结单程式）。（2）各种华洋表单应由统计股分别编制，经稽核股核对签押，所长核定。（3）每月应用款项，由统计股编制预算表单，交稽核股审查签押，所长核夺。（4）每月实支款项，由统计股编制决算表单，交稽核股稽核签押，所长核签。（5）预算、决算、月报、年报、结单、发票及各种表单，统计股应多备两份，送所长、稽核股存查。（6）各种报单应由统计股摘要记录，交稽核股存查。

为加强会计所的管理，公司聘请于焌年为会计所所长，赵兴昌和金忠讚为稽核股和款项股股长,统计股长和文书股长暂缺。[①] 于煜年提出:会计所人员遴选、职务支配与薪水等级应组织完全,"庶责有专归";厂、矿、运销局的收支、稽核,为会计所附属机关,其办事人数按规定行事;会计所稽核股和统计股股长除办理本股事务外,还须兼常任调查之事,如此则公司与厂矿可无情形隔阂之虑。至于薪水,按照邮政、海关之例,循资递加,以资鼓励而策进行。除在会计所设稽核、款项、统计、文书四股外,还于各厂矿及运销局内分设会计股,由股长统率会计所内一切事务。特别提出会计所长应具有的资格、权限、权利、义务、责任。

(1) 资格:会计所长由董事会选举,须品行端正、操守廉洁、素无嗜好;年龄在四十岁以上,须学有专门或办事经验积有十五年;须于金钱上之信用未经受过司法署之处分;须在外不经营钱业者。会计所长须在外不经营与本公司同样性质的事业。

(2) 权限:会计所长对其所属各股办事人员有督率之权;对于各会计事务之进行除弊更新等事项,有要求董事会议决实行之权;在董事会委任权限内之金钱收支得自行收付及催促之;在董事会委任权限内有自行支配各股股长、股员之权。

(3) 权利:会计所长有收定额月俸及按资递加薪水的权利;因公事垫付的费用有要求公司偿还的权利;任内无故黜免时有要求公司赔偿损失的权利;对于公众有称公司会计所长的权利。

(4) 义务:受董事会指挥监督且绝对服从;听从经理;保守公司秘密不外泄;协调各股股长、雇员协作等义务。

(5) 责任:对于误记脱漏及造伪账,银钱收支往来账务,办事人员不正当行为造成公司损失,自身对公司有负金钱信用等方面应负完全责任。

与会计所长相对应,下辖各股股长也应具有规定的资格、权限、权利、义务、责任。如股长须由会计所长选派、经董事会之许可;须品行端正性质诚实;须资望较深,于商业上素有经验,且未失过金钱上之信用;在高等理财学堂或大学堂毕业,还呈验毕业文凭。另外,稽核股长须知公司会计组织及账情大概,并通晓英文交易凭单类;款项股长须熟悉钱业情

[①] 《公司会计所职员名单》(节录),1913年7月,《汉冶萍公司档案史料选编》(上),第430页。

形及能调度金利；统计股长须熟悉会计及簿记学；文书股长须精通汉文及兼能通晓英文。还对各股股员之权利、义务、责任等都作了规定。在于焌年的推荐下，稽核股股长赵兴昌，助长朱载德、孙震方；款项股股长金忠讃，统计股股长杨静祺，助长李震东、段树纶，文书股股长赵兴昌兼。①

五　查账员与稽查制度的建立

1896年，盛宣怀就任汉阳铁厂督办后，针对当时铁厂管理混乱，财务会计制度不健全等弊病，在设立的12个用人、理财的机构中，其中对"总银钱所"的职能定位是"专司银钱总账兼稽查全厂收发，并考查各所旬报、月表诸务，并采办各项应用材料"②，总银钱所实质上是一个兼银钱、稽核、考查与采办于一体的机构。1909年5月，汉冶萍公司召开首次股东大会，会上选举顾晴川和施禄生为首届查账董事，两人均为有相当经济实力的大股商人。在《商办汉冶萍煤铁矿厂矿有限公司推广加股详细章程》，其中第五章专及"董事　查账人"，明确规定："董事限在本公司股份五百股以上，查账人亦限一百股以上，均于股东中选举之"；"查账人之任务，系监督本公司股份，银钱及厂矿出货、售货、材料、工程，各项月结年结各表各册是否符合"；"董事、查账人不能兼任，查账人并不得兼任本公司之职员"；"董事任期限二年，查账人任期限一年，任满仍可续举。""董事、查账人缺员时，股东临时会补举之，补举者续补原缺者之任期。"③至此，查账员专职人正式确立。据汉冶萍晚清民国各界账略，查账员制度一直保持着。1910年，在汉冶萍第二届股东常会报告上，经总理盛宣怀的提议，查账人任期由一年改为二年。④ 1913年，董事会对公司章程加以修改，查账员仍改为一年一举，任满续举，仍可被选。会计长专设统计一

---

① 《于焌年致公司董事会函》，1913年12月16日，《汉冶萍公司档案史料选编》（上），第431—433页。
② 《盛宣怀：招商章程八条》，光绪二十二年三月（1896年5月），《汉冶萍公司档案史料选编》（上），第129页。
③ 《商办汉冶萍煤铁矿厂矿有限公司推广加股详细章程》，光绪三十四年三月（1908年4月）《汉冶萍公司档案史料选编》（上），第238页。
④ 《公司第二届股东常会报告》，宣统二年十一月十七日（1910年12月18日），《汉冶萍公司档案史料选编》（上），第254—256页。

科，造具表册由查账员审查。① 查账员核算账目，直至在股东大会上宣读结账报告，在汉冶萍整个管理财务工作中起到了一定监督作用，对整个会计核算是有益处的。

根据汉冶萍章程规定："每届公司收支账略照章应由查账董事分赴厂矿调查核对签字，方能刊印。"② 商办时期汉冶萍公司的结账报告基本上就是按此要求编制的。商办时期查账员除了审核整个账簿结算外，要在账略报告上签押，以使报告合法。此外，在每届董事会上，要宣读账略报告，以告知各股东本年企业经营状况。在账略公布各项收支情况之前，要与董事们共同刊布本届账略情形节略。股东会议上，查账员宣读过账略情形后，还须概括说明收支分配等情况，使股东们于详细账情中有明白的了解。另外，对于查账人的稽核工作，1910年第二届股东常会报告说："本届查账于八月二十四日到萍乡，九月初一日到汉阳，初三日到大冶，检查宣统元年汉厂萍矿总分各账。先查结总，再查月清，又查流水，一线贯下，收支该存均属符合。复查收款一项内，销货售价均已分别详载；支款一项内，支领款目单据注明，该存项内，各户分总汇合相符；添加成本一项内，购置各项推广工程分别查阅；以上均经清查，一律相符。至大冶之账，全归汉厂收支，是以无庸另查。"③ 这段记载，大致说明查账员还是比较尽职，对各厂矿起到了一定监督作用。1912年辛亥期间，因时局纷扰的特殊原因，"辛亥帐略，虽经刊布，帐实未查，壬子帐略，亦亟应查编"，萍矿总办林志熙贪污公款30万两案被揭发后，公司决定举公正而熟悉账情者二人，会同辛、壬两届旧查账员，将辛、壬两年账目彻查，以期核实。④

1913年，汉冶萍公司"国有"行动流产后，总经理张謇、经理叶景葵先后辞职，叶景葵的好友、公司事务所收支所长项兰生亦辞职，经理业务交由李维格统一负责。经董事会公议，"收支一所，主管事务甚繁，以收

---

① 《附件三：董事会报告公司章程修改理由》，《公司股东常会议案》，1913年5月20日，《汉冶萍公司档案史料选编》（上），第270—271页。
② 《公司董事会常会记录》，1913年4月5日，《汉冶萍公司档案史料选编》（上），第268页。
③ 《公司第二届股东常会报告》，宣统二年十月十七日（1910年12月18日），《汉冶萍公司档案史料选编》（上），第254、256页。
④ 《公司董事会常会议案》，1913年5月20日，《汉冶萍公司档案史料选编》（上），第269页。

支狭义命名，殊与事实未能完备"，现改名为会计所，内添设稽核一员，属于会计所长，凡关于款项之事先由稽核审查，再送由所长核签。旋即于焌年被推举为会计所长，杨介眉为稽核员。① 1914年，公司财政困难，应实行减政主义，所长于焌年提议裁并会计所统计、文书两股，稽核的职位仍获保留。②

对于各厂矿的稽核，1908年汉冶萍组建公司时，公司章程规定汉阳铁厂、大冶铁矿、萍乡煤矿及汉阳、萍乡商务所各设稽核一人，专事负责银钱监督，由董事会选派③，接受董事会的直接领导。辛亥革命期间，公司停工停产，机构破坏，汉冶萍公司两厂两矿四大机关，各收支均归会计所所辖，"各稽核无所归束，每年结账，但凭月总，而预算决算均不可靠"。为改变这种状况，董事会特委顾永铨在上海设立总稽核处，负责对各厂矿的稽核。但随之也带来的机构重叠的问题，总公司有总稽核处，为会计所之敌体，各厂矿之统计、收支两辖于会计所，而稽核则直隶于总稽核处，实则稽核、统计、收支都是会计所的职责，若强行割裂，则会导致会计所虽有统率各厂矿会计之名，但各自为政，难得统率之实，且机关重赘，责任分歧，虽欲统率而有所不能。会计的主职是有审核、簿记和统计。审核为第一步，凡款之应付应收，必详审其实在，确知其历史，厘明用度，划分账目，依照公司之种种会计则例，以实行其审核职务；审核无误则由簿记者计其数目，分别登记，为公司永久记载；统计则照统计原理编制各种统计报告表，以资经理及厂矿长查考，为定公司政策张本，而备董事、股东审核。④

为厘清总稽核处与各厂矿稽核之间的矛盾关系，经理处拟定了《汉冶萍公司厂矿稽核、收支、统计处试行章程》，对于各厂矿稽核处，设处长一人，司事若干，秉承总、副经理及总稽核，就地稽查查核一切事务，其权力有：（1）稽核处对于厂矿为敌体机关，厂矿中一切章程，稽核处长及

---

① 《于焌年致李维格函》，1913年4月29日，《汉冶萍公司档案史料选编》（上），第426页。
② 《于焌年致公董事会函》，1914年7月9日，《汉冶萍公司档案史料选编》（上），第433—434页。
③ 《商办汉冶萍煤铁厂矿有限公司推广加股详细章程》，光绪三十四年三月（1908年4月），《汉冶萍公司档案史料选编》（上），第238页。
④ 《改良簿记专处第二次报告》，1918年9月16日，《汉冶萍公司档案史料选编》（下），第711页。

司事等均应一律遵守；（2）稽核处长及司事等如有违反厂矿章程及有不正当之行为，厂矿长有报告总、副经理撤换之责。厂矿采购物料、领用材料，应收款项，应支款项，工人工食，出货及修理等都应受到厂矿稽核处的稽查。稽核处长应将一切稽核事务负按月陈报总、副理及总稽核之责。稽核处除处长由总、副经理报由董事会核准委任外，其处内员司之进叙应由各该处长具报总稽核转报总、副经理核准；唯处内司事如有不遵处长指挥或违章等事，各该处长有随时撤退之权，并得先行派人代理，一面具报总稽核转报总、副经理核夺。对于各厂矿收支处，设处长一人，司事若干人，受总、副经理及会计所长之指挥，并厂矿长之监督，综司出纳银钱、保管款项、经理汇兑、买卖银钱及储蓄事宜。收支处除处长由总、副经理报由董事会核准委任外，其处内员司之进叙应由各该处长责令各觅殷保，并将保户之名姓数目先期录送会计所查核，由会计所长转报总、副经理核准。唯处内司事如有不遵处长指挥或违章等事，各该处长有随时撤退之权，并得先行派人代理，一面具报会计所长转报总、副经理核夺。①

此外，公司监督的方式还有两种。（1）股东监督。自 1896 年盛宣怀接办铁厂截至 1907 年 12 月官督商办时期，每月有月总分存汉厂、萍矿，每年终有总结存于总公司，以备股东查看。1908 年《汉冶萍煤铁厂矿有限公司推广加股详细章程》明确规定：每年终一总结，凡属股东，均各印送一份。所有汉冶萍三处及各埠所置产业、所订营业及存欠各项合同契据均存总公司，悉归查账人查核，董事局经管。"以后遇有更改，必须股东会议决，一面呈部查核"。②（2）设立评议员制度。为"补助营业进行，抵制非法干涉，考究工费简实，沟通股东情愫为宗旨"，股东联合会简章规定：会员选举在"发起本会股东中公推二十一人为评议员"，公举一人主任会务，执行评议员议定之事，"凡有股东质问公司函件，条陈厂矿办法，由主任邀请全体评议，公同审查，以达于董事会，采取投票制的方式表决"。③

---

① 《公司董事会致夏偕复、盛恩颐函》，1917 年 12 月 8 日，《汉冶萍公司档案史料选编》（下），第 295—297 页。
② 《汉冶萍煤铁厂矿有限公司推广加股详细章程》，光绪三十四年三月（1908 年 4 月），《汉冶萍公司档案史料选编》（上），第 236—239 页。
③ 《公司股东联合会简章》，1913 年 6 月，《汉冶萍公司档案史料选编》（上），第 424 页。

第五章 西方钢铁技术的移植

第一节 煤炭钢铁技术的引入

现代钢铁煤炭工业肇始于西方。中国作为后发现代化国家面临着严重的技术、人才和资金匮乏的困境。在全球化的竞争中为了救亡图存,中国不得不通过技术移植进而实现技术追赶。在工业化道路选择方面摆在国人面前的问题包括要不要工业化(如选择工业立国还是坚持农业立国)、如何实现工业化(如技术问题的解决方案:依附主义做全球工业化的原材料供应者、拿来主义通过购买技术实现技术移植、完全独立自主研发创新、技术引进与自主创新融合等;工业结构的突破,重工业为主、轻工业为主还是均衡发展;工业化资金问题的解决方案,门户大开引入外资、有条件使用外资、完全独立自主等;工业化人才问题的解决,借才异域、自主培养还是洋员教授华匠等问题)。历史实践中为了提升军事实力保障国家生存,洋务派在重重阻力下开启了工业化历程,由军事工业着手,进而民用工业,以矿冶、钢铁等重工业为主,亦有部分轻工业如纺织。而民族资本家选择的大多为资金量小、技术门槛低的纺织行业。在这样的背景下1890年汉阳铁厂开始筹建,汉冶萍公司逐渐实现了技术的本土化。

一 汉阳铁厂创办前中国钢铁煤炭工业发展状况

中国钢铁冶炼技术在明清时期乃至更早时期一直领先于西方。但第一次鸦片战争之后中国被卷入全球资本主义市场,开启了现代化进程。这个过程的关键词是转型,其中包括技术转型。具体到钢铁和煤炭工业领域而言,传统中国社会具备一定的生铁冶炼技术,使用的方法是土法炼铁,小土炉,生产规模小,产品主要是农具和炊具,质量粗糙,成本高昂,如李鸿章所言"中土铁价较昂,又粗硬不适于用,以致内地铁商十散其九"①。洋务派创办军事工业(到1890年数量达到21个②),其后拓展到民用工业,"船炮机器之用,非铁不成,非煤不济"③,而"近代工业生产使用的钢铁材料需要具备耐热、耐磨、抗蚀、高强度、高延展性等性能"④,土法炼铁无法满足需求。洋务企业出于新兴工业发展的需要开始筹建部分钢铁冶炼车间,如福州船政局考虑到"厂中所用铁条、铁片皆须购自外洋,如能拉铁,则厂中可以自制,为一劳永逸计也"⑤,1871年建成锤铁厂(锻造车间)和拉铁厂(轧材车间),此举开创了中国近代钢铁工业。但真正现代意义上的第一个钢铁厂贵州青溪铁厂迟至1885年开始筹建,1889年投产旋即停产,其后再未恢复。

煤炭方面,很早时期中国人就开始把煤炭作为生活燃料,但并未用于工业生产。如早在汉朝萍乡当地居民就开始用煤炭作为燃料。据宋代祝穆所著《古今事类全书续集》记载:"丰城、萍乡两县皆产石炭于山间,掘土黑色可燃,有火而无焰,作硫磺气,既销则成白灰。"⑥当时对煤炭的开采比较粗犷,小煤窑,只能浅层采掘,炼焦水平不高,以生活用的烟煤为主。1875年洋务派创办了第一个西式机械化煤矿——台湾基隆煤矿。此后,西式采煤炼焦方式开始传播,洋务派先后开办了湖北开采煤铁总局、开平煤矿等。湖北开采煤铁总局在寻找煤矿、铁矿的过程中,1877年发现大冶铁矿。1890年汉阳铁厂开建后,由于冶炼钢铁需要煤焦和煤炭,所以张之洞开始就近在萍乡收购煤炭。在1898年西法开采前,萍乡煤炭资源采用土法炼焦,然而"各商厂焦炭虽属可用,而烧炼殊不如法。何以言之?窿内原出煤末,虽知过筛,而筛上拣壁未能净尽,此灰分所由重也。筛下

---

① 《筹议制造轮船未可裁撤折》,同治十一年五月十五日(1872年6月20日),《李鸿章全集》第2卷,时代文艺出版社1998年版,第878页。
② 李时岳,胡滨:《从闭关到开放——晚清"洋务"热透视》,人民出版社1988年,第25页。
③ 《筹议制造轮船未可裁撤折》,同治十一年五月十五日(1872年6月20日),《李鸿章全集》第2卷,第878页。
④ 李海涛:《近代中国钢铁工业发展研究》,博士学位论文,苏州大学,2010年。
⑤ 文煜:《第五号轮船下水并自制汽炉轮机告成第七第八号两船制造情形折》,《船政奏议汇编》卷7,第11页。
⑥ 刘明汉主编:《汉冶萍公司志》,第61页。

之末壁碳杂糅，无法提出，概不作用，是弃碳甚多也……种种不良，皆与成本大有关系"①。1896年洋匠马克斯勘探萍乡煤炭资源后提出了西法开采的详细方案。考虑到业务协同和煤炭质量管控等因素，1898年盛宣怀募资采购西式机械设备在萍乡正式创办萍乡煤矿，采用窿道开采技术和洗煤炼焦技术，逐步替代开平煤焦，满足了汉阳铁厂的需要。

晚清工业化浪潮中，洋务派意识到钢铁工业的重要性，如张之洞所言"铁务系中国自强大举"②，尤其是晚清时期铁路的大规模修建更是对钢铁的质量、产量都提出了更高要求，所以引进西方钢铁煤炭技术不仅对于汉冶萍公司而且对于整个中国的现代化都有重要意义。

二 煤炭钢铁技术的引入

技术移植，本质是技术从一国向另一国转移、传播的过程，涉及技术相应的设备、工艺、人才、理念和管理方式等的传承。

（一）设备采购

1889年张之洞在广州筹备铁厂时就委托驻外大使帮忙采购国外设备，主要受托人是薛福成。关于设备具体采购来源，李海涛在博士论文中作了详细考证③，认为汉阳铁厂炼生铁厂2座化铁炉、机器厂、铸铁厂、打铁厂设备由英国谛塞德公司制造购买、贝色麻炼钢厂以及造钢轨厂的设备可能源于贝丁沙甫阿克司尔滴里公司、马丁钢厂以及炼熟铁厂设备来自比利时科克里尔厂、其他一些附属设备（如码头机械、车辆、起重机等）从德国购买。铁厂北移汉阳后设备渐次运送到位。后人多认为张之洞不懂技术、采购设备失当导致汉阳铁厂早期产品质量低劣。在设备采购过程中张之洞确实有不懂技术的一面，特别是过分高估国内煤炭的情况，误以为所需的各种煤炭国内均有，未经详细化验核实就安排采购了设备。但另一方面，张之洞安排采购的设备不仅有酸法炼铁的贝色麻炉，也有碱法炼铁的马丁炉，并非只采购了酸法炼铁的贝色麻炉。实际上导致汉阳铁厂产品质

---

① 《盛宣怀致张之洞电》，光绪三十三年四月初三日（1907年5月14日）（附录二：《俞燮堃：萍矿土法炼焦附图详说》），《汉冶萍公司档案史料选编》（上），第209页。
② 《张之洞致海军衙门电》，光绪十六年十二月初六日（1891年1月16日），《汉冶萍公司档案史料选编》（上），第88页。
③ 李海涛：《中国近代钢铁工业发展研究》，博士学位论文，苏州大学，2010年。

量低劣的不是设备本身,而是缺乏对矿石化验而选择了不适合的工艺,如含磷高的铁矿石应该用碱法,而汉阳铁厂早期用了酸法。

学术界对汉阳铁厂设备采购较为关注,对萍乡煤矿的设备采购关注较少。根据《汉冶萍公司志》记载,"基建工程开工之后,盛宣怀派德籍职员福克驻德采办机器材料"①,可认为萍乡煤矿的机器设备主要采自德国。另外,为筹集萍乡煤矿开办资金,盛宣怀曾向德国礼和洋行借款,根据当时的惯例向某国借款往往捆绑要求在该国采购设备,据此也可以推断萍乡煤矿设备主要来采购自德国。

辛亥革命之后1914年汉冶萍公司开始筹建大冶新厂,设备采购总体是由日方最高顾问工程师大岛主持。设备采购最终委托日本三井洋行,向美国列德干利制造公司订购了日产450吨生铁的高炉2座。②

(二)工艺

如上所述,钢铁冶炼当时有酸碱两法,汉阳铁厂采购的贝色麻炉主要采用酸法,马丁炉则采用碱法。之所以产品质量低劣,核心在于工艺匹配和选择。酸法炼铁要求使用低磷煤炭和铁矿石,碱法炼铁对磷含量的容忍度较高。汉阳铁厂因为工艺适配导致的产品质量低劣,如"沪宁铁路公司化炼轨样后,不肯收用。谓其含磷多,而含碳少,磷多则脆,碳少则软"③。洋匠有所察觉但反馈到总办蔡锡勇那里后,不了了之。直至1904年李维格出洋考察,带着大冶铁矿矿石和萍乡煤炭请西方科学家化验指教,才真正查明原因。回国后李维格在盛宣怀的支持下进行了酸碱法调整,"决定废弃贝色麻而改用马丁碱法"④,扩充了马丁炉,进行了一系列设备和工艺改造、改扩建(见表5-1),困扰汉冶萍公司十多年的问题"一朝涣然冰释者也"⑤。

---

① 刘明汉主编:《汉冶萍公司志》,第63页。
② 刘明汉主编:《汉冶萍公司志》,第85页。
③ 《李维格呈出洋采办机器禀》,光绪三十年十二月十二日(1905年1月17日),《汉冶萍公司档案史料选编》(上),第168页。
④ 《李维格呈出洋采办机器禀》,光绪三十年十二月十二日(1905年1月17日),第168页。
⑤ 《李维格为公司招股事在汉口商会上的演说词》,光绪三十四年十月初一日(1908年10月25日),《汉冶萍公司档案史料选编》(上),第243页。

表 5-1　1905—1911 年汉阳铁厂新建炼钢炉及开功能、完工时间表

名称	建造年份	竣工时间	生产能力（吨）	备注
混铁炉	1905	1908.8	150	混铁炉不常使用，与马丁炉轮流使用，留1座作为检修之用
1号马丁炉	1905	1907.9	30	
2号马丁炉	1905	1907.11	30	
3号马丁炉	1907	1909.1	30	
4号马丁炉	1909	1909.10	30	
5号马丁炉	1909	1910.8	30	
6号马丁炉	1910	1911.3	30	

资料来源：刘明汉主编：《汉冶萍公司志》，第 18 页。

（三）人才

汉阳铁厂创办及投产后张之洞鉴于贵州青溪铁厂的失败教训，加上技术人才匮乏"中国暂时无人而招致之"①，所以大量聘用洋匠，贺伯生（英国籍）、白乃富（比利时籍）、德培（德国籍）、堪纳第（美国籍）和卜聂（比利时籍）相继充任洋总管（或称总监工），甚至每个车间都有洋匠，"多至四十余人"②。

而在汉阳铁厂创办之前中国的矿冶技术人才严重匮乏。1871 年在容闳的推动下清政府开启了派幼童赴美留学的活动，培养了部分矿冶人才（见表 5-2）。

表 5-2　晚清留美幼童中矿冶人才简表

姓名	批次	任职情况
吴仰曾	第一批	终生服务于中国工矿事业，1905—1906 年间任欧美返国留学生典试次官，清政府曾授予科学博士学位
邝荣光	第一批	初在开平煤矿服务，曾任直隶省各煤矿工程师多年
陈荣贵	第一批	终生服务于中国工矿事业
陆锡贵	第二批	曾在唐山工矿公司服务，后转入铁路界

---

① 《郑观应致盛宣怀函（二）》之附件《谈汝康：统合二十二年度钢厂商办成本说帖》，光绪二十三年二月二十五日（1897 年 3 月 27 日），《汉冶萍公司》（一），第 461 页。
② 《徐庆沅说帖》，光绪二十二年九月（1896 年 10 月），《汉冶萍公司》（一），第 245 页。

续表

姓名	批次	任职情况
唐国安	第二批	服务于唐山工矿公司，后任职于平沈路，协办清华学堂
梁普照	第二批	服务于唐山工矿公司多年
邝景扬	第三批	初在唐山工矿公司服务，后转入铁路界
邝贤俦	第三批	服务于唐山工矿公司

资料来源：石霓：《观念与悲剧——晚清留美幼童命运剖析》，上海人民出版社 2000 年版，第 227 页。

汉冶萍公司高层意识到重用洋匠只是权宜之计，长久考量还是需要培育本土人才，所以通过委派学生出洋、和高等学校合作培养专业人才等方式培养技术人才。1902 年开始汉冶萍公司陆续委派出洋学生至少 12 位（见表 5-3）。

表 5-3　　汉冶萍公司委派出洋留学生求学、任职情况

姓名	籍贯	留学情况	任职情况
吴健（任之，慎之）	上海	1902—1908 年，英国谢菲尔德大学钢铁冶金专业，1908 年获冶金学士、硕士学位	1908 年底到差，1909—1912 年汉阳铁厂工程师，1912—1923 年汉阳铁厂厂长，1916—1923 年兼任大冶铁厂厂长
卢成章（志学）	浙江宁波	1907—1911 年，英国谢菲尔德大学钢铁冶金专业	1912 年到差，1912—1915 年汉阳铁厂制钢股股长
郭承恩（伯良）	广东潮阳	1910—1915 年，英国谢菲尔德大学机械专业，1913 年获工程学士学位	1915 年到差，1915—1923 年汉阳铁厂机器股股长，1923 年任大冶铁厂副厂长
黄锡赓（绍三）	江西九江	1910—1913 年，美国里海大学采矿专业，1911 年获工程学士学位，1912 年获采矿硕士学位	1913 年到差，历任大冶铁矿坐办、萍乡煤矿总矿师、萍乡煤矿矿长
杨卓（云岩）	上海	1911—1914 年，美国里海大学矿冶专业，1913 年获硕士学位	1915 年到差，汉阳铁厂制钢股副股长、钢铁处主任
陈宏经		1911—1914 年，美国	1914 年到差，汉阳铁厂轧钢厂工程师

续表

姓名	籍贯	留学情况	任职情况
金岳祐（湘生）	浙江诸暨	1911—1915年，德国矿学专业	1915年到差，萍乡煤矿炼焦处长、正矿师
朱福仪（志鹏）	浙江绍兴	1913—1915年，美国威斯康辛大学	1914年到差，汉阳铁厂机电处主任
程文熙		1913—1918年，比利时	短暂在汉阳铁厂担任工程师
赵昌迓（伯华）	湖北武昌	1918—1922年，美国里海大学	1922年到差，汉阳铁厂化铁股工程师、大冶铁矿铁山采区主任
李复几（泽民）	江苏吴县	英国伦敦大学、德国波恩大学，机械专业	汉阳铁厂机器股长、萍乡煤矿总机器师
赵兴昌	江苏丹徒	英国伦敦大学，经济学学士	公司商务所长，襄理

资料来源：除李复几、赵兴昌信息外，其他信息转引自方一冰、潜伟《中国近代钢铁工业化进程中的首批本土工程师（1894—1925）》，《中国科技史杂志》2008年第2期；《同学消息：萍矿同学近闻》，《友声（上海）》1919年第8期；欧七斤《略述中国第一位物理学博士李复几》，《中国科技史杂志》2007年第2期。

吴健、卢成章等留学生1908年开始渐次学成归国加入汉冶萍公司，逐渐壮大了汉冶萍公司华人技术团队。加之其他途径出洋学生和国内大学毕业生的加入，汉冶萍公司技术人才队伍进一步壮大。汉冶萍公司其他途径出洋学生见表5-4。

表5-4　汉冶萍公司职员中其他途径出洋留学学生职务、求学信息

姓名	籍贯	职务	求学背景	其他信息
王宠佑	广东东莞	大冶铁矿矿长	哥伦比亚大学	"中国矿藏之父"，中国冶金学家。世界最早的锑冶金专家之一
严恩棫（冶之）	江苏上海	约1912年到汉阳铁厂，化铁股长	1906年入日本京都帝国大学矿业专业，获学士学位	
周开基	江苏吴县	大冶铁矿采矿股长	清华大学、哥伦比亚大学	1910年第二批庚子赔款留学生

第五章　西方钢铁技术的移植

续表

姓名	籍贯	职务	求学背景	其他信息
周厚坤	江苏无锡	大冶铁矿运务科长、技术科长	美国麻省理工学院	1910年第二批庚子赔款留学生
周抡元	浙江鄞县	萍矿助理工程师、煤矿监督	美国里海大学、加利福尼亚大学采矿、化学专业	1911年第三批庚子赔款留学生
胡博渊	江苏武进	汉阳铁厂工程师	美国麻省理工学院、匹兹堡大学	1911年第三批庚子赔款留学生
柳晓明	浙江临海	大冶厂矿运务股长	英国剑桥大学经济系博士	
沈厚生		大冶铁矿收支股长	英国留学	
温应星		大冶铁矿铁山大冶铁矿分局副工程师	美国华振尼阿大学肄业	
李建德	山西	大冶铁矿副工程师	英国伦敦帝国大学矿科肄业	
翁心澄		萍矿矿务工程师	德国大学毕业	矿学、机械、电气在德国大学均得有优等文凭
徐名材		汉阳铁厂工程师	留美毕业	
王光雄		汉阳厂化铁师、大冶铁矿矿务工程师	美国加拉力都矿务大学得矿师学位、哥伦比亚大学得冶金工程师及矿务硕士	
董世魁		大冶厂矿医院院长	圣约翰大学本雪梵尼亚大学医科毕业	曾在上海同仁医院服务
陈宏壎		萍乡煤矿医生	德国医学院校毕业	曾在宝隆医院工作
杨杏佛	江西	公司成本会计科长、继兼统计科长及会计处副处长、代理会计处长	康奈尔大学学习工程师学位、哈佛大学商学院商学硕士学位	
舒群		株萍路局前运输课课长、萍乡煤矿总务处长	日本留学，铁路专业	
周渭南		萍乡煤矿警长	日本留学	

续表

姓名	籍贯	职务	求学背景	其他信息
吴连庆		萍乡煤矿矿警局局长	德国留学	
王止甫		汉阳铁厂扩充工程师	英国，电机专业	
费咸一		汉阳铁厂扩充工程师	法国，电机专业	
万燮生		汉阳铁厂木模厂、翻砂厂工程师	美国，机械专业	
李云生		汉阳铁厂扩充工程师	比利时，建筑专业	
翁德銮		汉阳铁厂机器修理厂工程师	英国，机械专业	
唐瑞华		汉阳铁厂扩充工程师	美国，机械电机专业	
陈次青		汉阳铁厂化铁股工程师	英国，冶金专业	
黄金涛		汉阳铁厂化铁股工程师，汉阳铁厂厂长	美国，冶金专业	
李鸣和	江苏江宁	汉阳铁厂制钢股工程师	美国威斯康辛大学，冶金专业	1909年第一批庚子赔款留学生
程义藻（荷生）	江苏吴县	汉阳铁厂坐办处工程科工程师	美国康奈尔大学，机械专业	1909年第一批庚子赔款留学生
程义法（中石）	江苏吴县		美国科拉罗多矿业学院	1909年第一批庚子赔款留学生
陈福习	福建闽侯	汉阳铁厂坐办处工程师	美国康奈尔大学，机械专业	1910年第二批庚子赔款留学生
吴玉麟		大冶钢厂电机部总工程师	美国麻省理工学院，电机专业	1909年第一批庚子赔款留学生
谭海瞏		汉阳铁厂化学工程师	美国密歇根大学毕业	
程伟度		萍矿工程师	比利时留学7年	
仝咸澍（支生）		汉阳铁厂电机副工程师	法国电科毕业	
杨华燕	广东	大冶铁矿工程师、矿长、公司技术课课长	美国耶鲁大学城市工程专业学士、里海大学采矿专业学士、哥伦比亚大学采矿地理专业硕士	

续表

姓名	籍贯	职务	求学背景	其他信息
王冠英	广东香山	大冶铁矿计画兼扩充工程师	美国科罗拉多大学矿业	
李锡之	安徽合肥	汉阳铁厂化铁股副工师	美国麻省理工学院	
瞿宝文	江苏上海	汉阳铁厂化铁股副工师	美国哥伦比亚大学	
黄锡恩	江西九江	汉阳铁厂轧钢厂工程师	美国密歇根大学	
何宝章		汉阳铁厂机器股副工师	英国伦敦大学皇家中央实业学校	
易鼎新	湖南	汉阳铁厂电机处副工师	美国里海大学	
朱起蛰		大冶铁厂会计处统计科长兼簿记科长	美国工商等大学毕业	
孙天孙		大冶铁矿会计处处长、东京事务所所长	日本高等商校	
叶绪耕		公司驻东京事务所所长	日本帝国大学冶金科	
费敏士	上海	负责会计工作	日本东京帝国大学经济系	

注：以上仅为部分数据，可能还有更多，数据待考证。

资料来源：周少雄，姜迎春：《工业文明植入与传统社会阶层的嬗变——以大冶铁矿的开发为例（1890—1937年）》，《湖北师范学院学报》（哲学社会科学版）2010年第3期；陈学恂、田正平编：《中国近代教育史资料汇编·留学教育》，上海教育出版社1991年版，第188—201页；彭连生：《开明绅士柳晓明》，《今日临海》2017年5月26日第3版；刘明汉主编：《汉冶萍公司志》，第205—206页。

湖北省档案馆：汉冶萍公司档案，档号LS56-2-92（2），大冶铁矿雇用员司招考生徒；湖北省档案馆：汉冶萍公司档案，档号LS56-2-92，大冶铁矿雇用员司招考生徒；湖北省档案馆：汉冶萍公司档案，档号LS56-2-33（3），萍矿雇用华洋员司核定薪费；《申报》，1915年6月，1919年5月，1926年4月，1927年12月，1928年5月；《汉冶萍公司档案史料选编》（上），第436页；《汉冶萍公司档案史料选编》（下），第313—394页；王崇植：《武汉工厂纪略》，《少年世界（上海）》，1920年第6期；王昭文：《萍矿调查记》，《实业杂志》1912年第2期；方一兵、潜伟：《中国近代钢铁工业化进程中首批本土工程师（1894—1925年）》，《中国科技史杂志》2008年第2期；武钢大冶铁矿志办公室：《大冶铁矿志》（第一卷）（上册）（内部发行），1986年，第187页；方一兵：《汉冶萍公司与中国近代钢铁技术移植》，第71页；湖北省政协文史资料委员会编：《湖北文史资料》1992年第2辑，第180页。

人才队伍的壮大为华人工程师取代洋匠奠定了基础，"到了1918年，汉阳铁厂90%的技术人员是中国人，各主要生产部门中几乎所有的技术负责人和工程师、副工程师都是留学海外、学有专攻的中国学生，此时汉阳铁厂的外籍技术人员只有4名"①。1921年汉阳铁厂"各股设有股长、股员，均以留学国外或富有经验之专门学士充之"②。总体而言，经过数十年的人才培养汉冶萍公司培养和吸引了一大批技术人才，在技术和技术管理领域基本取代了洋匠的角色，实现了技术从洋匠到华人工程师的转移。

（四）理念和管理方式

传统中国工业主要包括小手工业和官办工厂，后者规模相对而言较大，但采用的是官僚式管理。汉阳铁厂引入西式设备、技术和洋匠，采用西方技术生产，不可避免吸收、借鉴了一部分西式理念和管理方式。同时洋匠和留学生在西式管理、管理方式传承中起到了纽带作用。这些理念包括量化管理、轮班生产、精细测算等，也包括制度化、契约化管理的思想。如1896年洋匠彭脱建议汉阳铁厂"仿欧洲法，日夜开工"③，提高机器使用效率、降低成本。借鉴西方钢铁厂的管理模式，汉冶萍公司1896年改为官督商办后推行合同制，与洋匠、职员签订劳动合同。除此，汉冶萍公司逐渐构建了包括生产管理、质量管理、技术标准规范等生产管理体系和涵盖职员薪酬职等、劳动保障、抚恤、退出、岗位职责权限等内容的劳动管理制度体系，推进了中国企业管理的制度现代化。

钢铁工业属于规模化工业，汉冶萍公司投产后一直筹划进一步扩大规模提升效益。先后经过多次改扩建，包括1905年李维格组织的工艺改造、1912年汉阳铁厂修复、1913年扩建、1916年大冶新厂筹建等，雄踞亚洲大厂之列。

第二节 技术自主权的得失

汉冶萍公司前期由于技术和人才受制于洋匠，"惟兹事皆中土所未经

---

① 方一兵、潜伟：《中国近代钢铁工业化进程中的首批本土工程师（1894—1925）》，《中国科技史杂志》2008年第2期。

② 《论说：汉冶萍煤铁厂矿有限公司》，《工业杂志》1921年第6期。

③ 《彭脱致盛宣怀函》，光绪二十二年六月二十五日（1896年8月4日），《汉冶萍公司档案史料选编》（上），第147页。

见，镕炼之合法与否，不能不恃监工之西人"①，考虑到"大举制炼钢铁，事属创办，中国工匠未经习练，一有差池，贻误匪小"②，所以从 1890 年汉阳铁厂筹建到 1911 年总管一直由洋匠担任，郭师敦、白乃富、德培、吕柏等先后担任洋总管。由于中国处于半殖民地半封建社会，加上技术受制于人，所以洋匠地位、薪酬较高，往往桀骜不驯，华洋工匠关系紧张。如 1895 年时任洋总管德培"性情奇傲，因合同系总管名目，自谓只归总局节制外，厂委员概置不理，一切厂务，不与驻厂委员相商，独断独行，稍不如意，即以停工挟制"③。1897 年大冶铁矿致函盛宣怀指出大冶铁矿"各弊半由洋人而出，半由地方散漫"④。

1896 年汉阳铁厂改为官督商办后，面对洋匠的骄纵，盛宣怀有意约束洋匠。先是要求洋总管德培详细说明钢铁冶炼各项成本收益，并明确提出："本督办亟欲观看执事筹划心思，能否与本督办意思相合，方能与执事订立合同，派定职司办事。"⑤桀骜不驯的德培回复"断难听从"⑥，但随后德培还是详细回复了盛宣怀的问询。其后汉阳铁厂专门拟定了总管办事规则《德培：办事条规》⑦，约定了总管的权限和工作规则，对洋总管进行了约束。后来汉冶萍公司借机更换了德培。此后，对其他洋匠汉冶萍公司推行合同制明确约定洋匠的考核任务和规则，如萍乡煤矿与洋匠帕特勒克合同约定"须于每一中国月在马鞍山湖边挂路之末端，最少交煤 3600 吨，如遇小建之月，只交煤 3480 吨"⑧。另如 1896 年《马鞍山煤矿章程》

---

① 《盛宣怀、张之洞：湖北铁厂改归商办后情形折》，1898 年 3 月，参见汪叔子、张求会编《陈宝箴集》（上），中华书局 2003 年，第 796 页。
② 《张之洞咨呈约估筹办煤铁用款折》，光绪十六年十一月初九日（1890 年 12 月 20 日），《汉冶萍公司档案史料选编》（上），第 87 页。
③ 《张之洞致许景澄电》，光绪二十一年九月十四日（1895 年 10 月 31 日），《汉冶萍公司档案史料选编》（上），第 118 页。
④ 《张世祁致盛宣怀函》，光绪二十二年五月初四日（1896 年 6 月 14 日），《汉冶萍公司》（一），第 78 页。
⑤ 《盛宣怀致德培函》，光绪二十二年四月十四日（1896 年 5 月 26 日），《汉冶萍公司档案史料选编》（上），第 139 页。
⑥ 《德培致盛宣怀函》，光绪二十二年四月十五日（1896 年 5 月 27 日），《汉冶萍公司档案史料选编》（上），第 139 页。
⑦ 《德培：办事条规》，光绪二十二年五月初八日（1896 年 6 月 18 日），《汉冶萍公司档案史料选编》（上），第 140 页。
⑧ 《汉阳铁厂与帕特勒克续订条款》，光绪二十三年三月（1897 年 4 月），《汉冶萍公司档案史料选编》（下），第 165 页。

规定"洋人宜与华人员董联合。嗣后涉及机器、工程的，归洋匠负责，重大工程需知会员董；洋人更换井工头，需知会员董，另行招募，不得听随行通事指派，以杜弊端而收驾驭之功效"①，对洋匠的权限作了明确规定和限定。

汉冶萍公司一方面对洋匠进行约束，一方面通过派遣人员出洋考察、委派留学生等方式提升技术能力。

1905年李维格出洋考察归来，搞清楚了汉阳铁厂产品质量低劣的原因，组织进行了工艺改造，扩充了马丁炉，解决了长期困扰汉冶萍公司的产品质量问题，汉阳铁厂的面貌也为之一新，途经武汉的时任德国胶州总督诧异道："不意中国亦有一事能造其极。"②改扩建之后的汉阳铁厂，欧美报纸描述如下：

> 登高下瞩，使人胆裂，斯奚翅美国制造之乡耶。烟囱凸起，插入云霄，层脊纵横，盖于平野。化铁炉之雄杰，辗轨机之森严，汽声隆隆，锤声丁丁，触于眼帘，轰于耳鼓者，是为中国二十世纪之雄厂耶。观于斯厂，即知研究西学之华人，经营布置，才华不下西人也。设厂之地，旧为洼区，涨潮之所浸，荆榛之所丛也，立厂以来，建筑巩固，变昔日之洼泽芜菁，为中国生利之名场，曾几何时，江山顿改，地灵人杰，岂虚语焉。③

随着吴健等留学生人才1908年起陆续加入汉冶萍公司，汉冶萍公司的华人工程师队伍逐渐壮大。辛亥革命期间洋匠为了躲避战火纷纷回国。辛亥革命之后，除了赖伦之外，在没有其他洋匠支持的条件下"外籍工匠除萍乡煤矿的赖伦留下外，其余全部回国。各厂矿的矿长及工程师改由汉冶萍公司派遣出国的留学生吴健、金都生、卢成章及其他学习矿冶及化学的

---

① 《附件：马鞍山煤矿章程》，《汪钟奇致盛宣怀函》，光绪二十二年五月二十三日（1896年7月3日），《汉冶萍公司档案史料选编》（上），第142页。
② 《盛宣怀行述》，中国史学会主编《洋务运动》（八），上海人民出版社1961年版，第72页。
③ 《上海万国商业月报译西报》，《论汉阳铁厂装运钢铁出口将为欧美二洲实在之中国黄祸》，《东方杂志》1918年第7期，转引自刘明汉主编《汉冶萍公司志》，第14—15页。

工程技术人员担任,如汉阳铁厂化验师吴蕴初、大冶铁矿矿长王宠佑等"①,并在李维格、吴健等带领留学生和工人修复了当时亚洲最大的铁厂——汉阳铁厂。此后,1914年世界博览会在意大利首都举办,汉冶萍公司参展,"其所产铁矿石、煤、钢铁制品获得最优等奖,火砖获银牌奖"②,这充分证明了汉冶萍公司的产品质量和实力,也说明汉冶萍公司初步实现了技术自主。

汉冶萍公司技术实力逐步上升的同时,辛亥革命之后汉冶萍公司巨额亏损导致再次陷入困境,"内则有破产之危,外则有攘夺之险"③,内忧外患背景下汉冶萍公司为了图谋生存向日本筹借巨款,进而一步步落入日本的圈套。和辛亥革命之前日本借款、煤铁互换不同,辛亥革命之后日本两次图谋中日合办汉冶萍公司,均未果。日本在出借巨款的同时绑定要求委派最高顾问工程师和财务顾问,开始掠夺汉冶萍公司的技术和经营大权。根据1913年汉冶萍公司与日本借款协议所附的最高顾问工程师聘用协议,最高顾问工程师对重大工程事项具有一定的发言权,按照程序汉冶萍公司决策前需征询最高顾问工程师的意见建议,具体而言最高顾问工程师具有顾问角色,但"受其协议,而非自任执行及直接号令各业务","最高顾问工程师以为需要时,关于其技术上事项,致其最善之法提出意见,惟其最后之决定,仍归公司核夺"④。具体而言最高顾问工程师的权限如下:

(1) 公司于一切营良改作、修理工程之筹计及购办机器等事,应先与最高顾问工程师协议而实行。至于日行工程事宜,该顾问工程师可随时提出意见,关照一切;

(2) 最高顾问工程师以为必要时,可得聘用日本襄办人一名,所用一切经费,由公司担任;

(3) 最高顾问工程师为执行其职务起见,随时可得调查公司工程进行及其他事业之情形,并得要求关于此类事件以为须要之计表,或

---

① 刘明汉主编:《汉冶萍公司志》,第109页。
② 刘明汉主编:《汉冶萍公司志》,第27页。
③ 《工商部呈袁世凯文》,1912年12月31日,《汉冶萍公司》(三),第397页。
④ 《最高顾问工程师职务规程》,1913年12月15日,《汉冶萍公司档案史料选编》(上),第354页。

可发为质问；

（4）公司每年应兴事业之计划，应先与最高顾问工程师协议而作成；

（5）公司应将其工程师、帮办工程师之变动并其他增减俸金等事，报告最高顾问工程师。①

除了最高顾问工程师和襄办人，"公司还聘请了数十名日籍人员担任各处、股、科的负责人"②，最高顾问工程师大岛同时兼任大冶新厂总工程师，日本深度介入汉冶萍公司技术管理。

一战后汉冶萍公司三度陷入困境，不得不继续筹借日债。1924年和1926年汉阳铁厂和大冶铁厂先后停产，萍乡煤矿也处于实质停产状态。1927年日本在大冶铁矿设置工务所，工务所主任的权限再次扩大，已经不再是"顾问"角色，而是对各项技术管理拥有决策权，"所有工程之计划实行及关于技术上各项事务，均归所长之指挥监督而办理之"③，"各厂矿关于技术有具陈总经理之事项，须经由工务所长"④，完全侵占了汉冶萍公司的技术自主权限，并规定汉冶萍公司"今后仅限于矿石之采掘与出售，终止生铁生产"⑤。由此汉冶萍公司彻底"变成了供给日本重工业原料的基地"⑥。即使很小的工程，华人管理者已无自主权限，如1930年"大冶厂矿运务股长柳晓明，就运矿码头狭窄问题提出改造建议，建议拓宽旧码头一倍，避免挑夫拥挤，损失矿砂，获得厂矿长赵时骧的同意和代厂矿长李惠之的正式批准后，便组织力量进行施工。工务所长村田在一次会议上当众斥责柳晓明，说柳改造码头是越权行为，并于次日到码头查勘，提看档

---

① 《聘请最高顾问工程师合同》，1913年12月15日，《汉冶萍公司档案史料选编》（下），第354页。
② 湖北省政协文史资料委员会编：《湖北文史资料》1992年第2辑，第44页。
③ 《高木致孙宝琦函附甲协定书》，1926年12月20日，《汉冶萍公司档案史料选编》（下），第85页。
④ 《盛恩颐致公司董事会函附工务所规章》，1928年4月11日，《汉冶萍公司档案史料选编》（下），第90页。
⑤ 刘明汉主编：《汉冶萍公司志》，第144页。
⑥ 陈月清：《中国近代史》，第107页，转引自《汉冶萍公司档案史料选编》（上），第4页。

案，索取图纸，要查办这件事"①。

在日本侵夺汉冶萍公司技术自主权的同时，由于汉冶萍公司日益困窘、汉阳铁厂和大冶新厂先后停产加上重视技术人才的盛宣怀过世，导致汉冶萍公司技术人才流失严重。如加入汉冶萍公司的留学生王宠佑（曾担任大冶铁矿矿务长）、卢成章（曾担任汉阳铁厂代理厂长）等先后离职他就，吴健于1923年被调回汉冶萍公司总事务所闲置。技术人才的流失使得一度基本取得技术自主权的汉冶萍公司再次失去技术自主能力。

汉冶萍公司经过数十年努力基本摆脱了对欧美洋匠的依赖，初步实现了技术自主，但不幸又落入日本的陷阱，彻底丧失了技术自主权。

后发现代化国家的现代化启动因素源于外部，往往面临着技术和人才困境。汉冶萍公司为实现技术的本土化和自主化，付出了艰辛努力，亦走了部分弯路，取得了一定成效，但在内忧外患中最终还是丧失了技术自主权。汉冶萍公司技术自主权的得失，表面看是一个企业的兴衰和控制权的丧失，背后折射的其实是后发现代化国家为实现技术追赶、超越进而实现技术自主和经济独立的努力与探索。在中国近代社会转型期内忧外患的大背景下，作为后发现代化国家实现技术自主，既要在工业化道路抉择方面有自主的意识和努力，包括国家、社会和企业的主体、自强意识，也需要突破西方国家在技术合作同时制造的技术限制，防范西方国家是对技术自主权的侵夺。只有实现国家政治和主权独立，才能真正为技术自主营造一个安稳的发展环境。而只有实现了技术自主、掌控技术的主导权，国家才能长久维持经济和主权的独立。

---

① 刘明汉主编：《汉冶萍公司志》，第144页。

第六章　政府、关系网、市场与产品销售

汉阳铁厂是因卢汉铁路而修建，为铁路提供钢轨是其主要目标。在官办时期，由于缺少焦炭和资金，铁厂生产的生铁和钢轨等产品十分有限，且质量存在问题。官督商办和商办时期，铁货和钢轨是汉冶萍的主导产品，技术含量较高，但为解决资金短缺问题，盛宣怀向日本预支铁矿石和生铁价值以获得日本的借款，实际上是向日本出售铁矿石和生铁，成为铁厂盈利的商品；萍乡煤矿大举后，煤焦在满足汉阳铁厂的需求外，大量投向市场，亦成为铁厂生财的商品。在产品销售过程中，直至1924年和1925年汉阳铁厂和大冶铁厂相继停产，汉冶萍长期保持钢轨等终端产品与铁矿石、生铁与煤焦等初级产品销售并举的格局。

第一节　铁矿石销售

一　《煤铁互售合同》与大冶铁矿石输日的开始

汉阳铁厂的创办是因卢汉铁路的修建而起，其主要目标是抵制洋铁洋轨在中国的侵略。1893年汉阳铁厂建成时，共耗费银580余万两；从1894年5月开工至1895年10月，铁厂仅生产生铁5660余吨，熟铁110吨，贝色麻钢料940余吨，马丁钢料550余吨，钢板、钢条1700余吨。① 由于经费难筹，焦炭缺乏，铁厂生产处于时续时辍的状态。1896年，张之洞向清廷奏请招商承办。盛宣怀接手汉阳铁厂后，在相当长的一个时期内仍未解决上述问题，尤其是在社会资本难筹的条件下，要大举开发萍矿，资本缺

---

① 严中平主编：《中国近代经济史（1840—1894）》，人民出版社2001年版，第1395页。

口更大，铁厂的生存和发展更形艰难，在 1908 年组建公司之前，盛宣怀筹集股份资本的情况并不理想，主要是从其麾下的企业如轮船招商局、中国电报总局等挪移挹注。1902 年，轮船招商局和电报局被袁世凯夺取，厂矿挹注资金的来源被切断。1869 年日本明治维新后，大力发展资本主义，而作为资本主义基础的钢铁工业成为其发展重点。1897 年日本在福冈创办官营的八幡制铁所。但日本国内铁矿资源并不富足，除较大的釜山铁矿蕴藏 300 万吨之外，其他几处多为贫矿，即使加上朝鲜的铁矿蕴藏量，也不过 8000 万吨。釜山日采千吨，每年全国采矿总数不过 25 万吨①，根本满足不了钢铁工业的发展。

为获得大冶铁矿优质而稳定的铁矿资源，日本八幡制铁所总办和田于 1899 年 4 月同汉阳铁厂督办盛宣怀签订《煤铁互售合同》②，规定：大冶铁矿每年向日本制铁所提供至少 5 万吨铁矿石。汉阳铁厂及轮船招商局、纺纱织布厂亦须由日本制铁所经手，每年购煤至少 3 万—4 万吨。合同期内，亦必须先尽日本；日本制铁所拣派委员二三名常驻石灰窑、铁山两处。以 15 年为期。③ 这是大冶铁矿向日本出售铁矿石之滥觞。《辛丑条约》签订后，列强加强了对中国铁路和矿山的掠夺。在长江流域拥有雄厚实力的英、德两国对大冶铁矿表现出强烈的占有欲望，为同英、德两国竞争，1903 年日本于煤铁互售合同期限即将届满之际，为防止中日两国因为铁矿石价格之间的分歧以致大冶铁矿落入英、德两国之手，会使日本制铁所"受一大挫折"，日本利用汉阳铁厂资本缺乏，盛宣怀提出二三百万两借款的契机，对其借款要求予以应允，以达到渗透大冶铁矿的目标。④ 盛宣怀于 1903 年 11 月 9 日与日本驻沪总领事小田切于签订了一个《大冶购运矿石预借矿价草合同》⑤，汉阳铁厂向日本兴业银行预借矿石价值 300 百万日

---

① ［美］丁格兰：《中国铁矿志》，第 283 页。
② 《煤铁互售合同》，光绪二十五年二月二十七日（1899 年 4 月 7 日），《汉冶萍公司档案史料选编》（上），第 216—217 页。
③ 《附件：购买大冶铁矿矿石定准成色清单》，《汉冶萍公司档案史料选编》（上），第 217 页。
④ 《日外务大臣小村寿太郎致上海总领事小田切密函》，光绪二十八年十一月二十八日（1902 年 12 月 27 日），《旧中国汉冶萍公司与日本关系史料选辑》，第 43—44 页。
⑤ 《日驻上海总领事小田切致中国公使内田第八十九号公函》，光绪二十九年九月二十二日（1903 年 11 月 10 日），《旧中国汉冶萍公司与日本关系史料选辑》，第 84—87 页。

元，以30年为期；以大冶之得道湾矿山，大冶矿局现有及将来接展之运矿铁路及矿山吊车并车辆房屋、修理机器厂为该借款担保之项；以矿石价值还本息，不准还现；提供头等矿石每年不得少于6万吨，价格每吨3日元，10年不变等条款。① 在盛宣怀次年与日本兴业银行签订《大冶购运矿石预借矿价正式合同》中，头等铁矿石年供应量由5万吨提升到7万吨，价格每吨3日元，二等铁矿石每吨2.2日元，均以10年为期。② 合同表明：一是合同时间长达30年，解决了八幡制铁所缺乏铁矿石的后顾之忧；二是表面上铁矿石获得了稳定的销售市场，实则价格长期脱离市场，对日本长期购买廉价的矿石十分有利，因此铁厂存在极大的风险；三是不准还现，牢牢地将大冶铁矿控制在自己手中。正如大冶日方顾问服部渐后来追述，合同签订后，"从此由中国取得铁矿石一节，便成为八幡制铁所永远的事情，原来原料奇缺之情况，至是一变而为十分充足"③。八幡制铁所为此获得了大冶稳定而优质的铁矿石，汉阳铁厂则获得了日本提供的借款，尽管借款是以预借矿价的形式出现的，实际上亦为大冶铁矿石找到了一条稳定的销路，在一定程度上缓解了铁厂融资困难。

此后，八幡制铁所成为日本钢铁工业的中心，提供了国内生铁需要的70%，钢材需要的80%，占有十分重要的地位。在日俄战争前后，日本一方面陆续产生了大量私人钢铁企业，如1901年住友铸钢所、1904年的神户制钢所、1907年的川崎造船所钢铁厂；另一方面则产生了一些需要用钢铁的企业，如1905年创立了三菱神户造船所、日立制作所核日立矿山公司，这使得日本钢铁自给率比较低，生铁只有60%，钢材只有20%—30%，其余全靠进口。④ 这使得日本控制大冶铁矿的野心更加强烈。而20世纪前后，远东国际形势发生了有利于日本的巨大变化，1894—1895年，日本打败了腐败的清政府，一举成为东亚强国；1904—1905年，日本又在日俄战争中打败了沙皇俄国，夺取了中国东北南部的全部权益。日本由一个二流强国一跃而成为与英、法等欧洲列强平起平坐的强国。在这种情势

---

① 《汉冶萍公司紧要合同汇编》（公司自刊本），卷一，见湖北省档案馆藏汉冶萍公司档案。
② 《大冶购运矿石预借矿价正合同》，光绪二十九年十一月二十八日（1904年1月15日），《汉冶萍公司档案史料选编》（上），第224—225页。
③ 《公司日本顾问服部渐追述日本制铁所成立初期对大冶铁矿的垂涎》，《旧中国汉冶萍公司与日本关系史料选辑》，第4页。
④ ［日］渡边公平：《日本钢铁工业》，吴杰译，上海译文出版社1980年版，第36页。

下，国际形势对日本十分有利，为利用日本牵制俄国和德国，1902 年、1905 年和 1911 年英国与日本三次结盟，实际上加强了日本在远东和国际的地位；为在竞争中国问题上妥协，1908 年美国与日本签订《鲁特—高平协定》，两国重申关于中国独立与完整以及在中国的工商业机会均等原则，即"门户开放"的原则①，这些都加强了日本的势力。1910 年，日本加大了在中国东北的扩张及合并韩国行动，俨然成为远东的霸主，引起国内激进民族主义的极大警惕，汉阳铁厂多次向日本大借巨款引起朝野上下对其落入日本债务泥沼的担忧，同时盛宣怀亦希望摆脱对日本债务的控制，1910 年 3 月汉冶萍公司与西方炼钢公司、大来洋行订立售卖矿石合同，同意售予西方钢铁公司铁矿石第一年 3.6 万吨，至多 7.2 万吨。②

对汉冶萍与美国西方钢铁公司的合作，日本蛮横阻挠，提出种种无理条件，但现实却是"德、美之亲近与美、中之接近，近来尤为显著。在中国南方和北方官场中，固不待言；即各通商口岸等处，也可到处看到美、中两国人之亲密握手。美国势力之迅速发展扩大，实属惊人"；大冶铁矿技师西泽认为，美国购买大冶矿石，除了出于政略上企图将来插手长江流域利权外，还因为美国最优质之铁矿逐渐濒于缺乏，"结果不得不乘机插手东亚"。③ 汉冶萍公司对日本在友谊上表示好感，同时对美国在利益上频送秋波，此刻美国乘此大好机会，将采取何种方法笼络公司，令人担忧。④ 为排除美国对日本垄断地位的干扰，日本政府指示制铁所同汉冶萍公司就生铁条款展开强硬交涉，要求从 1916—1931 年 15 年内，每年向八幡制铁所提供铁矿石 10 万吨，15 年共计 150 万吨。在汉阳交货或他处船面交货，订定生铁每吨 26 日元。同时签订的几个附件规定：因逐年提升对生铁的购买量，故而汉冶萍同时应增加对制铁所矿石的供应，自 1916 年起每年制铁所加购铁矿石 10 万吨。因 1903 年所订矿石价格为 10 年，现将前开合同所

---

① 阎广耀：《美国对华政策文件选编（从鸦片战争到第一次世界大战）》，方生选译，人民出版社 1990 年版，第 497—498 页。

② 《汉冶萍公司与西方炼钢公司、大来洋行订立售卖生铁合同》，宣统二年二月十二日（1910 年 3 月 22 日），《汉冶萍公司档案史料选编》（上），第 540 页。

③ 《日驻大冶技师西泽致制铁所长官中村函》，宣统二年三月初五日（1910 年 4 月 14 日），《旧中国汉冶萍公司与日本关系史料选辑》，第 162 页。

④ 《日正金银行驻北京董事小田切致总经理高桥是清报告》，宣统二年三月二十五日（1911 年 5 月 4 日），《旧中国汉冶萍公司与日本关系史料选辑》，第 168 页。

载之价格及本日续订 1916 年起矿石价格,均订定 15 年。① 这充分说明了日本钢铁工业对铁矿石需求量之大（见表 6-1）,野心之贪婪,心情之迫切,对大冶铁矿的控制和掠夺已经到了肆无忌惮的地步。

表 6-1　　　　　　日本从各国输入铁矿石数量及价值②

（单位:数量·吨;价值·元）

国家 年份	中国		英吉利		朝鲜		其他各国	
	数量	价值	数量	价值	数量	价值	数量	价值
1905	95690	672151	—	—	1263	10343	24	540
1906	107021	764473	789	22100	12427	92858	29	841
1907	104321	753242	254	6867	17870	149055	56	393
1908	133287	913257	57	1298	56836	415464	32	1332
1909	88906	590672	62	1343	98417	565286	196	7625
1910	107712	710563	1251	35203	134924	712228	41	977
1911	122849	716356	1550	40873	107361	583637	50	487
1912	195625	1100748	2485	75877	123405	636452	101	1518
1913	277883	1537012	1991	47978	142420	723770	23	221
1914	297183	1671428	1682	57613	162044	832135	3	27
1915	308074	1789324	669	25618	201978	1044936	54	369
1916	279216	1642467	561	30153	190225	1016242	14	120
1917	295688	2382011	—	—	120907	960895	1193	77177

二　日本对大冶铁矿石的掠夺

1912 年,公司拟向日本借款 1625 万日元,其中 900 万日元用于新添工程,725 万日元用于旧债偿还。日方乘机提出,大借款成立后,40 年内本息一并归还,要求提供铁矿石 40 万吨。③ 对此,盛宣怀表示:期限 40

---

① 《日本制铁所与公司订定售购生铁草合同及有关往复函件》,宣统二年十月（1910 年 11 月）,《旧中国汉冶萍公司与日本关系史料选辑》,第 169—173 页。
② 陈世鸿:《我国煤铁矿与日本国防工业之关系》,《东方杂志》1922 年第 17 期,转自李雨桐《日本对中国东北矿产资源的调查与掠夺（1905—1931）》,博士学位论文,东北师范大学,2015 年,第 71—72 页。
③ 《高木陆郎自东京致盛宣怀、李维格函》,1912 年 8 月 22 日,《旧中国汉冶萍公司与日本关系史料选辑》,第 404 页。

年太远，恐遭反对，故以 20 年为期。公司无法在一年同时提供 20 万吨生铁和 40 万吨铁矿石。① 日方强硬地在附带合同中提出，无论何时，只要制铁所提前 2 年预告公司，公司须每年提供头等矿石 60 万吨和生铁 30 万吨。② 由于制铁所正在进行扩充，希望在上述数量外，再承诺 40 万吨矿石供应额（若接受 40 万吨矿石供给，则不需要生铁；若接受 20 万吨生铁，则不需要矿石）。日方强调，修改本条规定，载明合同期内公司必须供给制铁所之矿石总吨数。③ 在日方的压力下，公司被迫同意在 40 年内提供头号矿石 1500 万吨和生铁 800 万吨。④

一战期间，世界钢铁价格猛涨，而日方仍以极低价格购买汉冶萍的铁矿石和生铁。1916 年 2 月，日本内阁会议通过制铁所第三期以年产钢材 65 万吨为目标的扩充计划后，日方要求汉冶萍公司按 1912 年签订的售卖合同，即从 1918—1953 年 35 年的期限内提供 800 万吨生铁和 1521 万吨铁矿石，并制订了具体的年度收购计划。⑤ 为此，制铁所的押川亲赴北京与汉冶萍公司董事会长孙宝琦交涉，要求公司履行合同。孙宝琦拒绝了日方的要求，明确表示汉冶萍历年运售生铁矿砂供应制铁所"不遗余力"，且贱价出售；近年铁价飞涨，公司吃亏不少，"必须使汉、冶两厂所出生铁，留有余额，另做中外生意，冀有盈利"⑥。在日方的压力下，公司先后委派高等顾问李维格和公司副总经理盛恩颐两次赴日交涉，汉冶萍公司与制铁所订定矿石生铁价值及分年交额合同十一条，主要内容有两方面。（1）关于矿石和生铁数量，矿自 1920 年起，40 年内交足 1500 万吨；生铁自 1921 年起，40 年内交足 800 万吨。（2）关于价值，矿石在大冶石灰窑交货，每吨 3.8 日元，期限 10 年。生铁价值则按照前一年英国克利夫伦三号

---

① 《盛宣怀复高木函》，1913 年 8 月 30 日，《旧中国汉冶萍公司与日本关系史料选辑》，第 405 页。
② 《日正金银行总经理井上致公司驻日代表高木函》，1913 年 10 月 28 日，《旧中国汉冶萍公司与日本关系史料选辑》，第 413—414 页。
③ 《正金总行总经理井上致上海分行函》，1913 年 10 月 29 日，《旧中国汉冶萍公司与日本关系史料选辑》，第 418—419 页。
④ 《公司对案全文》，《旧中国汉冶萍公司与日本关系史料选辑》，第 424—425 页。
⑤ 《日制铁所长官押川则吉致公司董事会函》，1916 年 8 月 2 日，见湖北省档案馆藏汉冶萍公司档案《公司档·董事卷》69 号。
⑥ 《孙宝琦致公司董事会函》，1916 年 10 月 17 日，见湖北省档案馆藏汉冶萍公司档案《公司档·董事卷》117 号。

瓦伦兹（Cleveland No. 3 Warrants）12 个月之平均价目及 26 日元两数合并折半为一年的定价，每年订定一次。同时明确规定每吨不能低于 26 日元，以 5 年为期。合同附件规定：铁耗一律每千吨加 4 吨，均订定 5 年一议。本合同及以前所订合同铁矿石一律每百吨加耗 2.5 吨。前两款最多最少相差数目，制铁所应照本日所订合同之价值付与公司，即矿石每吨 3.8 日元。① 1918 年，因世界铁价继续高涨，公司总经理夏偕复赴日交涉，要求减少矿石和生铁的供应量，日方同意汉冶萍公司生铁本年减为 5 万吨，铁价升至 120 日元，减少之生铁以 2 倍矿石补充。② 自 1911 年第一批汉阳生铁运日至 1925 年，日本从汉冶萍公司共掠去生铁 78 万余吨（见表 6-2）。

表 6-2　　　　八幡制铁所运入矿石数量表（1900—1937）③

年份	（1）八幡制铁所运入矿石总数量（吨）	（2）该所自华运入矿石量（吨）	（3）汉冶萍公司运交该所矿石量（吨）	（3）占（1）的比重（%）	（3）占（2）的比重（%）
1900	41313	15000	15476	37.46	
1901	99850	70000	70189	70.29	
1902	54136	50000	48169	88.98	
1903	50000	50000	51268	100.00	
1904	67757	60000	59990	67.76	
1905	91227	72000	72000	78.92	
1906	151356	105000	105800	69.90	
1907	151571	110000	100000	65.98	
1908	197033	127000	127000	64.46	
1909	204938	95000	95600	46.65	
1910	244253	96000	96210	39.39	
1911	241312	121000	121000	50.14	

---

① 《中国汉冶萍公司、日本制铁所订定矿石生铁价值及分年交额合同》，1917 年 6 月 25 日，《旧中国汉冶萍公司与日本关系史料选辑》，第 698—702 页。

② 《公司总经理夏偕复与日本制铁所长官白仁武谈话记录》，1918 年 10 月 9 日，《旧中国汉冶萍公司与日本关系史料选辑》，第 707—709 页。

③ 代鲁：《汉冶萍公司所借日债补论》，《历史研究》1984 年第 3 期。

续表

年份	（1）八幡制铁所运入矿石总数量（吨）	（2）该所自华运入矿石量（吨）	（3）汉冶萍公司运交该所矿石量（吨）	（3）占（1）的比重（%）	（3）占（2）的比重（%）
1912	402251	292980	292980	72.84	
1913	352168	195000	173900	49.38	
1914	422120	250000	292400	69.27	
1915	487124	268700	298350	61.12	
1916	464411	267160	284500	61.26	
1917	395255	300000	323495	81.85	
1918	531343	360000	321100	60.43	
1919	675736	446434	356730	52.79	79.90
1920	760369	519930	385950	50.76	74.95
1921	804916	480507	249900	31.05	52.01
1922	835281	574476	294144	35.21	51.18
1923	856489	606726	303650	35.45	50.05
1924	1040103	682195	331011	31.82	48.52
1925	1028614	645580	361067	35.10	55.93
1926	736998	310416	105215	14.28	33.89
1927	1257068	537467	183193	14.57	34.08
1928	1643200	673593	398410	24.25	59.15
1929	1713863	626656	391140	22.82	62.42
1930	1681450	570995	391380	23.28	68.54
1931	1042137	313836	254515	24.42	81.10
1932	1261020	342578	330000	26.17	96.33
1933	1774705	554310	368170	20.75	66.42
1934	1342452	514720	468420	34.89	91.00
1935	2879205	913843	536690	18.64	58.73
1936	3042938	762901	533300	17.53	69.90
1937	1886333	283742	277720	14.72	97.88
合计	30912295	13264505	9469332		

矿石和生铁的数量与价格是日本政府与汉冶萍关系的核心，也是日本帝国主义控制汉冶萍的主要目标。日本的图谋是控制大冶铁矿，但它和其他帝国主义采取赤裸裸的强占方式不同，而是通过不断提供贷款，同时附加政治条件，对汉冶萍铁矿石和生铁的价格与数量加以控制。这给汉冶萍造成了巨大的经济损失。1897 年，据汉阳铁厂总办郑观应核算，大冶矿石每吨成本银 2.522 两，生铁每吨成本银 19.468 两①，日本向汉阳铁厂提供的大冶上等矿石每吨 3 日元，若根据当时伦敦铁国际市场的价格来看，仅敷开采成本。而且随着采掘的深入，开采成本增加，亏本经营成为常态。1910 年提供的生铁价格每吨 26 日元，仅比成本略高。② 若从汉冶萍的整个销售市场来看，问题就严重了，1909—1911 年，汉阳铁厂生铁每吨外销（除八幡制铁所）平均价格却达到了 36 银元左右。③ 若从八幡制铁所方面来看，1912—1921 年，制铁所输入铁矿石和生铁均价分别都在 5 日元和 40 日元以上，而 1918 年两者均价却分别达到了 24.30 日元和 406 日元。④ 一战期间，世界市场生铁和矿石价格飞涨，汉阳铁厂生铁国内销价由 1914 年每吨约 26 两涨至 1918 年 8 月的 190 余两，而同期在日本市场每吨由 46 日元涨至 406 日元⑤，涨幅均在 6 至 8 倍。尽管在汉冶萍的多次交涉之下，日方同意将矿石价格每吨由 3 日元提高至 6 日元⑥，生铁每吨提高至 90—120 日元⑦，价格表面上提高了，但汉冶萍并未真正获利，因为日元兑换银元在不断贬值，每 100 日元由 1914 年兑换 83.38 银元惨跌至 1919 年只能兑换 41.09 银元的境地⑧，贬值率超过 50%。此 5 年间，汉冶萍公司共运交日本矿石 150 余吨、生铁 20 万吨，仅就交价与市价差额一项，损失即达

---

① 《大冶铁矿石成本》和《生铁成本》，光绪二十三年正月二十九日（1897 年 3 月 2 日），《汉冶萍公司档案史料选编》（上），第 158 页。
② 按当时日银两 1 元约值华银 1 元。全汉昇：《中国经济史研究》（二），中华书局 2013 年版，第 240 页。
③ 代鲁：《汉冶萍公司的钢铁销售与我国近代钢铁市场（1908—1927）》，《近代史研究》2005 年第 6 期。
④ ［美］丁格兰：《中国铁矿志》，第 283—284 页。
⑤ 麓健一：《日本钢铁工业概论》，东京科学主义出版社 1942 年版，第 206 页。
⑥ 刘明汉主编：《汉冶萍公司志》，第 54 页。
⑦ 全汉昇：《汉冶萍公司史略》，第 194 页。
⑧ 刘明汉主编：《汉冶萍公司志》，第 54 页。

3400万日元以上。① 若按矿石炼成生铁，所输生铁炼成钢材，损失更大，据中华矿业研究会估计，汉冶萍损失约为国币1亿元，相当于2亿日元②，而同期的利润仅为2940万元（见表6-3、表6-4）。③

表6-3　汉冶萍公司输日生铁和铁矿石的价格损失（1914—1918）④

1. 生铁

年份\项目	公司交售额（千吨）(1)	交售价格（每吨日元）(2)	日本市价（每吨日元）(3)	运费关税等（每吨日元）(4)	差额（每吨日元）(5)=(3)-(2)-(4)	价格损失（日元）(6)=(1)×(5)
1914	15.0	26.0	49	15	8	120000
1915	50.9	26.0	58	15	17	865300
1916	41.0	26.0	89	20	43	1763000
1917	49.7	42.5	215	24	148.5	7380450
1918	50.0 206.6	120.0	406	30	256	12800000 22928750

2. 铁矿石

年份\项目	公司交售额（千吨）(1)	交售价格（每吨日元）(2)	生铁价格指数(3)	按生铁价格指数调整价格(4)=(2)×(3)	差额（每吨日元）(5)=(4)-(2)	价格损失（日元）(6)=(1)×(5)
1914	292	3.0	100	3.0		
1915	298	3.0	118	3.54	0.54	160920
1916	284	3.0	182	5.46	2.46	698640
1917	323	3.4	439	13.17	9.77	3155710
1918	321 1518	3.8	829	24.87	21.07	6763470 10778740

---

① 代鲁：《汉冶萍公司所借日债补论》，《历史研究》1984年第3期。
② 吴景超：《汉冶萍公司的覆辙》，《新经济半月刊》1939年第4期。
③ 许涤新等主编：《中国资本主义发展史》第二卷（下），第826页。
④ 许涤新等主编：《中国资本主义发展史》第二卷（下），第830页。

表6-4　日本制铁所强购冶矿铁矿石使冶矿蒙受损失概算表（1920—1927）①

年份	最后商定的交额 吨数	最后商定的交额 每吨价（日元）	实际售额 吨数	实际售额 总价（千银元）	实际售额 每吨平均价（银元）	日本生铁市价指数 1914年4.9日元=100	按日本生铁市价指数调整后的矿石价格（以300日元为基价）	差额 银元	损失总额 银元
1920	350000	4.50	385950	1082.5	2.80	272	8.16 / 5.24	2.44	941748
1921	250000	3.50	249900	796.4	3.19	159	4.77 / 4.71	1.52	379848
1922	350000 冶矿：250000 象矿：100000	3.50 3.80	249144	936.8	3.76	141	4.23 / 3.79	0.03	7474
1923	350000	3.52	303650	952.0	3.14	137	4.11 / 3.89	0.75	227737
1924	350000	3.52 七月后调整为3.80	331011	887.1	2.68	131	3.93 / 3.12	0.44	145645
1925	400000 其中象矿150000	4.50	361067	1206.0	3.34	120	3.60 / 3.71	0.37	133595
1926	550000 其中象矿100000	4.50	105215	363.0	3.45	118	3.54 / 3.43	-0.02	-2104
1927	400000	5.50	183193	1003.9	5.48	118	3.54 / 3.77	-1.71	-313260
合计				7227.7					1520653

① 武钢大冶铁矿矿志办公室编：《大冶铁矿志（1890—1985）》，第一卷（上），1986年内部刊印，第280页。

一战结束后,世界钢铁价格暴跌,而汉冶萍经过短暂的黄金发展期后,生产逐渐陷入困境,1924年和1925年汉阳铁厂和大冶铁厂相继停产,公司只有大冶铁矿还在苟延残喘,日本并未放松对汉冶萍公司掠夺,1920—1928年8月,大冶铁矿共生产矿石3136000吨(包括汉冶萍公司从官矿象鼻山铁矿购买的部分),日本制铁所强购1927000吨,占总产量的61.5%;在同一时期,汉冶萍公司的汉阳铁厂和大冶铁厂生产生铁790000吨,日本制铁所强购467000吨,占总产量的59.1%。日本制铁所强购冶矿矿石,使冶矿蒙受重大损失。1920—1927年,日本单就压低矿石价格一项,就从大冶铁矿榨取了1520653元。

一战结束后,世界对钢铁需求量大跌,日本却利用汉冶萍公司铁矿石和生铁销售出现困境的契机,加强了对大冶铁矿的掠夺(见表6-5)。

表6-5　　　　1920—1924年日本国内铁矿推测需求量①　　　　(单位:吨)

年份 用途	1920	1921	1922	1923	1924
铸物用生铁	430000	464600	499200	533800	568400
钢材用生铁	865000	1061000	1266000	1417000	1417000
合计	1295000	1526600	1765200	1950800	1886400
钢材	1295000	1386000	1477000	1568000	1659000

1929年世界经济危机爆发后,日本制铁所为了把经济危机所造成的损失转嫁到大冶铁矿身上,一方面对汉冶萍的政策改为不再指望其生铁供应,另一方面则利用"最高顾问工程师"村田素一郎任工务所所长所掌握的特权,将矿山、运输、企业扩充等业务统统控制起来,将矿山的采运、计划编制、预算、决算悉受其直接指挥监督,极力压低矿价和日元贬值,将矿价最低时压低了37%,折合中国银元所得平均售价最低时下降了53%,从而使得大冶铁矿销售矿石的收入一降再降,从1930年的3376000元降至次年的1946700元,再降至1932年的1376700元(见表6-6)。

---

① 陈世鸿:《我国煤铁矿与日本国防工业之关系》,《东方杂志》1922年第17期,第92页。

表6-6　　　　大冶铁矿销售日报铁矿石数额和价格表①

年份	销售数量（吨）	销售总额（银元）	平均单价（银元/吨）	日本制铁所付给的价格（日元/吨）
1928	399700	2198500	5.50	5.5
1929	381300	2097300	5.50	6.5
1930	392600	3376000	8.50	5.0
1931	273900	1946700	7.11	3.6
1932	330400	1376700	4.17	4.0
1933	351100	1564500	4.46	5.0
1934	465700	2081700	4.47	5.5
1935	490300	3019000	6.16	6.0
1936	540500	2900100	5.37	5.5
1937	299300	1733100	5.79	价格不详

第二节　煤焦销售

一　萍乡煤矿的开发与煤焦销售

萍乡安源煤矿位于江西省西部萍乡县属东路距县城东南15公里安源地方，东至芦溪市35里，接袁江转赣江，可达南昌九江以至大江。② 安源煤矿距萍乡县城7.5公里，开采地点为天磁山支脉安源山，矿区占地约504方里零373亩，与湖南省的醴陵、浏阳、攸县等县接壤。③ 在长江以南地区的各煤矿中，萍乡煤矿十分重要。其一，煤质优良。长江以南区域的重要煤矿有浙江长兴煤矿、安徽烈山大通煤矿、湖北富源煤矿、江西萍乡和鄱乐煤矿，若从煤质而言，长兴煤矿为低级烟煤；烈山煤矿半为无烟煤，质劣灰多，储量又少；大通煤炭挥发分多；富源为紫煤；鄱乐为半褐烟煤，不宜炼焦。而萍乡煤矿为中级烟煤，适合炼焦。其二，地位重要。浙江长兴、安徽烈山、湖北富源等煤矿或偏居江滨，或远在海隅，皆不适中，而萍乡煤矿左右湘赣，通连鄂皖，位居华南中心，握八省之斫轮，可

---

① 武钢大冶铁矿矿志办公室编：《大冶铁矿志（1890—1985）》第一卷（上），第286页。
② 《江西萍乡安源煤矿调查报告》，第1页。
③ 刘明汉主编：《汉冶萍公司志》，第59页。

第六章 政府、关系网、市场与产品销售

通达江海，上下珠（珠江流域）淮，四通八达，左右逢源。①

萍乡煤矿地区的高坑煤炭早在唐代就已经开发。南宋时期，萍乡的煤炭开采仍为地表浅层刨挖，仅用于烧烤食物和取暖，南宋诗人戴复古路经萍乡时留下了"小阁无聊坐，征衣不耐寒。地炉烧石炭，强把故书看"的诗句。南宋祝穆于 1246 年记载"丰城、萍乡二县皆产石炭，于山间掘土黑色可燃，有火而无焰，作硫磺气，既销则成白炭"。至明代，煤炭开采由东向西移动，刘公庙后山出现合伙开采的土煤井。煤炭已销售至长沙和武汉等地。② 清乾隆年间，清政府解除煤禁，鼓励煤矿开采，萍乡煤矿开发的规模进一步扩大，萍乡县城东南安源、紫家冲、王家源、双凤冲、高坑、天滋山一带土窟小井遍布。城北大平山、鸡冠山、金山、桐木，城西金鱼石、胡家坊、马家岭等地均有零星小井。安源煤矿出现"安源岭上搭棚所，曾有渔户非似我。日午满山烧炭烟，夜深通垄照渔火。短衣裁减刚齐腰，尺布染兰抱脑裹。男妇肩挑枯块（焦炭）来，相摩相虐不相左"的繁忙景况。嘉庆年间，在小坑一带办矿的有李少白的福大、福亲煤井，甘成清的合顺煤井，宋志寿的福多煤井等。③ 清末时期，随着资本主义的发展，煤炭的需求日益增长，萍乡煤炭的生产迅速发展。安源、紫家冲、高坑、王家源一带富煤区土井林立，1895 年在安源一带开采的土窿乡井便达 260 余口。当时，煤炭资源均被安源贾姓，紫家冲文姓，王家源张姓、钟姓、黄姓，高坑欧阳姓，双凤冲甘姓，天滋山彭姓，锡坑周姓等士绅和山主霸占。小乡井大多数依附于几家巨绅，仰仗他们的庇护，才得以生存。

1890 年张之洞创办汉阳铁厂后，为解决煤焦问题，曾于 1892 年派欧阳柄荣赴萍乡设煤务局，收买商井油煤，运往汉阳铁厂，与马鞍山的煤炭分别试炼焦炭，但由于船户途中偷去好煤，掺杂过重，未能成功。1896 年盛宣怀接办汉阳铁厂后，为保证铁厂的焦炭供应，决定大举开发萍乡煤矿。从 1898 年创办至 1904 年底，萍矿共出煤 41.6 万吨，焦炭 44.9 万吨，其中向铁厂运交焦炭 32.1 万吨，煤 19.1 万吨，仅就焦炭价一项，相较开平焦炭在此 7 年内即为铁厂节省开支 160 万—170 万两。1904 年之后萍矿的生产状况仍在不断改善，1907 年日产煤约达 1000 吨。当时正在添机器

---

① 《江西萍乡安源煤矿调查报告》，第 11—13 页。
② 萍乡矿务局志编纂委员会：《萍乡矿务局志》，1998 年内部刊印，第 59 页。
③ 萍乡市志编纂委员会：《萍乡市志》，方志出版社 1996 年版，第 182 页。

和改善开采方法,估计在装配工程完成后,日产量可上升到3000吨。① 同时,萍矿煤焦外运通道也大为改善,萍安、萍醴和株萍铁路陆续修建,大大提高了煤焦外运的速度。1903年,铁厂两炉月需焦炭7000吨和生煤4000吨,萍矿的煤焦在满足铁厂需求后,尚结余4000吨可用于外售。② 1904年萍矿外销焦炭6855吨,生煤25264吨。③ 据萍矿总办张赞宸估计,是年铁厂需焦炭8万吨,煤炭4.5万吨,即使包括外销给湖北织布局煤炭2万吨,钢药厂煤炭2万吨和枪炮厂等处1万余吨,煤焦总计亦不过18万吨之谱。④ 而萍矿煤焦的产量远超铁厂需求量了(见表6-7)。

表6-7　　　　　　萍乡煤矿焦产额表(1898—1928)⑤　　　　　(单位:吨)

年份	煤炭产量	焦炭产量
1898	10000	29000
1899	18000	32000
1900	25000	43000
1901	31000	63000
1902	56000	82000
1903	122000	93000
1904	154000	107000
1905	194000	114000
1906	347000	82000
1907	402000	119000
1908	702447	105281
1909	1017843	118134
1910	332914	215765

---

① 《通商各关华洋贸易全年清册》,中、英文本,1908年,长沙,第38页。
② 《李维格致盛宣怀函》,光绪二十九年二月十六日(1903年3月14日),《汉冶萍公司》(二),第318页。
③ 《萍乡煤矿光绪二十九年全年汉阳铁厂磅收及外销焦炭、生煤清单》,光绪三十年正月初五日(1904年2月20日),《汉冶萍公司》(二),第408页。
④ 《张赞宸致盛宣怀函》,光绪二十九年十月十七日(1903年12月5日),《汉冶萍公司》(二),第377页。
⑤ 《萍乡煤矿焦产额表(1898—1928)》,《汉冶萍公司档案史料选编》(下),第509页。

续表

年份	煤炭产量	焦炭产量
1911	1115614	166062
1912	243923	29834
1913	693411	176824
1914	687956	194413
1915	927463	249164
1916	992494	266418
1917	946080	239797
1918	694433	216012
1919	794999	249015
1920	806331	244919
1921	772971	206087
1922	827870	254973
1923	666739	208918
1924	648527	190100
1925	512300	
1926	75715	
1927	183349	
1928	168821	

在满足汉阳铁厂的燃料需求后，大量积存的煤炭需要寻找外销的渠道，进而抵消铁厂的部分亏损，这成为摆在盛宣怀面前急需解决的问题。由于萍煤质佳价廉，国内外许多公司对代销萍矿煤焦抱有极大的热情。1902年，德国礼和洋行与萍矿签订合同，代销萍矿煤焦，规定从1903年4月1日至1904年3月31日由萍矿在湘潭日交礼和洋行生煤或焦炭500吨，负责武昌、汉口或汉阳的市场供应；从1904年4月1日至1913年3月31日，生煤或焦炭日供应量提升至1000吨。① 日本也加入代销萍乡煤焦的行列，1903年小田切万寿之助致函盛宣怀，请求日方湖南轮船公司每年包运

---

① 《礼和洋行代运萍矿煤焦合同》，光绪二十八年五月十四日（1902年6月19日），《汉冶萍公司》（二），第272、279—280页。

萍矿煤炭 55000 吨，焦煤 3500 吨，共计 9 万吨，以 5 年为期。对此，李维格考虑到萍矿煤焦结余量不大，销量有限，民船亦可帮运，且寻常轮船搭客装货不能载运煤焦，必须专造轮驳，待湘潭至岳州的铁路建成，岳汉运煤增多之后再行商议。① 事实上拒绝了日方代销的要求。国内煤务公司也尝试代销萍乡煤焦。1903 年，盛宣怀委托萍矿总矿师赖伦与粤商唐允石楚兴矿务公司签订合同，除铁厂归官自运外，由其专运萍乡及马鞍山两矿烟煤到汉口市场②，包销 2 年，每年 5 万吨。后该公司试办两月，借口来煤掺杂，不合买主之用，所售煤炭总计不及千吨。③

若单就萍矿而论，1906 年就已经开始扭亏为盈，煤焦销售呈现良好的发展态势。据卢鸿昶说，1906 年萍矿煤焦在武汉的销售情形是，汉阳铁厂煤、焦分别是 1500 吨和 6500 吨，湖北银铜元局焦 1500 吨，慎泰恒号焦 2000 吨，武昌各局厂煤 3500 吨，各轮船公司煤 3500 吨，各洋行煤 1500 吨，煤、焦分别总计 1 万吨。销售可得焦价银 104900 两，煤价银 59200 两，两者合计约 164200 两；若以 13 个月统计，约得 2134800 两。除礼和洋行、轮、电、厂、矿等局利息均不计外，出入两抵，约盈 159300 两。④ 此间，虽遇到日煤降价的竞争，萍煤的销售市场还是有所扩大，汉厂仍是萍矿的最大主顾，估计当年和次年每月需焦炭六七千吨，待新炉告成，三炉合计日需焦炭 550 吨，煤 200 余吨，则每年需 30 万吨。汉口、南京、闽粤等大量订购萍煤，香港也索要焦样 5 吨。若日本代售焦炭的协议达成，以 5—10 年为期，年销售额在 5 万—6 万吨，加之本国销数七八万吨，统计不下 40 万吨。⑤ 萍矿煤焦的质量过硬，赢得了洋商的交口称赞，据赖伦说，萍矿所出的洗块煤和提块煤，浮气在廿二至廿四，煤质超过日本最好的煤，与"开平林西并驾"，英、德炮船试用后称，"汉口洋行亦均称胜过

---

① 《附件：小田切万寿之助致盛宣怀函》，光绪二十九年二月初七日（1903 年 3 月 5 日），《汉冶萍公司》（二），第 318—319 页。
② 《附件：楚兴矿务公司启事》，光绪二十九年闰五月初（1903 年 6 月底、7 月初），《汉冶萍公司》（二），第 335 页。
③ 《宗得福致盛宣怀函》，光绪二十九年六月十七日（1903 年 8 月 9 日），《汉冶萍公司》（二），第 342 页。
④ 《卢鸿昶致盛宣怀函》，光绪三十二年二月二十五日（1906 年 3 月 9 日），《汉冶萍公司》（二），第 549 页。
⑤ 《卢鸿昶致盛宣怀函》，光绪三十二年九月二十四日（1906 年 11 月 10 日），《汉冶萍公司》（二），第 569—570 页。

东煤"。① 他还乐观地预见，若能将运道及销路加以妥善整顿，则所出块煤、栗煤等常年可畅运畅销，在长江一带即上海亦可兼销，获利之厚未来可期；1907 年萍矿每天出煤至少可增至 1500 吨，预测 1908 年为 2000 吨，1909 年便可达到 2500—3000 吨，出煤数量越大，则工本越轻，进款利益更大。② 事实上，1909 年萍矿煤产量便达到 64 万吨，其中 17 万吨制成焦炭，基本满足了汉阳铁厂的需要。萍矿所产煤供汉厂消费的只有 78000 吨，而销售于汉口市场的则达 215000 吨。③

除原有的汉口、岳州、长沙、株洲等老客户外，萍矿煤焦逐渐进入长江中下游的安庆、芜湖、南京、镇江、瓜州（扬州）、上海等沿岸城市（见表 6-8）：

表 6-8　　　　萍乡煤焦在长江中游城市的销售信息

年份	日期	销售信息
光绪三十四年（1908）	三月二十六日	镇煤已到一千五六百吨业销尽。余约在途……下月能再来二三千方可压倒。芜局亦要千吨……次焦泰昌公司亦要，尚未来沪④
	四月初一日	镇望煤甚殷。今年共到一千五百余吨。余一千五百不知曾否在途，月内如能再装三四千最妙⑤
	五月初四日	镇煤第三批已销完，闻第四批已过汉，因芜望煤甚急，急电芜截留四船，望催第五批速运……镇、芜将分销内地，与开、日争销，万不可缺⑥
	六月十八日	如沪需焦急，请饬卢道将近日运汉之大仓焦内拨运二千吨，此间当再补运大仓⑦

---

① 《萍乡林道等来电》，光绪三十四年六月二十六日（1908 年 7 月 24 日），《汉冶萍公司》（三），第 1054 页。
② 《赖伦这盛宣怀函》，光绪三十三年正月二十七日（1907 年 3 月 11 日），《汉冶萍公司》（二），第 578—579 页。
③ 《通商各关华洋贸易全年清册》，中、英文本，1910 年，汉口，第 57 页。
④ 《沪钦钰如来电》，光绪三十四年三月二十六日（1908 年 4 月 26 日），《汉冶萍公司》（三），第 1020 页。
⑤ 《沪钦钰如来电》，光绪三十四年四月初一日（1908 年 4 月 30 日），《汉冶萍公司》（三），第 1021 页。
⑥ 《汉阳卢道去电》，光绪三十四年五月初四日（1908 年 6 月 2 日），《汉冶萍公司》（三），第 1031 页。
⑦ 《萍乡林道等来电》，光绪三十四年六月十八日（1908 年 7 月 16 日），《汉冶萍公司》（三），第 1051 页。

续表

年份	日期	销售信息
光绪三十四年（1908）	七月二十一日	南京新订爨户合同，每月售散煤四百吨，价五两五钱。① 鸿昌云爨焦汉口月销二百吨，原定每石六百五十文，现减五百五十文……已饬宁镇试销。沪则运费算不来②
	七月二十四日	到宁低煤一百五十吨已销动，每月包销四百吨，此货可来。镇煤已断半月，若再不到，必为沪、日所占③
	十一月二十一日	速再运镇江爨焦三百吨，免由沪运致亏水脚④
	十二月初七日	爨焦镇江各号家试过合用，已预订三千吨，价规银七两⑤
	十二月二十二日	安庆铜元局需煤三百吨，价五两七钱，试办之初只可民船速运⑥
	十二月二十八日	块煤多甚喜，明年须由岳州装一大轮船来沪试销⑦
宣统元年（1909）	二月初六日	爨焦昨到镇二船，有二千吨可济急。现有空盐船十余只，望即运芜五百吨，安庆三百吨，其余尽运镇江。上半年南京急运二千吨，芜湖需运四千吨，但去年岳来次煤只售五两七钱半，今年煤如较好，似须加价⑧
	二月十一日	芜宁镇今年本可加价，因开平减至五两四钱，暂仍旧五两七钱，如煤好，稍缓必可加价⑨

① 《又去电》，光绪三十四年七月二十一日（1908 年 8 月 17 日），《汉冶萍公司》（三），第 1061 页。
② 《萍乡林道去电》，光绪三十四年七月二十一日（1908 年 8 月 17 日），《汉冶萍公司》（三），第 1061 页。
③ 《汉厂卢道去电》，光绪三十四年七月二十四日（1908 年 8 月 20 日），《汉冶萍公司》（三），第 1061 页。
④ 《又去电》，光绪三十四年十一月二十一日（1908 年 12 月 14 日），《汉冶萍公司》（三），第 1087 页。
⑤ 《汉厂王、卢、萍乡刘令去电》，光绪三十四年十二月初七日（1908 年 12 月 29 日），《汉冶萍公司》（三），第 1091—1092 页。
⑥ 《汉厂王、卢道去电》，光绪三十四年十二月二十二日（1909 年 1 月 13 日），《汉冶萍公司》（三），第 1095 页。
⑦ 《萍乡林道去电》，光绪三十四年十二月二十八日（1909 年 1 月 19 日），《汉冶萍公司》（三），第 1096 页。
⑧ 《汉阳王、萧来电》，宣统元年二月初六日（1909 年 2 月 25 日），《汉冶萍公司》（三），第 1109—1110 页。
⑨ 《汉阳王道、萧牧、韩牧去电》，宣统元年二月十一日（1909 年 3 月 2 日），《汉冶萍公司》（三），第 1110 页。

续表

年份	日期	销售信息
宣统元年（1909）	二月十七日	瓜州煤价只定五两四钱，系与爨焦搭销，块煤价太吃亏①
	六月十九日	南京急需洗煤六百吨，统煤四百吨，望速运洗煤，定何价②
	三月初十日	镇江现有煤销路……望速雇鸭尾股（老闸船）运二千吨③
	三月十二日	镇江煤如比去年好，自应加价……预算本年多煤5万吨，拟运沪更不合算④
	三月十二日	京汉铁路新购（煤）八千吨，价六两五钱，以后每月需用五千吨，大约可订合同⑤
宣统二年（1910）	二月十六日	安庆铜元局要头等焦二百吨，芜湖要爨焦二百吨，望速觅船运⑥
	二月十七日	现有江北销路须速分运，望速电洙州发运爨焦、统煤一千吨，直运瓜州 刻又岳运汉盐船七只，装块煤一千余吨，拟原船转瓜州，爨焦遵将在途二千吨内到汉改运一千吨至瓜州，较为迅速。安庆头焦二百吨即由汉装运⑦
	闰二月十八日	望即发化钢焦炭五万吨，爨焦五吨……转交江西批发煤焦委员⑧

---

① 《又去电》，宣统元年二月十七日（1909年3月8日），《汉冶萍公司》（三），第1111页。
② 《林道来电》，宣统元年六月十九日（1909年8月4日），《汉冶萍公司》（三），第1147页。
③ 《汉厂林道去电》，宣统元年三月初十日（1909年4月29日），《汉冶萍公司》（三），第1126页。
④ 《汉厂林道去电》，宣统元年三月十二日（1909年5月1日），《汉冶萍公司》（三），第1126页。
⑤ 《汉厂林道来电》，宣统元年三月十二日（1909年5月1日），《汉冶萍公司》（三），第1126页。
⑥ 《又去电》，宣统二年二月十六日（1910年3月18日），《汉冶萍公司》（三），第1111页。
⑦ 《又来电》，宣统二年二月十七日（1910年3月27日），《汉冶萍公司》（三），第1111页。
⑧ 《汉厂王道、韩牧去电》，宣统二年二月十八日（1910年3月28日），《汉冶萍公司》（三），第1117页。

续表

年份	日期	销售信息
宣统二年（1910）	三月初一日	芜铜急需碎煤一千吨，望记雇盐船速运，该处年销五千吨①
	六月初四日	瓜州煤焦即饬停运，只运镇芜两处②

二 萍乡煤矿煤焦滞销的主要原因

萍矿煤焦销售表面上前景十分看好，但实际上危机重重。据日本领事馆调查，输入上海的萍矿焦炭市场占有率，从 1909 年上半年至 1910 年上半年，由 38% 急降至 4%，且后者总销售也只 3560 吨；1909 年，在输入南京的中国煤中，萍煤只占 1/3，且"只是在开平煤供给不足时作为补充而输入"；而镇江，"日本松浦煤及越南煤眼下几乎独占镇江市场"。对此，连汉冶萍公司股东常会也在 1910 年承认："其沪镇宁芜之销数骤绌者，其大原因有二：以言焦炭则铜元停铸，以言生煤则日本与开平竞争也。此后萍矿范围必在汉口及汉口以上之地段，至粤汉铁路与萍株铁路联合轨后则更无论矣。"由此可知，萍矿"煤炭的销路极其狭小，仅长沙、湘潭、武昌、汉口等地"③。按理说，北方煤炭如大同、井陉、六河沟、中兴、淄博等由于运输成本较重，在长江中下游城市无法与萍乡煤展开竞争，而日本、越南与开平煤炭亦存在同样的问题，萍乡煤炭占据地利的优势，在长江中游应该可以大显身手，占有应有的份额，但事实并非如此（见表 6-9）。

表 6-9　　　北方煤炭运往上海、汉口等地的费用情形　　　（单位：元）

产地及到达地	京绥路运费	北宁路运费	轮船运费	矿山成本	平汉路运费	其他杂费	共计
大同煤至上海	5.405	1.572	5.10	2.60	（至塘沽）	1.00	15.667

---

① 《汉厂王道、韩牧、萍乡林道去电》，宣统二年三月初一日（1910 年 4 月 10 日），《汉冶萍公司》（三），第 1123 页。

② 《萍矿林道、刘令去电》，宣统二年六月初四日（1910 年 7 月 10 日），《汉冶萍公司》（三），第 1146 页。

③ 陈庆发：《近代萍乡煤矿研究（1892—1939）》，博士学位论文，南京师范大学，2010 年，第 248 页。

续表

产地及到达地	京绥路运费	北宁路运费	轮船运费	矿山成本	平汉路运费	其他杂费	共计
井陉煤至上海	0.426（正太路）	1.572		2.25	1.782	1.50	7.530
六河沟煤至上海		1.572	5.10	2.60	2.451	1.50	13.223
六河沟煤至汉口				2.60	7.22	1.00	10.82
中兴公司煤至浦口	2.634			3.50		1.00	7.134
淄博煤至上海	1.70（至淄川）	2.26（至青岛）	3.50	2.88		1.00	11.34

表6-9所述运费除中兴公司煤炭运至浦口价格较廉外，其余各矿运至上海、武汉的煤炭运费均在10元以上。日本煤成本为日金5元左右，约合中国国币6元，运至上海运费3元，合计最低成本为9元；安南煤成本约4元，运至上海每吨运费5元，合计9元左右，这样中国北方煤炭在市场上与日本煤、安南煤很难抗衡。[①] 萍乡煤的真正对手乃是开滦煤、日本煤和安南（越南）煤。开滦（前身为开平）煤矿于1881年正式建成投产，由于技术先进、运道畅通、煤质优良，煤税较轻，在市场上具有很强的竞争能力，很快于19世纪80年代末将主要包括日煤在内的所有洋煤逐出天津市场。[②] 就在萍煤采用新式机器大规模开采的1904年，开滦煤已将销路拓展至上海。上海是中国近代最大的商埠，也是工业经济最为发达的城市，工业发展的煤炭最初主要依赖进口洋煤。1904年日本煤占有上海煤炭份额85.44%，而开滦煤仅占有4.62%，处于市场的初步拓展阶段。直至20年后的1924年，开滦煤逐渐排挤日本煤的市场，份额逐年增加，几乎占据了上海市场的半壁江山，而日本煤矿和其他煤的份额约为50%，可以说萍乡煤从来都不占有重要地位，只是作为它们的补充而已（见表6-10）。以上海为据点，开滦煤逐渐向通州、苏州、无锡、常州、江阴、镇江、南京扩张，不断蚕食和抢夺萍煤的市场。对于长江中游的中心城市武

---

① 《中国近代煤矿史》编写组：《中国近代煤矿史》，煤炭工业出版社1990年版，第263—264页。
② 《中国近代煤矿史》编写组：《中国近代煤矿史》，第33—34页。

汉，萍煤的市场占有也不是牢不可破，开滦煤虎视眈眈，据估计当时武汉每年煤炭的消费量大致和天津相近，年达100万吨左右。其中部分虽然仰给于萍乡、大冶、六河沟和临城等地煤矿供应，但大宗的货源则依赖"由上海运来的开滦煤"。开滦煤又以武汉为据点，在华中地区牢固地建立起重要的销场。① 对此，萍矿总办林志熙在公司第一股东大会上说，调查海关贸易关册，1906年汉口进口东洋煤12万吨，在随后的两年分别减至8万吨和3.5万吨，"观东洋煤数跌落如此之骤，彼绌则此盈，足见萍煤增长之速"；京汉铁路火车向用开平、临城之煤，如今则自黄河以南"全数改用萍煤矣"；萍煤不但全占汉口市场，而且侵夺沪市、开平、日本等处销路。② 萍煤一段时间在汉口市场发展形势比较好，占有一定的市场份额，成为日本煤强大的竞争对手，但好景不长，很快面临开滦煤的有力竞争，形势并不乐观，所以林志熙讲话的水分很大。

表6-10　上海煤市各种煤销售量所占市场份额（1904—1924）③

年份	上海煤市总销售量		开滦煤		日本煤		其他煤	
	数量（吨）	指数（1913年=100）	销售量（吨）	占煤市总销售量（%）	销售量（吨）	占煤市总销售量（%）	销售量（吨）	占煤市总销售量（%）
1904	867909	62.17	40067	4.62	741564	85.44	86278	9.94
1905	915499	65.68	65522	7.16	752070	82.15	97907	10.69
1906	999062	71.57	69852	6.99	824239	82.50	104971	10.51
1907	1025398	73.45	81417	7.94	818240	79.80	125741	12.26
1908	1072762	76.85	135857	12.66	845020	78.77	91885	8.57
1909	1117118	80.03	140942	12.62	833316	74.60	142860	12.78
1910	1126189	80.67	202860	18.01	784281	69.64	139048	12.35
1911	1099821	78.79	154839	14.08	819126	74.48	125856	11.44
1912	1187378	85.06	185734	15.64	887131	74.71	114513	9.65

---

① 汪敬虞主编：《中国近代经济史》（上），经济管理出版社2007年版，第445页。
② 《林志熙在第一届股东大会上的报告》，宣统元年三月二十七日（1909年5月16日），《汉冶萍公司档案史料选编》（上），第252—253页。
③ 云妍：《近代开滦煤矿研究》，人民出版社2015年版，第72—73页。

续表

年份	上海煤市总销售量		开滦煤		日本煤		其他煤	
	数量（吨）	指数（1913年=100）	销售量（吨）	占煤市总销售量（%）	销售量（吨）	占煤市总销售量（%）	销售量（吨）	占煤市总销售量（%）
1913	1395959	100.00	281999	20.20	917172	65.70	196788	14.10
1914	1467585	105.13	399442	27.22	854543	58.23	213600	14.55
1915	1337287	95.80	415664	31.08	743767	55.62	177856	13.30
1916	1461531	104.70	480196	32.86	814857	55.75	166478	11.39
1917	1515155	108.54	513194	33.87	791587	52.24	210374	13.89
1918	1315006	94.20	384977	29.28	733034	55.74	196995	14.98
1919	1458529	104.48	606949	41.61	650033	44.57	201547	13.82
1920	1696275	121.51	885258	52.19	554326	32.68	256691	15.13
1921	1935962	138.68	906420	46.82	637319	32.92	392223	20.26
1922	1838868	131.73	756819	41.16	562860	30.61	519190	28.23
1923	2083219	149.23	976457	46.87	610193	29.29	496569	23.84
1924	2073502	148.54	977592	47.15	588369	28.38	507541	24.47

萍煤在与开滦煤、日本煤和安南煤竞争过程中处于劣势的原因是多方面的，从根本而言，盛宣怀对萍乡煤矿的定位所决定的。萍乡煤矿的创办是为汉阳铁厂提供燃料，这一定位就决定了其不会花费更多的精力来考虑煤焦的销售问题，因而缺乏一个长远全局性的战略规划。萍煤之所以能长期保持汉、岳、长、株等阵地，因为该线路所在的城市是为铁厂提供燃料的主要链条，是盛宣怀必须确保的最后防线。这里不仅有萍安、株萍及粤汉铁路连接，交通便利，而且还建有充足的货栈用于储藏煤焦。对于安庆、芜湖、南京、上海等中下游城市，盛宣怀等并没有打算长期在此与开煤、日煤和安南煤等展开竞争，抢占更多的市场，所以逐渐丧失这些市场是必然的事情。由此可见，在汉冶萍时期萍矿从始至终就是一个供给型而非销售型企业。1924年和1925年随着汉阳铁厂和大冶铁厂的停产，萍煤产量便一落千丈，正好是对这一问题说明的最好注脚。

萍矿虽占尽地利和交通之便，但在价格上并不具有绝对的优势。1908年萍焦安源交货每吨成本湘平银五两，株洲六两四钱，岳州七两七钱，汉口八两五钱。① 沉重的利息降低了其竞争力，加车船税等费，萍焦岳州交货每吨成本湘平银六两，另加股息行息一两六，共七两六钱。② 从汉口运至中下游的城市，成本还要增加。一旦遇到竞争对手亏本降价，萍煤要么随之降价，要么被逐出市场，这自然会影响售煤的动力。如1909年块煤汉口售六两，加运镇江水脚八钱，合规元七两，而镇江只售价六两五钱。③ 芜湖、南京和镇江本可加价，因开平煤减至五两四钱，故仍旧按五两七钱出售。④ 瓜州煤价只定五两四钱，系与爨焦搭销，块煤价太吃亏。⑤ 这种状况长期持续，据第五次《中国矿业纪要》，全国各煤矿每吨煤的总成本平均为4.7元，晋冀豫察约在5元以下，最低者2元余，而长江流域各煤矿成本约为5—8元不等，而萍煤的成本为5.63元（1925年）⑥，在竞争中明显处于劣势。

最后，运输能力不足是影响萍煤在长江中下游城市扩大市场的一个重要因素。尽管萍煤外运有萍安、株萍和粤汉铁路之便，但水运仍占有重要地位。据卢鸿昶说，运输煤焦的民船衰落，因为"近年工料加贵，水脚照常，而钱价便宜，所以船户暗受其亏，有减无增，甚至无力修整，听其朽败"⑦。为了加强运输能力，汉冶萍还大量雇用盐船，"统煤株岳汉皆无存，刻有岳运汉盐船七只，装块煤一千余吨，拟原船来瓜州"，而株洲段受到季节的影响，每年真正的运输时间只有五个月，尤其是冬春季节水浅致盐船重载无法进行，"为日必迟"。⑧ 煤焦运至汉口后，又因向下游运输能力有限，直接大量积压于此。1908年株洲运往岳州、汉口的煤焦27.2万吨，

---

① 《上海转长沙来电》，光绪三十四年九月二十日（1908年10月14日），《汉冶萍公司》（三），第1074页。

② 《附抄萍乡刘致杨绶卿电》，光绪三十四年十月初四日（1908年10月28日），《汉冶萍公司》（三），第1076页。

③ 《汉厂王、萧来电》，宣统元年正月十九日（1909年2月9日），《汉冶萍公司》（三），第1111页。

④ 《汉厂王道、萧牧、韩牧去电》，宣统元年正月十一日（1909年2月1日），《汉冶萍公司》（三），第1110页。

⑤ 《又去电》，宣统元年正月十七日（1909年2月7日），《汉冶萍公司》（三），第1111页。

⑥ 《孙宝琦致公司董事会函》之附件《高木条陈公司改革方案》，1925年6月14日，《汉冶萍公司档案史料选编》（下），第287页。

⑦ 《卢鸿昶致盛宣怀函》，光绪三十二年九月二十四日（1906年11月10日），《汉冶萍公司》（二），第569—570页。

⑧ 《又来电》，宣统元年正月十七日（1909年2月7日），《汉冶萍公司》（三），第1111页。

第六章 政府、关系网、市场与产品销售

尚存焦 17000 吨，煤 1200 吨；岳州运抵汉口有 54461 吨，尚存焦 47531 吨，煤 463 吨；汉口收岳州的焦炭 23942 吨，煤 30367 吨。尚存焦 14615 吨，煤 2541 吨。另外还有河下已卸未空及未起者共存焦 9939 吨。① 大量煤炭积于汉口，汉口可以就地销售，因而汉口的销量增至 2 倍有余②，而其他地区的销量自然相应减少。此时，盛宣怀在将汉阳铁厂、大冶铁矿和萍乡煤矿组建股份有限公司，招股困难已使其焦头烂额，正集中力量召开第一次股东大会，自然无暇顾及。进入民国后，运输能力不足的问题仍然存在，但为尽量挽救该地区的市场，汉冶萍公司"叠经开会研究，皆谓招商包办之外，别无良策"。1913 年遂与宝丰公司订立煤焦承销合同，同意其月销煤 1 万吨，焦 1000 吨，承销自汉口起下至芜湖及鄂属之应城三地。③ 由于承包的销量不大，对萍矿的发展杯水车薪，效果并不明显（见表 6-11）。

表 6-11　萍乡煤焦国内销售情形 1908 年与 1909 年和 1910 年之比较④

销数比较	1908 年四季	1908 年三季	1910 年三季	1910 年与 1908 年盈绌之比较	1910 年与 1908 年盈绌之比较
铁厂用焦	70075 吨	75580 吨	122009 吨	+61%	+130%
铁厂用煤	47980 吨	62455 吨	71913 吨	+15%	+100%
铁厂煤焦价	981550 两	1095640 两	1637396 两	+49%	+122%
汉岳长株销焦	9543 吨	100005 吨	16108 吨	+61%	+125%
汉岳长株销煤	69746 吨	117241 吨	158292 吨	+35%	+203%
汉岳长株焦煤价	489247 两	728875 两	1016154 两	+39%	+177%
沪镇宁芜销焦	9550 吨	4136 吨	4034 吨	-2%	-78%
沪镇宁芜销煤	25440 吨	13602 吨	10841 吨	-25%	-76%
沪镇宁芜焦煤价	253000 两	110600 两	93010 两	-19%	-104%

---

① 《汉阳王、卢、萧来电》，宣统元年正月初一日（1909 年 1 月 23 日），《汉冶萍公司》（三），第 1098 页。
② 《公司第二届股东常会报告》，宣统二年十一月十七日（1910 年 12 月 18 日），《汉冶萍公司档案史料选编》（上），第 254—256 页。
③ 《公司董事会致卢洪昶函》，1913 年 12 月 25 日，《汉冶萍公司档案史料选编》（上），第 553 页。
④ 参见汉冶萍公司第一届（1908 年）第二届（1909 年）和第三届（1910 年）三届账略。

盛宣怀还向日本、美国、东南亚等国销售萍煤。1907年5月汉冶萍与日商大仓洋行组签订借款合同，8月大仓洋行同萍矿签订代销日本市场的焦炭合同，额定每年2万吨。① 据赖伦说，顶好的全生煤含灰十六分，不洗之焦含灰十八分至十八分五，如以1/3的生煤与2/3洗煤混合，需煤一吨六可以炼焦一吨，全部用生煤只需一吨四便可以炼焦一吨；若要灰分一律，须全部使用洗煤一吨七炼焦一吨。② 萍焦灰分过重影响了在日本的销售，据日大仓称：头次运往日本的千吨焦尚好，第二次的千吨含灰十八九分，以后若再如此，制铁所不肯收。③ 萍矿总办林志熙一方面表示前月所运日本焦是在装车后提化灰分，随炭运抵汉口，"断无劣焦掺和合"④，另一方面则改良洗煤机减轻焦灰，以符合翻砂使用。⑤ 经过改良，萍焦的质量大为提高，八幡制铁所代表桔三郎约定订购萍乡翻砂焦一千吨在日本试销⑥，估计次年会为八幡制铁所续订两三万吨⑦。大仓委派驻沪分行订购萍焦2万吨，汉口交货洋例银九两五钱，岳州九两；如销3万吨以上，汉口交货九两，岳州八两七钱。⑧ 其后，八幡制铁所直接向萍乡煤矿每月购买焦炭万吨，以每吨八两的价格在岳州交货，10年为期。⑨ 1913年，日本东方商运公司与汉冶萍公司订立煤铁批发转运合同，以该公司为日本批发及

---

① 《大仓洋行运销萍乡煤矿焦炭合同》，光绪三十三年六月二十三日（1907年8月1日），《汉冶萍公司》（二），第605—606页。
② 《附抄萍乡刘致杨绶卿电》，光绪三十四年十月初四日（1908年10月29日），《汉冶萍公司》（三），第1076页。
③ 《萍乡林道、刘令、赖伦司去电》，光绪三十四年四月初二日（1908年5月1日），《汉冶萍公司》（三），第1021页。
④ 《萍乡林道等来电》，光绪三十四年四月初四日（1908年5月3日），《汉冶萍公司》（三），第1022页。
⑤ 《萍乡林道等来电》，光绪三十四年六月十八日（1908年7月16日），《汉冶萍公司》（三），第1051页。
⑥ 《汉厂王、卢去电》，光绪三十四年十一月十九日（1908年11月18日），《汉冶萍公司》（三），第1086页。
⑦ 《又去电》，宣统元年八月二十一日（1909年10月4日），《汉冶萍公司》（三），第1155页。
⑧ 《汉厂李协理、林道去电》，宣统元年十月初七日（1909年11月19日），《汉冶萍公司》（三），第1162页。
⑨ 《汉厂李、卢去电》，光绪三十四年八月初七日（1909年9月20日），《汉冶萍公司》（三），第1068页。

转运代理,销售公司的煤炭、焦炭和生铁。① 由于萍焦质量在日本焦之上,美国改用萍焦代替日本焦。② 1910年暨南公司与汉冶萍公司订立合同,包销头号焦炭和二号焦炭,价格分别为每吨英洋17元和14.5元,在上海码头交货,包销南洋的安南、暹罗、星嘉坡、吡噜、爪哇、仰光。③ 从1898—1907年,萍矿年均生产煤炭占全国大矿年均产量的11.51%,但从1908—1927年,所占份额几乎降低一半,仅为6.52%(见表6-12)。

表6-12　萍乡煤矿与近代中国大型煤矿产量比较(1898—1927)④(单位:万吨)

时段	萍乡煤矿	萍乡煤矿年均产量	全国大矿	全国大矿年均产量	萍乡煤矿与全国大矿比
1898—1907	135.9	13.59	1181.11	118.111	11.51%
1908—1927	1364.3379	68.2169	20930.9	1064.545	6.52%

出现这种结果的主要原因是,进入民国后,北洋军阀在两湖地区连年的战争,导致交通阻隔,极大影响了萍煤的销售。1919年萍矿坐办潘国英说:"萍乡煤矿本为铁厂而设,所运煤焦自应先顾厂用,必厂用有余,方能外销。近年军事阻运,武汉栈存空虚,炉用时起恐慌",萍矿"专力赶运焦炭,以顾厂需","以致武汉方面前订合同之外销各户欠交之煤尚未交清,而长沙方面除造币、官矿等局厂数家照常供给外,其余亦均经停售。刻下铁厂正筹备四炉齐开,则今年需焦更巨,尤虑难以运济,夫外销与运输虽属两事,实有连带关系,盖外销销数宜多宜寡,交货之宜缓宜急,全须视运道之畅滞,厂用之盈绌,以为转移"。⑤ 可见相较全国而言萍矿的产量在降低,因而导致国内市场萎缩的趋势明显(见表6-13)。

---

① 《东方商运公司与汉冶萍公司订立煤铁批发转运合同》,1913年12月13日,《汉冶萍公司档案史料选编》(上),第556页。
② 《附抄杨绶卿致萍乡刘电》,光绪三十四年十月初二日(1909年11月14日),《汉冶萍公司》(三),第1077页。
③ 《暨南公司与汉冶萍公司订立在南洋包销煤铁合同》,宣统二年十一月初二日(1910年12月3日),《汉冶萍公司档案史料选编》(上),第546页。
④ 《近代萍乡煤矿研究(1892—1939)》,第245页。
⑤ 《潘国英致夏偕复函》,1919年1月7日,《汉冶萍公司档案史料选编》(下),第325页。

表 6-13　　　　　　　　萍矿收款情况①　　　　　　　（洋例银：两）

届次	铁厂及沪、汉、岳、长、洙各局焦炭价	铁厂及沪、汉、岳、长、洙各局生煤价	合计
第一届（1909 年 5 月）	1075137.79	821304.36	4739113.324
第三届（1911 年 9 月）	1880023.346	1834999.359	3859361.856
第四届（1913 年 4 月 25 日）	1215565.335	1405038.826	6518724.362
第五届（1914 年 4 月）	306169.778	926752.174	1377752.919
第六届（1915 年 1 月）	1306928.796	1332337.635	6034676.372
第七届（1915 年 6 月）	1797292.894	1244480.578	3579847.597
第八届（1916 年 8 月）	1764100.547	1379203.12	8269742.192
第九届（1917 年 12 月）	1798607.962	1543568.503	11262596.998

第三节　钢铁产品销售

一　晚清时期钢铁产品的销售

（一）铁货产品的销售

向国内各铁路兜售铁轨，打开销路一直是张之洞十分关注的问题。还在铁厂开建之前，张之洞就致函曾主持贵州清溪铁厂的潘霨，询问铁厂建设情况："黔购炼铁机器早到，安设何县何村？距大河几里？现已开炼否？铁佳否？能炼钢否？每日出生铁若干？熟铁若干？钢若干？运至鄂价脚共若干？"还提出"如铁佳而价廉，当为黔广谋销路"。② 铁厂开建后，由于清政府拨款不济，难以满足铁厂建设资金的需求，张之洞一直为此大伤脑筋，曾希望为主持营珲铁路的李鸿章提供较洋轨价廉的铁轨，以此试探李鸿章是否有购买汉阳铁厂铁轨的考虑。李鸿章虽然表示"断无预定洋轨之理"，但又说将根据订购章程，根据在各国铁厂提供的货价"择货精价廉者购办，未便预为限制"，说明不会将铁厂的铁轨排除在采购之外，铁厂

---

① 参见第一届至第七届账略，《汉冶萍公司档案史料选编》（上），第 558、565、569、573、584、588 页；第八届至第九届参见《汉冶萍公司档案史料选编》（下），第 696、700 页。

② 《张之洞致潘霨电》，光绪十五年十月十六日（1889 年 11 月 8 日），《汉冶萍公司档案史料选编》（上），第 106—107 页。

有机会参与同洋轨的竞争。不过,李鸿章马上又浇了张之洞一盆冷水,说汉阳铁厂待机炉到齐,盖厂安设、运煤、开铸,估计需一年多的时间,即使厂成能生产铁轨,其质量未必符合要求。铁轨成功后,将取样比较,如果合用,即使价格较洋轨略昂,"必当自用自物"①。可见,无论从时间还是从质量而言,李鸿章似乎对汉阳铁厂并不看好,虽没有明确拒绝,但提出的疑虑也属情理之中的事情。张之洞还是希望尽力说服李鸿章,分析印度购买英轨的主要原因是本国缺少好煤,印度国内煤含灰达14%—20%不等,远超炼铁之煤不能超过10%的限度,因此不能自造钢轨;与印度相比,汉阳铁厂具有绝对的优势是:所用之煤为荆湘白煤,含灰在三四分至八九分不等,皆在十分之内,同时临界四川奉节、巫山及江西萍乡都产煤,质量远超印度;以优质煤炭炼"久已昭著"的大冶铁矿石,配以兴国州所产的锰铁和铁矿附近的灰石大矿,"郭师敦及近日各矿师均赞为欧美各洲所稀有",在煤佳铁良的条件下,完全按照西人炼制成法,"造成似不至不合用也"。在他看来,退而言之,即使钢轨存在一些问题,李鸿章也不应该拒绝汉阳铁厂的钢轨,因为前出使大臣洪钧说过"钢轨无须极精之品";另外各洋矿师均称:造轨只需贝色麻法即合用,而汉阳铁厂所购之炉,贝色麻、西门士两法皆具备,"若以最精之法炼之,当无不合"。②由此可见,汉阳铁厂一定能造出合用钢轨,所造钢轨一定符合李鸿章的要求。关东铁路决定修筑后,张之洞预计汉阳铁厂将于翌年七月便可制成钢轨,遂再询李鸿章:该铁路"明年需用若干?以后每年用若干?价何时付?祈酌示,以便预筹"③。结果张之洞被告知:林西接至滦河段四十余里已购地兴工,明春即需钢轨,已向外洋订购。④显然,为筹集到充足的资金,张之洞急于知道主持铁路总局的李鸿章的态度,为将来提供钢轨作铺垫,方向无疑是正确的,由于铁厂尚在艰难的建设之中,在资金短缺的条

---

① 《李鸿章致张之洞电》,光绪十六年四月初三日(1890年5月21日),《汉冶萍公司档案史料选编》(上),第107页。
② 《张之洞致李鸿章函》,光绪十六年四月初十日(1890年5月28日),《汉冶萍公司档案史料选编》(上),第107页。
③ 《张之洞致李鸿章电》,光绪十七年六月二十四日(1891年7月29日),《汉冶萍公司档案史料选编》(上),第107页。
④ 《李鸿章致张之洞电》,光绪十七年六月二十七日(1891年8月2日),《汉冶萍公司档案史料选编》(上),第107页。

件下，能否完竣还存在很大的变数，更遑论钢轨是否合用的问题，难怪李鸿章对此抱以冷淡态度。

当然，张之洞并没有因此而气馁，只要存在一丝希望，他都不会放弃。1893年1月，汉阳铁厂终于在千辛万苦的建设中临近告竣，但经费短缺的压力一直没纾缓，张之洞在万般无奈的情势下向李鸿章预借轨价，提出：汉阳铁厂可为铁路提供钢轨、鱼尾、钩钉等，价格每吨30两，每200里则需万余吨，需银30余万两。至于钢轨及桥料各件，"自应由尊处照章试验，务求合用，不合者无妨驳换"，保证如不合用"惟鄂是问"①。但李鸿章表示鄂厂提供的钢轨桥料等将会俱照洋价，照章试验，但负责造路的工程师都是洋匠，担心洋匠会以鄂厂试造不如洋厂精熟可靠故意刁难。②张之洞再次致函李鸿章，同意铁厂所提供的产品由洋匠试验，"悉听尊裁"，强调所提供购货清单的价格皆系铁厂工料价值本息之数，没有任何利润，贝色钢、西门钢、熟铁三种平均约作40两，价格极其优惠。③尽管李鸿章拒绝了张之洞提出的预借轨价，但后来这种做法却成为盛宣怀融资的一种重要方式。

张之洞不仅关注国内铁路的建设，还关注日本，并通过驻日公使极力向该国推销铁厂铁轨。在听说日本定议筹款2亿元添设铁路，以1/3购外洋钢轨，张之洞委托蔡锡勇向驻日公使汪凤藻打听消息是否确实，如果确实，建路拟分几年？每年购轨备款若干？并强调此与鄂省铁厂所关，希望详查电示。④蔡锡勇还催促汪凤藻趁机向日本官绅"鼎力吹嘘"，如筹款事成，在汉阳铁厂购办钢轨、桥料的货色与洋厂相同，但价格可节省约1/10，如有眉目，铁厂将派员赴日就议，以期妥速。⑤张之洞还亲自致电

---

① 《张之洞致李鸿章电》，光绪十八年十一月二十九日（1893年1月16日），《汉冶萍公司档案史料选编》（上），第107页。
② 《复鄂督张香帅》，光绪十八年十二月初三日（1893年1月20日），《李鸿章全集》第10卷，时代文艺出版社1998年版，第5863页。
③ 《张之洞致李鸿章电》，光绪十八年十二月初七日（1893年1月24日），《汉冶萍公司档案史料选编》（上），第108页。
④ 《蔡锡勇致汪凤藻电》，光绪十八年十二月十五日（1893年2月1日），《汉冶萍公司档案史料选编》（上），第108页。
⑤ 《蔡锡勇致汪凤藻电》，光绪十九年正月十四日（1893年3月2日），《汉冶萍公司档案史料选编》（上），第108页。

汪凤藻，对日本钢轨事"如有可图，切盼电复"①，希望其加意招徕，并详细询问日本现用英轨已订至何年；每吨含运费价格多少；先付定银多少；等等。②

铁厂招商承办后，资本短缺的问题仍然存在，盛宣怀将产品的销售作为扭转铁厂亏损被动局面的重要手段，即生产和销售状况将决定铁厂的成败。汉阳铁厂1893年竣工，由于缺乏适合炼铁的煤焦，生产时辍时续，在官办的1894年和1895年两年生铁产量仅约9000吨。1896年5月铁厂商办后，生铁质量明显提高，除铁性太躁，铁水易冷的缺点外，"铁花细，色青亮，与外洋之茄史雪林牌号生铁大略相同"③。是年生铁产量便突破1万吨，1897年达到2.3万余吨。对铁货，盛宣怀信心十足，主张"自应预筹销路"，铁厂生铁一项，"以日商所购为大宗贸易"④，主要销往日本。其主要策略有以下四个方面。

一是委托代销。上海据有枕江滨海的优越地理位置，处于中国东部沿海的中心，自近代开埠以后，对附近及长江流域的腹地市场具有巨大的商品吞吐量，所形成的对外通商贸易飞速发展，同世界市场建立了广泛的联系；强大的商业和金融基础及周围地区巨大的劳动力资源，使得其在工业生产上远远超过国内其他条约口岸，成为中国最大的工业中心，因此上海"一隅每年约销售熟铁货至少二万余吨，约可售银八、九十万两，系属大宗生意，不可不专心考核"⑤。盛宣怀约定周舜卿开设的昇昌裕铁行为上海批发的总代理，"系为久长售铁之计"⑥。后周舜卿将销场扩展到日本长崎。1899年5月，日本三井洋行从铁厂分别购进二号、三号生铁2500吨和

---

① 《张之洞致汪凤藻电》，光绪十九年二月初九日（1893年3月26日），《汉冶萍公司档案史料选编》（上），第108页。
② 《张之洞致汪凤藻电》，光绪十九年八月十四日（1893年9月23日），《汉冶萍公司档案史料选编》（上），第108页。
③ 《华盛翻砂修理厂对汉阳铁厂生铁评价》，光绪二十二年六月（1896年7月），《汉冶萍公司》（一），第168页。
④ 全汉昇：《清末汉阳铁厂》，陈真编《中国近代工业史资料》第3辑，第397页。
⑤ 《盛宣怀致徐庆沅函》，光绪二十二年八月十四日（1896年9月20日），《汉冶萍公司》（一），第218页。
⑥ 《盛宣怀致郑观应函》，光绪二十二年五月二十八日（1896年7月8日），《汉冶萍公司》（一），第103—104页。

1000吨,在日本试销。① 10月铁厂专门给三井提供二、三、四号生铁4000余吨,各号生铁价格每吨分别是规元30两、29两和28两半,均在汉厂码头交货。② 1899年11月双方正式签订代销合同。③ 通过代销,铁厂生铁在日本市场逐渐打开,1905年,三井向铁厂定购生铁4500吨,一号生铁每吨规元28两,二号铁每吨洋例25两半;日本大仓洋行亦向铁厂订货,订购二、三号铁3500吨,洋例银廿三两二钱五分,还有法勃洋行"即乞订售"④。为使铁货能有稳定的销场,1906年盛宣怀以铁政局做抵押,向三井借款100万日元,由三井独家代售除满洲、威海卫、青岛之中国境内与香港所需以及中国境内铁路和铁路敷设需要之材料外的一切市场。⑤ 铁厂之所以看重三井,主要是其"营运之夙著能声,各埠之分行林立,尤非他家所及",同时还可以与欧美争夺日本市场,"断绝洋铁来路"⑥。

  二是坐销。为扩大铁货的销量,盛宣怀派吴鸿英在日本长崎推销生铁。吴通过多方询问和打听,了解到长崎洋铁充斥,质美价廉,即使"通筹各处销路",每月仅能销三五百吨之谱。⑦ 为避免同昇昌号在长崎竞争,吴鸿英将销场扩展到大阪、横滨及东、西两京,"逐一趋谈,评看铁色,皆称佳妙"。吴鸿英在东京还专门拜谒了日本农商大臣,谈及生铁销路问题,其十分热情,当即咨照各厂尽力销用。⑧ 由于铁厂库存生铁甚多,资金压力大,盛宣怀一度让吴鸿英急速出手在长崎的存铁,吴无奈以每百斤价洋1.85元至1.9元不等的价格贱售,并签订了500吨的销售合同,同时

---

① 《郑观应致盛宣怀函》,光绪二十五年四月十九日(1899年5月28日),《汉冶萍公司》(二),第130页。

② 《盛春颐致韦星甫函》,光绪二十五年九月下旬(1899年10月下旬),《汉冶萍公司》(二),第173页。

③ 《附件:汉阳铁厂与三井续增合同草稿》,光绪二十五年十月十二日(1899年11月14日),《汉冶萍公司》(二),第176页。

④ 《李维格致盛宣怀函》,光绪三十一年正月初八日(1905年2月11日),《汉冶萍公司》(二),第466页。

⑤ 《三井洋行一百万日元借款合同》,光绪三十二年正月二十日(1906年2月13日),《旧中国汉冶萍公司与日本关系史料选辑》,第145—147页。

⑥ 《李维格致盛宣怀函》,光绪三十一年六月十一日(1905年7月13日),《汉冶萍公司》(二),第509页。

⑦ 《吴鸿英致盛宣怀函》,光绪二十四年五月二十三日(1898年7月11日),《汉冶萍公司》(二),第37—38页。

⑧ 《吴鸿英致盛宣怀函》,光绪二十四年六月十四日(1898年8月1日),《汉冶萍公司》(二),第45—46页。

也有先"贱价谋销,夺取洋铁销路"之意。① 随后,吴鸿英将长崎的400吨生铁运往神户抛售,仍是为"初开门路,惟图久计",相信"年外定可扳回"。盛宣怀对贱价出售似有责备之意,吴鸿英遂提出自己"只可开通门路,不能常驻经销",今后如要在日本销售生铁,请其另饬专员来神户办理。② 盛宣怀后来放弃了在日本坐销的方式。

三是直销八幡制铁所。1899年,汉阳铁厂的生铁已经开始向日本八幡制铁所销售,是年便达到68000担,次年又运销41000担。③ 1904年,李维格偕洋矿师赖伦到欧美考察铁政,发现日本的生铁市场由英、美占据多年,指出汉厂生铁在日本尚不通行的前提下若欲挤进日本市场,"势不能与英美同价"。此际,洋商亨达欲购买铁厂翻砂铁1500吨运到东洋交货,每吨只肯出价35元,若装东洋回空船在汉厂码头交货,每吨出价28.5元。由于价格太廉,汉阳铁厂拒绝了这一要求,直接同八幡制铁所签订了1万吨的贝铁供应合同。萍矿总办张赞宸认为,由于沪、汉销路有限,铁厂只有向日本扩展销路,若在1万吨的基础上,再向制铁所兜售2万吨,一方面可以达到与洋铁争衡地步,另一方面救目前之急,实亦"筹久远之谋"。④ 1904—1905年日俄战争爆发,刺激了日本钢铁工业的发展,制铁所对铁厂生铁需求激增,制铁所的内田向盛宣怀提议铁厂暂停钢料生产,专制生铁供应。在盛宣怀看来,若铁厂新、旧炉齐开,每日可出生铁600吨,少售1吨生铁,即须多炼1吨钢料,钢料价格虽好,但成本较重,因此日本若能多买生铁,将来便可少做钢料。对制铁所而言,可少购大冶铁矿石节省运费,对汉厂则可多售卖铁矿石多销焦炭。因此日本若能多买生铁,铁厂将来便可少做钢料,销场总是一样,遂派王阁臣办理此事。⑤ 日本外务大臣还致电盛宣怀询问铁厂售卖制铁所生铁事宜。⑥ 1904年4月,洋矿

---

① 《吴鸿英致盛宣怀函》,光绪二十四年九月十四日(1898年10月28日),《汉冶萍公司》(二),第68页。
② 《吴鸿英致盛宣怀函》,光绪二十四年十月二十四日(1898年12月7日),《汉冶萍公司》(二),第72页。
③ 刘明汉主编:《汉冶萍公司志》,第32页。
④ 《张赞宸致盛宣怀函》,光绪三十年四月初二日(1904年5月16日),《汉冶萍公司》(二),第427页。
⑤ 《盛宣怀致李维格函》,光绪三十一年六月初九日(1905年7月11日),《汉冶萍公司》(二),第507页。
⑥ 《附件一:日本外务大臣致盛宣怀电》,《汉冶萍公司》(二),第508页。

师赖伦代表铁厂与八幡制铁所订立购铁合同,约定制铁所向汉厂购买生铁1万吨,每吨价汉口平银21两,在汉阳包运到船。① 日俄战争结束后,盛宣怀认为日、俄勉强议和,战事仍必准备,俄国所用之铁由德、法接济,日本用铁则舍汉厂莫属,此时正好与之争价;汉厂生铁销路已通,以大冶无穷之铁、萍乡至好之煤,非添炉不能大铸,而添炉非巨款不办,"目前借款为第一要义"。制铁所每年需铁厂提供生铁3万吨,"彼汉厂又同需铁,我需款,各有所图"②。在这种思想的指导下,1908年11月,八幡制铁所签订了添售西门马丁生铁2500吨的合同。③ 1910年11月,八幡制铁所与汉冶萍公司正式订立长期购销合同,汉冶萍将1911—1914年每年向其提供15000吨生铁,1915—1925年从每年8万吨提高到10万吨,以十年为期;期满后,彼此可以再议续展十年,仍为每年大约10万吨。④ 1898—1899年,汉冶萍销售至日本的生铁仅为4250吨,1904年则激增至12334吨,1906—1909年保持30000吨左右的水平,1910年达到65362吨,为晚清历史最高水平。⑤

四是开拓美国和东南亚市场。1904年李维格在旧金山考察铁政时发现,美国的钢铁厂集中在东部,而机器厂在西部,因东西岸相距太远,铁路运费每吨要十余美元,所以西岸的机器厂宁愿购买由英国经海道运来的钢铁,若能将汉冶萍的铁货运销至美国,将来对汉厂"甚有可望"。据李氏估计,公司每年在美国至少可销生铁1万吨,如以每吨售价22两计算,则可售银20余万两。⑥ 1910年2月汉冶萍与美国钢铁公司代表劳氏和代表太平洋轮船公司大来氏订立合同,约定为期7年半,汉阳交货,每吨13美元,供应3.5万吨到7万吨。美国市场经销汉冶萍所产生铁由上述两公司

---

① 《赖伦代汉阳铁厂与若松制铁所订立购铁合同》,光绪三十年三月初四日(1904年4月19日),《汉冶萍公司》(二),第420—421页。
② 《盛宣怀致李维格函》,光绪三十一年七月初一日(1905年8月1日),《汉冶萍公司》(二),第515页。
③ 《日本若松制铁所添购汉阳铁厂生铁合同》,光绪三十四年十月二十三日(1908年11月16日),《汉冶萍公司》(三),第43—44页。
④ 《汉冶萍公司与若松制铁所订立售铁草合同》,宣统二年十月初六日(1910年11月7日),《汉冶萍公司档案史料选编》(上),第543页。
⑤ 刘明汉主编:《汉冶萍公司志》,第33页。
⑥ 全汉昇:《汉冶萍公司史略》,第134—135页;另见《李维格致杨学沂函》,光绪三十年四月十七日(1904年5月26日),《汉冶萍公司》(二),第435页。

担任，铁货在中国之出卖权则属于铁政局。① 汉阳铁厂的铁货销至美国旧金山、纽约、匹兹堡等地。1907 年，美国售出汉厂钢铁 5000 吨②，1911 年则达到 19000 余吨③。这在西方引起轰动，西方报纸评价道："镕炼钢、铁，以工、煤为费用之本位。工、煤之价值既低，矿质又出类拔萃，成本轻而市价自廉。持此与欧、美争雄，能不令人辟易乎？呜呼！中国醒矣，此种之黄祸，较之强兵劲旅，蹂躏老羸之军队尤可虑也。"④ 汉冶萍还积极开拓东南亚市场。1905 年，盛宣怀请在英国造船厂工作的华人工程师王显臣（汉厂重要决策人物王勋之弟）向香港推销汉厂的铁货，"香港又来要样铁"⑤。对处于大洋洲的澳大利亚，"样铁已运去，各国南洋属岛及美国太平洋一带，格（李维格）已通信，预备派人经售"⑥。1910 年 12 月，盛宣怀代表汉冶萍与暨南公司总理梁柄农订立包销南洋各埠煤铁合同，议定头等生铁在上海交货每吨英洋 32 元，二号生铁每吨英洋 30.7 元，三号生铁每吨英洋 29.4 元。汉阳铁厂的生铁由此销售至安南、暹罗、星嘉坡、吡噜、爪哇、仰光等地。⑦ 铁厂铁货市场进一步扩大到东南亚市场。另外，各西报盛传俄国将在巴黎借款英金 4 亿镑，为重整水师之用，德国将在东方经营船坞，李维格断言钢货销路必年盛一年，建议盛宣怀大冶新厂"急宜赶成，不可一失再失"⑧。从当时情形来看，世界主要资本主义国家钢铁业发展迅速，对钢铁需求量极大，为汉冶萍钢铁产品的销售提供了难得的契机（见表 6-14）。

---

① 《日驻上海总领事有吉复外务大臣小村第十九号电》，宣统二年二月十六日（1910 年 3 月 26 日），《旧中国汉冶萍公司与日本关系史料选辑》，第 158 页。
② 郑润培：《中国现代化历程——汉阳铁厂（1890—1908）》，台湾新亚研究所、文星图书有限公司 2002 年版，第 183 页。
③ 刘明汉主编：《汉冶萍公司志》，第 33 页。后来由于日本的干预，汉冶萍在美国的钢铁销售就此中断。
④ 全汉昇：《汉冶萍公司史略》，第 135—136 页。
⑤ 《李维格致盛宣怀函》，光绪三十一年一月初八日（1905 年 2 月 11 日），《汉冶萍公司》（二），第 466 页；《李维格：扬子公司第一次股东会演说辞》，光绪三十四年三月十八日（1908 年 4 月 18 日），《汉冶萍公司》（三），第 6 页。
⑥ 《李维格致盛宣怀函》，光绪三十一年一月初八日（1905 年 2 月 11 日），《汉冶萍公司》（二），第 466 页。
⑦ 《暨南公司与汉冶萍公司订立在南洋包销煤铁合同》，宣统二年十一月初二日（1911 年 3 月 31 日），《汉冶萍公司档案史料选编》（上），第 546—547 页。
⑧ 《李维格致盛宣怀函》，光绪三十一年正月初八日（1905 年 2 月 11 日），《汉冶萍公司》（二），第 466 页。

表6-14 1910年世界主要资本主义国家所出铁矿石及钢铁情况① （单位：吨）

国别	铁矿石	生铁	钢
美	56889734	27333567	26094919
德	28709700	14793604	13698638
英	15228577	10012098	6541000
法	14605542	4038297	3481572
比	123560	1852090	1944820
奥	2760304	1558719	1552231
俄	5637635	3040102	3592024
瑞典	5552678	603939	472461
西班牙	8666795	373323	316301

（二）钢轨销售

汉阳铁厂官办时期，因经费不继和焦炭缺乏，铁厂没有生产出合用的钢轨。铁厂商办后，继续受到资金短缺的困扰，"招商接办……甫历3载……商本赔折已逾百万"。1902年9月亏折商本达140万两之巨；1905年3月，亏折则达200余万两。②甲午战后，为维护摇摇欲坠的统治，清政府宣布实行"新政"，兴修铁路成为其中一项重要的内容，同时抢夺中国铁路修筑权亦成为进入帝国主义阶段的世界资本主义国家对中国资本输入的重要方式，为铁厂发展迎来了大好机会。最先开工的是芦汉（后改称京汉铁路）铁路，由比利时投资，除芦保（北京至保定）一段外，在张之洞及盛宣怀的争取下，其余2000余里所用的钢轨及配件，皆为铁厂制造。1894—1908年，汉阳铁厂先后供应了京汉铁路钢轨8万吨，鱼尾板、钩钉等6000吨，得轨价银400多万两。这是铁厂为保护利权取得了一次重大成功，为铁厂的生存和发展赢得了一次重要发展机遇。

1897年，在湖广总督张之洞和直隶总督王文韶的保荐下，盛宣怀在担任清政府铁路总公司督办，为铁厂发展再次赢得发展契机。一方面，铁路

---

① 《叶景葵年谱长编》（上），第253页。
② 全汉昇：《清末汉阳铁厂》，陈真编《中国近代工业史资料》，第3辑，第387—388页。

总公司主持修筑了芦汉、淞沪、萍株三条铁路,共约耗银970万两。其中芦汉铁路使用了大量汉厂制造的铁轨,株萍铁路则为萍乡的煤焦大量外运提供了便利。铁路总公司在盛宣怀的主持下,向列强举借铁矿借款总额近3亿元,涉及路线超过8000里[1],为铁厂发展融资服务。1898年春,盛宣怀先后从芦汉铁路预支铁路建设轨价资金银190万两。[2] 截至1900年底,铁厂实预支铁路总公司轨价约132万两。1902年秋,盛宣怀将铁路总公司建造淞沪铁路工程收支经费结存官款约300万两作为铁厂轨价。[3] 1905年春,铁路总公司向萍矿入官股规银16万余两,另息借萍矿规银90余万两,铁厂息借规银约100万两。这是因为"通商银行因利息过多,适因汉厂、萍矿需款甚迫,即以分借厂、矿两处,俾济急需,利息由厂矿并给,以期两益"[4]。另一方面,盛宣怀利用铁路总公司的平台,加强与各省铁路公司之间的业务联系。1903—1907年,为保护国家利权,各省纷纷成立以官绅为首的16家铁路公司,这些铁路公司的创者或总理多与张之洞或盛宣怀关系密切,形成铁路总公司为主干,各省铁路公司为支线的网络,拓展和延伸铁厂的铁轨销售。1905年供给正太铁路钢轨3000吨,1906年供给国内各铁路钢轨、鱼尾板等2224吨。[5] 此外,淞沪(吴淞口至上海)、沪宁(上海至南京)、沪杭甬(上海、杭州至宁波)、津浦、广九及川汉等铁路都购买了汉阳铁厂的钢轨。"各省铁路需造钢轨每年计银数百万。"[6] 1905年清政府设立铁路总局,同时裁撤上海铁路总公司,唐绍仪出任督办。但盛宣怀很快出任管理轮、电、铁路的邮传部右侍郎,仍在为铁厂的发展发挥潜在的影响。

为提高产品竞争力,减免税厘和提高产品质量是盛宣怀十分注重的事情。清政府按值百征十来收铁厂厘税,已超出国内其他许多产品的限度,严重影响了铁厂的生存和发展。1896年,铁厂在招商承办时,章程中明确

---

[1] 曾鲲化:《中国铁路史》,燕京印书局1924年版,第75—76页。
[2] 《湖北铁厂改归商办并陈造轨采煤情形折》,光绪二十二年三月,《愚斋存稿》卷2,奏疏2,第12页;沈云龙主编:《近代中国史料丛刊续编十三》第122册,第77页。
[3] 《淞沪铁路工竣造销折》之《工程收支清单并附》,光绪二十八年九月,《愚斋存稿》卷7,奏疏7,第39页;沈云龙主编:《近代中国史料丛刊续编十三》第122册,第221页。
[4] 《盛宣怀咨商部》,王尔敏等编:《盛宣怀实业函电稿》(下),第491—493页。
[5] 刘明汉主编:《汉冶萍公司志》,第31页。
[6] 全汉昇:《清末汉阳铁厂》,陈真编《中国近代工业史资料》,第3辑,第396页。

规定：所有湖北铁厂自造钢轨及所出各种钢铁料，并在本省或外省开煤矿为铁厂炼铁炼钢之用，应请奏明免税十年；要求芦汉铁路向其定购铁轨，并饬南北洋大臣及各省督抚凡官办钢铁料件一律向鄂厂定购。但是，清政府户部并未按此执行，因此张之洞奏请朝廷，铁厂产品应仿照丝绸、果酒等免除值百两征银十两的税厘①，否则在税收政策"太苛"的条件下，铁厂无法维持和发展，并要求盛宣怀"来鄂面商"，"极力吁请"。② 户部同意优免税厘五年③。1901年和1906年，户部再次对铁厂分别免税五年和十年。④

在清政府的保护下，商办时期的汉冶萍公司获得了很大的发展，1896—1905年，不包括大冶铁矿石和萍乡煤焦，仅生铁、钢轨及配件和钢料销售总收入超过了820万两，平均每年约82万两。这虽然不能从根本上扭转汉冶萍连年亏损的局面，但表明其产品销路进一步打开，产品质量得到了市场的认同，仍取得了重大成绩（见表6-15）。

表6-15　　　　　　　　汉阳铁厂销售收入统计⑤　　　　　　（单位：万两）

年度 \ 产品	生铁	钢轨及配件	钢料	合计
1896年4月—1905年3月20日	125.84	552.83	148.12	826.79
1905	46.04	4.05	13.88	63.97
1906	86.30	0.20	10.13	96.63
1907	75.07	30.20	4.80	110.07
总计	333.25	587.28	176.93	1097.46

生铁是汉冶萍的主打产品，1905年后生铁产量上升较快，一度接近年

---

① 《户部奏遵旨议复铁厂招商承办折》，光绪二十二年六月十二日（1896年7月22日），《汉冶萍公司档案史料选编》（上），第135—136页。
② 《张之洞致盛宣怀电》，光绪二十二年七月十三日（1896年8月21日），《汉冶萍公司档案史料选编》（上），第136页。
③ 《寄北平翁叔平尚书张樵野侍郎》，光绪二十二年十月二十五日，《愚斋存稿》卷25，电报2，第18—19页；沈云龙主编：《近代中国史料丛刊续编十三》第112册，第640—641页。
④ 左世元：《汉冶萍公司与政府关系研究》，中国社会科学出版社2016年版，第42页。
⑤ 代鲁：《汉冶萍公司史研究》，第232页。

产量 12 万吨；1907 年后，钢产量一度超过 5 万吨。这些都是清末的最好水平（见表 6-16）。

表 6-16　　**汉冶萍公司主要产品产量（1896—1911 年）**　　（单位：吨）

年份	生铁	钢	矿石	煤	焦炭
1896	10532		17600		
1897	23423		39000		
1898	22486		37500	10000	29000
1899	24028		40000	18000	32000
1900	25890		59710	25000	43000
1901	28805		118877	31000	63000
1902	15800		75496	56000	82000
1903	38873		118503	122000	93000
1904	38770		105109	154000	107000
1905	32314		149840	194000	114000
1906	50622		197188	347000	82000
1907	62148	8538	174612	402000	119000
1908	66410	22626	171934	392000	108000
1909	74405	39000	306599	557670	117000
1910	119396	50113	343076	610447	172000
1911	83337	38640	359467	610014	170000

汉冶萍公司的主要产品是铁矿石、煤炭、生铁、钢产品四大类，铁矿石和煤炭属于原材料性质的产品，技术含量不高，基本上只需要开采、运输和管理成本，尤其是铁矿石有八幡制铁所这个固定的客户，产品不愁销路。钢制品对技术要求比较高，消费客户主要是国内各省铁路，消费渠道比较有限，属于不容易盈利的产品，但在清政府的保护下还是获得了相当的利润（见表 6-17）。

表6-17　　公司生铁、钢轨销售额及单价（1908—1911）①

年份	生铁（含翻砂、马丁）			钢轨及附件		
	销售价值（两、元）	销售量（吨）	平均单价（元/吨）	销售值（两、元）	销售量（吨）	年均单价（元/吨）
1908	892769 1253889	43829	28.61	774069 1087176	14942	72.76
1909	1134518 1593424	44484	35.82	1491396 2094657	31220	67.09
1910	1428563 2006409	54513	36.81	2025047 2844167	28762	98.89
1911	1979567 2780291	77756	35.76	1328046 1865233	23492	79.40

二　民国时期钢铁产品的销售

进入民国后，政局不稳，政权更迭频繁，地方军阀专权，混战不断，加剧了地方官绅对厂矿所有权的争夺，汉冶萍的生存和发展更趋困难。为谋求发展，汉冶萍先后于1912年和1913年向袁世凯政府提出"国有"和"官商合办"的申请，希望借此消除地方官绅对其厂矿的侵夺和获得政府的资金支持，上述计划流产后，则继续向日本举债，仍以铁矿石和生铁作为偿还的主要产品。1913年公司董事会决定汉厂全行炼钢，这是因为：售钢利益较铁为厚，轨件起运交通便利，炼钢炉、造轨机齐备无须另起炉灶，铁汁未凝即入钢炉可节省煤汽、人工，减轻钢货成本，另在大冶就近添造新式大化铁炉四座，每炉日出铁250吨，每年约可炼生铁30万吨尽以供中外生铁之求。②一战期间，欧洲列强为争夺世界殖民地展开了厮杀，钢铁为战时重要军工物资，需求激增，价格猛涨，供不应求，兼国外输华钢铁数量陡减，减轻了国内市场竞争的压力，使得汉冶萍获得了一定的发展机会。海关统计称：1914年，中国钢和铁的进口量为230551吨，1915年减为125658吨，仅为上一年的54.5%；1916年为145874吨，1917年又

---

① 代鲁：《汉冶萍公司的钢铁销售与我国近代钢铁市场（1908—1927）》，《近代史研究》2005年第6期。

② 《董事会报告》，1913年5月20日，《汉冶萍公司》（三），第521页。

降为 123268 吨，1918 年略增为 149117 吨，仍只是 1914 年进口量的 64.6%。[①] 一战期间汉冶萍主要产品中，生铁和煤的产量有小幅度的上升，便呈现为起伏不定的状态；钢的产量则呈现稳中有降的趋势，铁矿石的产量呈逐年上升（见表 6-18）。

表 6-18　　汉冶萍公司主要产品产量（1912—1926）[②]　　（单位：吨）

年份＼产品	生铁	钢	铁矿石	煤	焦炭
1912	7987	2321	240646	243923	29834
1913	97513	42637	485865	693411	176824
1914	130800	51253	549700	682000	194400
1915	136531	48369	622200	927500	249200
1916	149930	45045	628800	992500	266400
1917	149664	42653	633900	946100	239800
1918	139152	26996	684756	694400	216000
1919	166096	4851	751542	794999	249016
1920	126305	38260	824491	824500	244919
1921	124360	46820	560000	808971	206087
1922	148424		580000	827800	225000
1923	73018		486631	666939	208900
1924	26977		448921	648527	190100
1925	53482		315410		
1926			85732	75715	

汉冶萍公司这种畸形发展原因是多方面的。首先，如前所述，一战期间日本为加强八幡制铁所三期扩张的计划，加强了对其铁矿石和生铁等原料的掠夺，是这两种产品快速增长的主要原因。钢货产品则因欧战期间欧美出口量的减少，在一定时期一定程度上增加汉冶萍的市场份额，由于钢货产品成本和技术要求都比较高，尤其是钢轨基本上依赖国内市场，而民国时期影响国内市场的因素是多方面的，因此导致汉冶萍对该产品的生产

[①] 许涤新、吴承明主编：《中国资本主义发展史》第二卷（下），第 825 页。
[②] 许涤新、吴承明主编：《中国资本主义发展史》第二卷（下），第 825 页。

动力不足，其总体下降的趋势不可避免，1922年便完全消失在汉冶萍的产品清单中，说明此后其逐渐向出售原材料的方向发展（见表6-19）。

表6-19　汉冶萍公司历年运交日本制铁所铁矿石和生铁数量①

（1912—1927）　　　　　　　　　　　　　　　　（单位：吨）

年份	矿石			生铁		
	产量	输日制铁所数量	占产量（%）	产量	输日制铁所数量	占产量（%）
1912	221280	192980	87.2	7989	15752	197.2
1913	459711	273900	59.6	97513	14800	15.2
1914	505140	292400	57.9	130000	15000	11.5
1915	544554	298350	54.8	136531	50936	37.3
1916	557703	284500	51.0	149929	40950	27.3
1917	541699	323495	59.7	149664	49684	33.2
1918	628878	321100	51.1	139152	50000	35.9
1919	686888	356730	51.9	166096	60000	36.1
1920	824490	385950	46.8	126305	75460	59.7
1921	560000	249900	44.6	124360	63300	50.9
1922	580000	294144	50.7	148428	116346	78.4
1923	486631	303650	62.4	73018	57345	78.5
1924	448921	331011	73.7	26977	122306	453.3
1925	315410	361067	114.4	53482	32297	60.4
1926	85732	105215	122.7			
1927	243623	183193	75.2			

编者注：1924年、1925年和1927年输往日本制铁所矿石中包括象鼻山铁矿石，其数量为84872吨、116818吨和29474吨。

其次，民国时期日益恶化的国内政治环境对汉冶萍影响巨大。进入民国后，由于政局的原因，国内对钢轨的需求量减少，而其本身生产成本高，不如直接出售铁矿石和生铁划算，同时汉冶萍与北京政府因为钢轨价格、合同等问题发生龃龉，纠葛不断，如1914年陇海路预扣交通部旧欠轨

---

① 汪敬虞主编：《中国近代经济史（1895—1927）》（下），第1299页。

价 70 万元案①，陇海、张绥、吉长、浦信等铁路 80 余万两的急债到期暂时偿还案②，1916 年又出现川粤铁路合同履行案③。这些都或多或少与当时的政治斗争环境有关，尤其是盛宣怀与当时北洋政府时期的当政者，包括袁世凯及交通部门的掌权人都有过一段非同小可的政治过节，在这样的人事背景下，公司于整个北洋时期向各条铁路兜销钢轨料件时的遭遇，便可想而知。正如汉阳铁厂厂长吴健所指出的那样："梁燕孙（士诒）、叶誉虎（公绰）两公皆系老交通系，梁以凤昔与盛补公有嫌，迁怒公司，遇事多不我直，叶且随之较量。"④ 一战结束后，外国市场钢铁滞销，各国政府解除禁运后大量洋钢纷纷涌入中国，公司面临越发不利的形势。汉阳铁厂厂长吴健担心交通系将"尽买外货，则我术穷矣"；向公司建言，对交通总长叶恭绰要设法疏通，使其"悉泯猜嫌，允予维持方好"；后公司副经理盛恩颐委派商务所长倪锡纯晋谒叶氏，得到的答复却是"惟本部困难，尚望公司并顾兼筹，庶得提携之益"⑤。另外，外国势力的楔入给汉冶萍钢轨销售造成很大困难，如京奉路有笔 3000 吨钢轨的生意，汉厂标价每吨 55 两，但结果却被英国厂家以每吨 75 两中标，路局的理由是该路与英国有借款关系。⑥ 当年正拟继盛宣怀充当公司董事会长的孙宝琦（时为北洋政府审计院长）也忍不住愤懑地说："京奉路轨，舍汉厂五十余两之轨，而购英商七十余两之轨，殊使华商气短，愈令外人生心。"⑦ 所以，虽然北京政府农商部、交通部通饬各路仍向公司订购，以保利权⑧，财政部亦对汉冶萍煤铁产品多次免税⑨，但皆无法从根本上改变其日益恶化的销售环境，矛盾最终都以汉冶萍的妥协而获解决，却大大降低了汉冶萍高层对钢轨生产的意愿（见表 6-20）。

---

① 《盛宣怀致杨士琦函》，1914 年 8 月 4 日，《汉冶萍公司》（三），第 857 页。
② 《盛宣怀致于焌年函》，1914 年 9 月 2 日，《汉冶萍公司》（三），第 868 页。
③ 《公司董事会致交通部函》，1916 年 1 月 6 日，《汉冶萍公司档案选编》（下），第 660 页。
④ 《吴健致公司经理函》，1920 年 8 月 27 日，代鲁《汉冶萍公司史研究》，第 263 页。
⑤ 《叶恭绰复公司函》，1920 年 11 月 20 日，代鲁《汉冶萍公司史研究》，第 264 页。
⑥ 《公司技术课在上海合众机器厂致公司函上的签注》，1925 年 8 月 4 日，转见代鲁《汉冶萍公司史研究》，第 263 页。
⑦ 《孙宝琦致政事堂左丞杨士琦函》，1915 年 4 月 29 日，《汉冶萍公司》（三），第 925 页。
⑧ 《北洋政府农商部饬（第五〇五号）》，1915 年 5 月 26 日，《汉冶萍公司档案史料选编》（上），第 552 页。
⑨ 《汉冶萍公司董事会常会记录》，1912 年 7 月 13 日，《汉冶萍公司》（三），第 297 页。

表 6-20　公司历年销售钢轨料件铁路客户及销售额（1908—1916）①

年份	铁路客户	销数额（洋例银·两）
1908	京汉、苏浙、闽、粤	774068.745
1909		
1910	京汉、京张、苏浙、津浦、广九、道清、长吉	2025416.912
1911		
1912	京汉、京张、津浦、潼洛、粤汉、道清、长吉、同蒲、张绥	1328405.89
1913	京汉、道清、南浔、潼洛、浙江	143499.805
1914	张绥、粤汉、浙江、陇秦、豫海、南浔、漳厦、津浦、萍株	1488531.149
1915	粤汉、道清、浦信、萍株、津浦、陇秦、豫海、沪杭甬	1320376.94
1916	粤汉、道清、张绥、南浔、四郑、沪杭甬	1508849.84

最后，北京政府对钢轨轨式的改变是对汉冶萍公司的最后一击。一战结束后，钢铁价格骤跌，汉阳铁厂停止了钢料的生产，一度恢复了钢轨的经营，但很快造成钢轨大量积压。至 1919 年底，库存钢轨 30000 吨，1920 年达到 44000 吨，1921 年增加到 48000 吨。后因北京政府交通部改变轨式，库存钢轨全部报销，汉冶萍公司损失惨重。② 汉冶萍高层皆认为与其接造轨件，倒不如接造钢料较为合算，原因是钢轨长度须按照铁路尺寸，耗割甚多，而钢料则长短任便；同时客户对钢货十分挑剔。③

除了向政府提供钢轨外，公司还与培昌、徽昌、汉阳兵工厂等小客户发展业务。1921 年 9 月培昌铁号与汉冶萍签订合同，代销汉冶萍钢铁，规定：培昌铁号提供龙烟马丁一号 1100 余吨，二号 500 余吨，两共 1700 余吨，如数向汉冶萍调换翻砂生铁三号，每马丁 1 吨调换翻砂 1 吨，该项调换生铁数目双方如有增减，不得过 10%；二是该项调换之翻砂三号，汉冶萍允分期运沪，其运沪水脚等费概由培昌认付。④ 1925 年 3 月，徽昌铁号与汉冶萍续订代销生铁合同，大冶一号 1000 吨，每吨 30.5 两；大冶二号

---

① 参见汉冶萍公司历届账略。
② 刘明汉主编：《汉冶萍公司志》，第 32 页。
③ 《夏偕复、盛恩颐致公司董事会函》，1917 年 8 月 24 日，《汉冶萍公司档案史料选编》（下），第 663—664 页。
④ 《倪锡纯致夏偕复函》之《附件：合同》，1921 年 9 月 23 日，《汉冶萍公司档案史料选编》（下），第 670 页。

1000 吨，又汉阳三号 500 吨，每吨 28.5 两；大冶三号 1500 吨，第吨 25 两，共计 4000 吨，先付定银三成，交货时照七成付价，定银分期照扣，限四个月内两清。① 1925 年 8 月，华记水泥厂订购二十五磅小钢轨 8 吨，每吨连配件在石灰窑冶矿码头交货，计洋例 68.5 两。② 从 1921—1923 年，汉阳兵工厂向汉冶萍订购钢料数百吨（见表 6-21、表 6-22、表 6-23）。

表 6-21　　　　1921—1923 年公司所承造各铁路钢轨桥梁③　　　（单位：吨）

钢轨	年度	销数	数额
又	1921	又	8200
又	1922	又	14240
又	1923	又	无
桥梁			
又	1921	又	180
又	1922	又	205
又	1923	又	无

表 6-22　　　　1921—1923 年汉阳兵工厂购用钢料、煤焦④　　　（单位：吨）

钢料	年度	销数	数量
又	1921	又	240
又	1922	又	100
又	1923	又	无
煤	—	—	—
又	1921	又	无
又	1922	又	43
又	1923	又	无
焦	—	—	—

---

① 《盛恩颐致倪锡纯函》，1925 年 3 月 31 日，《汉冶萍公司档案史料选编》（下），第 675 页。
② 《赵时骧致盛恩颐函》，1925 年 8 月 14 日，《汉冶萍公司档案史料选编》（下），第 674 页。
③ 《汉冶萍公司事业纪要》，《汉冶萍公司档案史料选编》（上），第 37 页。
④ 《汉冶萍公司事业纪要》，《汉冶萍公司档案史料选编》（上），第 38 页。

续表

钢料	年度	销数	数量
又	1921	又	无
又	1922	又	2932
又	1923	又	3199

表6-23　1921—1923年生铁、港货、煤、焦、矿石、哆啰石等产品的销售①

(单位：吨)

生铁	年度	销数	数量
又	1921	又	12191
又	1922	又	26958
又	1923	又	20612
马丁铁	—	—	—
又	1921	又	无
又	1922	又	505
又	1923	又	995
钢货	—	—	—
又	1921	又	22537
又	1922	又	9080
又	1923	又	2243
煤	—	—	—
又	1921	又	58718
又	1922	又	65245
又	1923	又	51815
焦	1921	又	16837
又	1922	又	22074
又	1923	又	19010
矿石	—	—	—
又	1921	又	100
又	1922	又	无

① 《汉冶萍公司事业纪要》，《汉冶萍公司档案史料选编》(上)，第38—39页。

续表

生铁	年度	销数	数量
又	1923	又	无
哆啰石	1923	又	20

在国外，汉冶萍的钢铁销售市场主要是日本，美国、南洋地区亦有少量销售。一战爆发后，欧洲钢铁在东亚市场销售骤减，而印度大达钢铁厂乘虚而入，迅速抢占了日本市场，而且在上海亦已行销，而汉阳铁厂则无铁可售，"只望洋兴叹耳！"为同大达钢铁厂展开竞争，汉冶萍一方面要保持原有日本的市场份额①，还委托美国大来洋行在美国及英属之哥伦比亚代销所出产品（见表6-24、表6-25）。②

表6-24　　1921—1923年汉冶萍向国外销售铁货情形　　（单位：吨）

生铁	销地	年度	销数	数额
又	日本	1921	又	2100
	美国	又	又	2625
	南洋	又	又	1539
又	日本	1922	又	4907
	香港	又	又	630
又	日本	1923	又	47365
	美国	又	又	2150
	香港	又	又	265
马丁铁	—	—	—	
又	日本	1921	又	63300
	美国	又	又	340
又	日本	1922	又	116345
又	日本	1923	又	63790

---

① 《王勋致公司董事会函》，1914年12月26日，《汉冶萍公司档案史料选编》（上），第550页。

② 《附件：大来洋行代理售铁拟订合同》，《王勋致公司董事会函》，1914年12月26日，《汉冶萍公司档案史料选编》（上），第550页。

表 6-25　1921—1923 年汉冶萍向国外销售钢货和矿石情形

钢货	销地	年度	销数	数额
又	香港	1921	又	10
又	日本	1922	又	2825
又	日本	1923	又	4280
矿石	日本	1921	又	249900
又	日本	1922	又	278100
又	日本	1923	又	303650

　　一战结束后，国际钢铁市场钢铁价格跌落，汉冶萍公司生铁对日销售量大减，价格降低，退货不断。1918 年汉阳一号生铁在东京的市价每吨曾达 435 日元，1919 年则下降为 170 日元，1920 年再跌为 119 日元，钢的价格也相应跌落。① 在此大背景下，日商茂木洋行、铃木洋行、通和洋行或是直接退货，或是以质量、价格等问题拒不付款②，公司于 1920 年 7 月派吴焕荣和叶绪耕为代表的调查团赴日本大阪、神户各处调查，了解退货的原因。调查团得知，一战结束后日本生铁销量虽不能与欧战前相比，但仍然需求强劲，估计平均每年仍需约 60 万吨，大阪一处年销约 40 万吨。大阪一直都是用汉阳铁厂供应生铁，大都江堰市仰赖于三井、高木、铃木等行的供应，但经纪人非但从中收取佣金，甚至有以二号铁冒充一号铁销售的行径，以致各厂均认为汉阳铁厂生铁质量低劣，导致其市场受挫。汉冶萍在大阪设有事务所后，日商均愿与公司直接交易，既免间接之弊，又可省经纪人的佣金。调查团的结论是："至目下市况，殊为萧条，良由棉纱及丝价日落，金融竭蹶，银行截止放款，市面交易阻滞，以致钢铁市场颇受影响。现大阪存货约十余万吨，汉铁约五六万吨，销路杜绝，甚至小工厂因此停工者有之，观察情形，一时难望恢复，我公司此时亦可不必急于售货。"调查结果对汉冶萍生铁产品在日本市场开拓具有一定的参考价值。

　　经过广泛深入的调研，调查团了解到大阪、神户各钢铁厂的生产经营情况。主要有：住友总本店，经营钢厂及矿山事业，为日本钢铁经销之巨擘，与华商业联络密切，同意汉冶萍在大阪设立分销处，并在生意上"格

---

① 谢家荣：《第二次矿业纪要》，第 134 页。
② 《汉冶萍公司档案史料选编》（下），第 665—666 页。

外照应"。目下住友专采瑞典及英国生铁制造最上等钢货,并谓汉铁不合于用,原因是含铜过多及成分不一,现存货尚多,且住友在上海设有办事处,交易亦甚便利。尼崎第二工场,主要制造洋钉、钢丝、角钢、小钢轨、钢条等物,每年需生铁16000吨,拟将西门氏炼钢炉由三座扩张至五座,厂基逼近海岸,运道甚便。住友铸钢所,专为日本铁道省及海陆军制造钢货及军用物资,兼为民间制造一切杂件,有大型西门氏钢炉四座,小炉数座,每年炼钢35万吨,原料以铁屑为主,生铁仅用一小部分。岩井商店和冈谷商店,大阪钢铁巨商,每月销数约3000吨,自有船只往来于上海大阪间,在沪交货十分便利,此前所用汉铁均由三井等提供,此后愿与铁厂直接交易。神户川崎造船所,神户销铁最大机关,年需生铁7万吨,钢板约4万吨,1919年曾向印度订购生铁35万吨,分为五年交货,谓其价极廉,在印度交货每吨只英金六镑。该厂之意是,拟俟合同期满续购汉铁。[①] 可见,一战后汉冶萍的钢铁销售虽遇到很大困难,但在日本仍有继续开拓的空间。

  1920年底,汉冶萍的钢铁销售状况继续恶化。1920年日本东方公司取消与公司订购的生铁1400余吨,理由是"钢料品质不良,各买主不允收受,短少者要求补制,未提者要求取销"[②]。1920年汉阳铁厂厂长吴健在美国考察机器,与培尔福公司签订生铁销售合同,先后出售生铁8800余吨,实收美金45万余元,内有 A 字 458 号合同马丁生铁 1000 吨及 A 字 494 号合同一号生铁 500 吨,均以成分与样本不符经买主剔退,不得已商由该公司就地代销。[③] 面对如此窘况,夏偕复致函公司董事会,分析了公司将来销售可能要面临的困难:公司年产铁在15万吨左右,今年大冶的冶铁炉开炉后,预计将增至20万吨。根据最近十年的统计结果表明,国内销数充其量年销不过3万吨,其余只得向国外推销,而欧美各国大半供过于求,不仅外铁无法进入,而且还有余额竞销于东亚市场,因此所恃者"厥惟日本"。然就日本现状而论,欧战而后,其本国的铁厂如兼二浦、轮西、

---

  ① 《吴焕荣致夏偕复、盛恩颐函》之《附件:调查报告书》,1920年7月29日,《汉冶萍公司档案史料选编》(下),第668页。
  ② 《倪锡纯致夏偕复、盛恩颐函》,1920年11月15日,《汉冶萍公司档案史料选编》(下),第669—670页。
  ③ 《倪锡纯致夏偕复函》,1921年12月27日,《汉冶萍公司档案史料选编》(下),第670页。

釜石、鞍山等，每年产额60余万吨，而销额年仅20余万吨，"本可不假外求，只以铁砂原料由外输入，成本较高，故本公司所产之铁，尚得于彼国市场争得一部分之销路"。另外，印度铁也在日本寻找市场，"足为我铁之敌"，只因本公司与日本具有历史关系，故历年以来尚得有充分发展，总计上年国内所销之数仅为2.1万余吨，美国方面数百吨，日本方面13.7余吨。目下印度生铁在东京交货，每吨50元左右，以此次售予三井之价比较，尚无甚出入。国外售价必视国际市场之趋势为标准，非汉冶萍所能自由操纵。至国内定价，向来较国外行市为高，但是也视本国行情。现在钢铁市场日趋疲软，售价本须减落，因本年抛出之铁，尚有未至交货之期，目下骤见松支动，担心客户对以前所订合同发生纠葛。此次售与美商培尔福100吨，每吨规元34两，日商三井1500吨，每吨规元32两，数有多寡，价有上下，可见外市之概况，不过难以国内行情牵引比附。①

鉴于此，夏偕复向董事会提出如下三种解决办法。

一是维持国内钢铁价格。1919年世界铁价已跌至35两以下，公司输往国外的生铁将不得不随世界趋势为转移，据此已无利可图。如国内市价以国际市价为标准，则失之过低，使公司徒受损失，对销路并无裨益；如国内市价不以国际市价为参照，则失之过高，外铁则乘机而入，于销路多有妨碍，因此一方面要维持市价，同时抵御外铁，使公司得到比较好的价格。这就是1916—1919年国际钢铁市场江河日下的情况下，国内价格仍在44两左右的原因。

二是扩充国内销路。1918年公司在国内销售的生铁仅7000余吨，1919年为8000余吨，至1920年则增至17000余吨，同时还以较高价格抛售给陇海、京绥线钢轨20000余吨，至1922年生铁销路达到20000余吨，当此国外市场价疲敝，国内市价较优之时，于国内多销一吨，即多获一吨之利益。

三是推广国外销路。公司1922年产生铁14万—15万吨，而国内销售至多不过2万余吨，其余10余万吨向恃日本为尾闾；但近年来，日本已成为世界钢铁竞售的市场，价格既低下，且销路又滞，因此不得不另开辟如

---

① 《夏偕复致公司董事会函》，1923年7月3日，《汉冶萍公司档案史料选编》（下），第672页。

美国培尔福，香港新兴记等市场，并已先后销售1万余吨，将来逐渐推广，有益于营业前途。①

1923年，公司财政状况更加恶化，在煤焦、矿石、生铁、钢料产品中，其中煤焦专供自用，矿石除以约30万吨供给日本，价值约100万日元，抵付借款利息外，余亦自用；钢料已经停止生产；公司所有进款只有生铁一项。而所生产马丁铁、翻砂铁等共计304.5万两。② 汉阳铁厂和大冶铁厂相继停火后，日本不再要求汉冶萍提供生铁，而是完全以提供铁矿石偿还债务，1924年9月，东亚通商株式会社与汉冶萍公司签订合同，转售铁矿矿砂予八幡制铁所。③ 如此一来，汉冶萍就成为一个靠向日本出售铁矿石继续苟延残喘的企业，完全沦为八幡制铁所的原料基地。

由于缺乏一套较为完整的产业链，汉冶萍的产品多是低端的初级产品，附加值不高，产品竞争力不强，销售受到很大的制约。在所有产品中，铁矿石是能盈利的产品，却受制于历次与日本签订的借款合同，长期只能以低于市场的价格出售给日本；煤炭的情形类似，亦能盈利，却因主事者缺乏长远的战略眼光，将其定位于服务汉阳铁厂，致使其本应拥有的市场份额逐渐被开滦煤、日本煤和越南煤所蚕食，局限于长江中游之一隅；钢轨的市场在国内，无时不受到国内政局的左右，而民国时期政局混乱、战争频仍、工潮迭起等对其影响甚巨，结果导致汉冶萍长期亏损，少有盈利，生存发展极为艰难。汉冶萍公司在清末处于建设和发展阶段，长期处于亏损状态，只有1909年和1910年盈余79551元。1911年则亏空230余万元，1906—1911年共计亏银720余万元。1916年方因一战的原因真正开始扭亏为盈，可惜这种好景只持续到1919年，仅仅维持了短短四年。一战结束后，生产和经营一落千丈，汉阳铁厂和大冶铁厂的停产标志汉冶萍公司走向没落和失败（见表6–26）。

---

① 《夏偕复致公司董事会函》，1923年7月28日，《汉冶萍公司档案史料选编》（下），第674页。
② 《附件：意见书》，《夏偕复致公司董事会函》，1923年8月30日，《汉冶萍公司档案史料选编》（下），第71—72页。
③ 《汉冶萍公司与东亚通商株式会社合同》，1924年9月25日，《汉冶萍公司档案史料选编》（下），第674页。

表6-26　　**汉冶萍公司历年盈亏额统计（1908—1923）**①

年份	盈亏	
	洋例银（两）	合银元（元）
1908		+61883.50
1909	+10934.375	+15400.53
1910	+45547.713	+64151.71
1911	-1634065.603	-2301500.85
1912	-2039173.615	-2872075.52
1913	-1092256.772	-1538389.82
1914	-71687.261	-100967.97
1915	-275555.213	-388105.93
1916		+1878496.83
1917		+2801872.20
1918		+3779904.47
1919		+2918463.63
1920		-1279588.44
1921		-511835.03
1922		-3666876.36
1923		-2952609.86

三　专门促销与营销机构的设立

（一）商务所的设立

1908年汉冶萍正式改制组建股份有限公司，成为"完全商办"公司的最初几年，在销售方面，只设立了"办事员"，其中有关商务方面的规定是："汉口总公司管理商务正、副二人，上海总公司管理商务一人，应由董事局公举，专管购办厂矿应用一切物料，销售钢铁煤焦"，汉厂和萍矿各设"商务员一人"，也"应由董事局公举"。② 进入民国以后，公司由总经理（协理）负责制改为董事会负责制，各专门机构开始设立并健全，"在辛亥以前，事权集于总、协理，办事实权皆在汉阳"；"辛亥以后，经

---

① 刘明汉主编：《汉冶萍公司志》，第125页；汪敬虞主编：《中国近代经济史（1895—1927）》（下），第1297页。
② 《公司推广招股详细章程》，1908年4月，《汉冶萍公司档案史料选编》（上），第258页。

董事会议定,在沪设立总事务所,总经理即驻上海,居中调度,分设商务、矿务、会计等所,各派所长各司其职。规模虽稍觉恢张,而权限实得其要领"①。自此,总公司的董事会、总经理处及各部门与各厂矿间的领属关系,始得以理顺,对生铁钢货等产品的营销,逐渐步入正轨。

1912年,上海总事务所下设"商务所",为公司专门负责采购和销售业务的机构。"凡属本公司经商一门,悉归擘画。"② 1918年,公司进行机构改组,决定成立专事销售的商务所销售股,制定办事细章如下:(1)本公司之出品,均归该股售销;(2)该股对于本公司出品之出额,除各厂矿自用外,应可出售若干,每年拟定预算(须根据于各厂矿之出货预算),随时按照市价觅销,如有大宗抛售者,由股长商准所长,报明经理方得订定,并通告会计所,以定收入之预算;(3)该股须随时探听汉、沪、美国及日本铁价及日本煤市,以酌定我出品之售价,如须随市增减,由股长随时商明所长,按市核定;(4)该股售货,固宜推广,但须求得比较的善价,尤不可贪做多抛,以免有交货不及,反正交涉之虑。如系钢料,沪无现货者,必须电询汉厂,如有现货或可接造,方宜订定;(5)每售货交货,仍照旧分别填写报单,分别报告;(6)凡买客订购期货,除大铁号、大洋行等,不许付定银外,其余买客,均宜酌收定银一至三成,由股长酌看情形与客商定;(7)本国、外国煤铁市面情形,每月一次,由该股协助所长或副所长,详细调查,汇报经理,及调查本国、外国钢铁销行品及数目,详细列表,一同汇报;(8)如将来于他埠设有商务分所时,各分所之售销报告函件,均由该股核办。③ 专设销售股,表明公司对销售的重视,使得销售业务有专门的机构和人员负责;销售股不仅要从事国内外销售业务,而且还有刺探销售情报的义务。

因"商务所为本公司唯一之营业机关,举凡国内外售销货品均属该所职掌范围",但自6月裁撤武汉萍矿运销局改设运输所以来,"运务虽就统一",但销售煤焦现由裁局之卢鸿昶设所批发,销售钢铁仍由汉厂商务股

---

① 《公司股东联合会公启》,1915年8月11日,《汉冶萍公司档案史料选编》(上),第420页。
② 《公司董事会致商务所长王勋函》,1912年4月26日,《汉冶萍公司档案史料选编》(上),第424页。
③ 《公司商务所分股办事细章》,1918年3月8日,《汉冶萍公司档案史料选编》(下),第315页。

管理，导致"事权不一，统系亦淆，管理上已失统一之方"。就在1918年改组商务所之际，公司在各地设立直隶于商务所的分销处，同时将武汉销售钢铁煤焦事务归并该处。1919年8月19日，在夏偕复、盛恩颐的推荐下，公司董事会任用辛耀庠负责商务所驻汉分销处，并与汉厂运输所各长及卢鸿昶接洽一切。① 其办事章程为：

> 第一条　驻汉分销处应归商务所管辖，承办左开业务：一、专管武汉三处售销钢铁煤焦事宜；二、调查报告市面情形；三、商务所特别委任事项；四、各厂矿委托采购物料。萍矿、冶矿及冶厂时有零星各项物件在汉口购买，萍矿系托运输所代办，冶矿则采办员自行赴汉，冶厂且有驻汉采办处专司其事，现公司既在汉口特设机关，此后各厂矿有须在汉购办物料，自应责成经办，以免纷歧，而资撙节，惟物品之优劣及价值之贵贱，仍应由各厂矿核定，庶免专擅冒滥诸弊。
>
> 第二条　分销处设处长一人，处员四人。处员由处长陈请商务所长报明总、副经理任用之，但遇必要时，处长得以雇用临时雇员，至多不得过二人。
>
> 第三条　处长听商务所长之指挥，承办分销处一切业务，负其责任。处员听处长指挥办事。
>
> 第四条　分销处经管销售事宜，依照左开办法：一、处长对于零星销售有按照市价便宜行事之权，惟每次钢铁交易价额如超过三千两，煤焦交易价额如超过一千两，须请示所长核准，方能定夺。以上价格限制，仅指一客一次交易而言，倘一客于一星期内连买数次，价额总数竟超出限定银数，则处长须预先注意随时报告所长核行。二、购户定货，须印发合同六份，除分处暨购户各执一份外，其余四份，一交商务所，一交会计处，一交汉厂，一交运输所。②

之所以设立驻汉分销处，汉阳铁厂的钢铁可就近销售，节省运费开支。另外，武汉是湖北政治经济中心，人口众多、物产丰富、生意繁盛，

---

① 《夏偕复、盛恩颐致公司董事会函》，1919年8月19日，《汉冶萍公司档案史料选编》（下），第316页。

② 《附件一：商务所驻汉分销处办事章程》，《汉冶萍公司档案史料选编》（下），第316页。

尤其汉口是全国四大商业名镇之一，自19世纪60年代开埠通商后，"贸易年额一亿三千万两，凤超天津，近凌广东，今直位于清国要港之二，将进而摩上海之垒，使视察者艳称为东方之芝加哥"①。

（二）东方商运公司

汉冶萍最初在日本的售铁购煤事宜皆委托于日商三井洋行，其售铁佣金为2.5%（1913年减至2%），购煤为3%。1913年，公司顾问高木陆郎负责东京商运公司，愿承担公司在日本的售铁购煤，其售铁和购煤佣金分别为1.5%和1%，较三井低，每年可为公司节省上万元。②董事会批准这一合作方案，并嘱托商务所与之妥议。③ 12月13日，汉冶萍公司与东方商运公司正式签订煤铁批发转运合同，规定："一、商运公司允认于资本总额内将其半数之股份归汉冶萍所有，凡商运公司营业上所获一切利益，按股均分。二、商运公司之营业，除关于汉冶萍公司者已另订合同外，兼及各项营业，汉冶萍公司既认为最大股东之名分，凡汉冶萍公司范围内所能办到之事，愿竭力帮助商运公司。"④ 通过与东方商运公司的合作，汉冶萍公司打破了三井洋行长期对煤铁销售的垄断，减少了中间环节，节省了费用，提高了效益。

1918年，东方商运公司提出，交售日本的铁矿石改在汉冶会磅，取消佣金，要求以别项利益补偿。公司董事会决定将汉冶萍所拥有东方公司股票及公积金全数退还，取消其代理合同。⑤ 东方公司致函汉冶萍公司董事会长孙宝琦，对移交股票和公积金表示反对。⑥ 经过反复交涉，双方最终同意，东方商运公司共欠汉冶萍1444484日元，（1）银行三月汇票489816.285元、（2）即期现款364852.39日元、（3）一年期票100000日

---

① 皮明庥主编：《武汉通史·晚清卷》（上），武汉出版社2006年版，第298页。
② 《公司董事会临时会议案》，1913年12月1日，《汉冶萍公司档案史料选编》（上），第555页。
③ 《公司董事会致商务所函》，1913年12月5日，《汉冶萍公司档案史料选编》（上），第556页。
④ 《合办东方商运公司合同》，1913年12月13日，《汉冶萍公司档案史料选编》（上），第556页。
⑤ 《公司董事会致夏偕复、盛恩颐函》，1918年8月10日，《汉冶萍公司档案史料选编》（下），第691页。
⑥ 《东方公司致孙宝琦函》，1918年8月30日，《汉冶萍公司档案史料选编》（下），第691页。

元和（4）一年期票 100000 日元，共计 1054668.675 日元，尚有 389816.285 日元全部免除。① 双方合作合同正式解除。

（三）东京事务所

代理汉冶萍公司销售的东方公司合同解除后，在日本设立事务所成为当务之急。最先设立的是东京事务所。因公司"岁销日本钢铁为数甚巨，前之东方代理业经取消，亟应在日组设出张所，俾商情市况，消息时通，得资应付"。1919年3月公司经理夏偕复推荐"洞悉商情，精于会计"的大冶铁矿会计孙河环任出张所所长职务②，获得了董事会的批准③。随后将设该所于东京赤坂区冰川町四十五番地方，设所长一人，所员四人。所长一职为"一部分之领袖，负在外营业之责任"。孙河环毕业于日本高等商校，"对于商务原则具有研究"，且自服务公司以来，"办事稳练精详"，堪以委任为该所所长。④ 孙委任日人稻村笃太郎为营业兼会计员，王正茹为营业兼庶务员，吴季敏为营业兼收支员，孙佐琳为文书兼管卷员。⑤ 不过，孙出任所长不到一年，不知何故，所员和所长纷纷辞职，公司又委任毕业于东京帝国大学冶金专业的商务所采买股股长吴焕荣署理所长。东京事务所设立后，销售业绩非常明显，1921年营业额只有15万元，1922年便增至100余万元，1923年猛增至300万元。东京事务所的营销业绩对汉冶萍公司的地位和影响产生了重要作用，增加了其与制铁所和正金银行做押汇的筹码。⑥

为适应销售形势，1925年3月在公司经理盛恩颐的建议下，东京事务所迁往大阪，这是因为"自民国十年，运日生铁销数日渐增多，业务扩

---

① 《夏偕复、盛恩颐致公司董事会函》，1919年7月31日，《汉冶萍公司档案史料选编》（下），第693页。

② 《夏偕复致孙天孙函》，1919年3月26日，《汉冶萍公司档案史料选编》（下），第329页。

③ 《公司董事会致夏偕复、盛恩颐函》，1919年7月3日，《汉冶萍公司档案史料选编》（下），第330页。

④ 《夏偕复致公司董事会函》，1919年6月19日，《汉冶萍公司档案史料选编》（下），第329页。

⑤ 《倪锡纯致夏偕复、盛恩颐函》，1919年9月30日，《汉冶萍公司档案史料选编》（下），第331页。

⑥ 《夏偕复致公司董事会函》，1923年7月14日，《汉冶萍公司档案史料选编》（下），第332页。

张,所事殷繁",而日本工厂多在大阪,故业务主要在大阪,而东所距离大阪太远,鞭长莫及,故在大阪设立临时出张所,"专司交货收款事宜"。而且自大阪分所成立以来,"东所几形同骈枝",故将东京事务所迁至大阪,于"营业经济方面两有裨益"①。随后,董事会批准了该建议,并命令叶绪耕关停东京事务所。将大阪事务所地址择定大阪市北区中之岛二丁目十五番地,系久原矿业株式会社大阪支店内木造二层楼西北角一室,面积136.5平方尺,房屋每月日金182元,地处商业中枢,交通邮递均极为便利,与正金及兴业分行相隔不远。汉阳铁厂和大冶铁厂相继停产后,大阪出张所被裁撤,"所有大阪市西北掘江三番町五十二番地办公处房屋即日退租,将文件什器一并移交中之岛新事务所"②。

(四)伦敦和北京事务所

公司在英国伦敦设有事务所,不是从事产品销售,而是专事在欧洲的料件购买。先前公司在伦敦设有事务所,委派英人彭脱办理,是为照顾公司在英国所订购机件。③但至1916年,公司在英国设立事务所遇到了困难,因为英国政府规定:凡外国公司在英设有营业机关,须将其公司章程由原注册官署证明呈报,始准在英国营业,否则一律取缔。为此,公司董事会致北洋政府农商部函称:公司以前因每年厂矿所需洋料甚多,特在英国伦敦设立采办机关,雇用英人阿哈辣驻英专司其事,"历有年所,深资得力"。公司拟将注册全案并章程汇订一册,寄呈农商部,"请在册后批明:本部核与在部注册原案一致相符,足为该公司注册之证明"④。大冶铁厂工程完工后,公司在英国采购洋料的业务逐渐减少,遂于1924年裁撤伦敦事务所。⑤

公司在北京虽无销售业务,但为加强在京官场的交际,在此亦设立一

---

① 《盛恩颐致公司董事会函》,1925年3月14日,《汉冶萍公司档案史料选编》(下),第332页。
② 《叶绪耕致盛恩颐函》,1925年7月14日,《汉冶萍公司档案史料选编》(下),第333页。
③ 《夏偕复、盛恩颐致公司董事会函》,1924年4月30日,《汉冶萍公司档案史料选编》(下),第335页。
④ 《公司董事会致农商部函》,1916年8月14日,《汉冶萍公司档案史料选编》(下),第334页。
⑤ 《夏偕复、盛恩颐致公司董事会函》,1924年4月30日,《汉冶萍公司档案史料选编》(下),第335页。

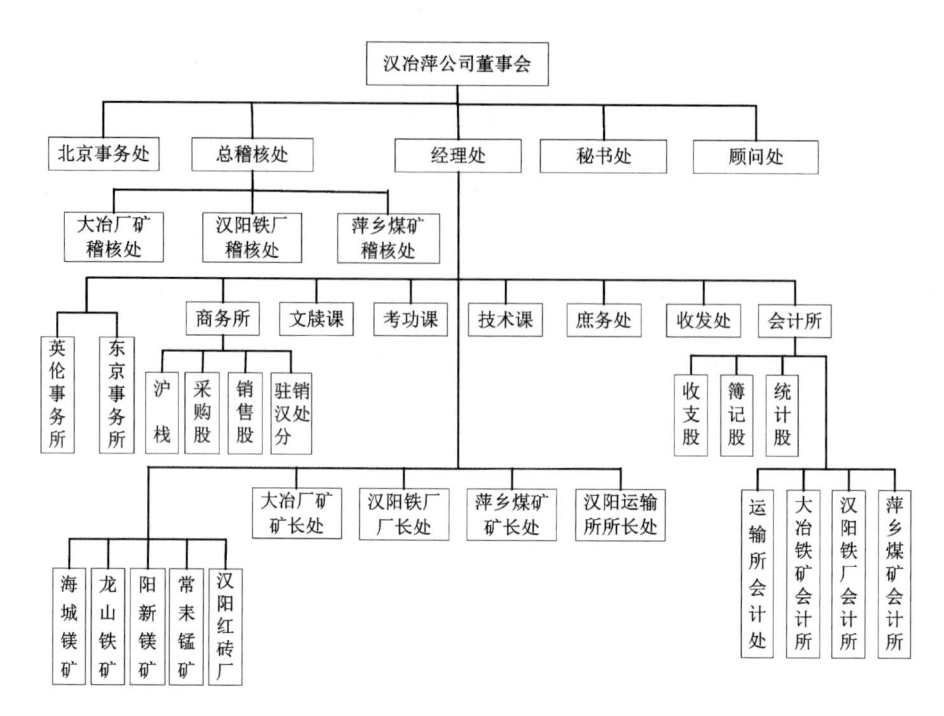

图 6–1　1924 年汉冶萍公司组织机构图

资料来源：刘明汉主编：《汉冶萍公司志》，第 107 页。

事务所。公司原设立总公司秘书驻京办事员，进入民国后，对北洋政府的依赖进一步加强，采煤冶铁炼钢制轨等虽属商业性质，但"与官场接交之事甚多"，公司决定在北京设立事务所，"遴员经理，以便遇事与部、省各机关接洽商办"。先前之总公司秘书驻京办事员改任为汉冶萍公司驻京事务所经理，秘书薪水改为经理津贴、交际等费，薪水在先前 70 元的基础上另加 150 元，共洋 220 元。① 驻京事务所的职责是内与各部接洽，外与各路局联络。

---

① 《公司董事会致王晋孙函》，1916 年 9 月 26 日，《汉冶萍公司档案史料选编》（下），第 327 页。

主要参考文献

一 资料类

陈维等编：《萍乡安源煤矿调查报告》，江西省政府经济委员会1935年编印。

陈旭麓等编：《湖北开采煤铁总局、荆门矿务总局》，上海人民出版社1981年版。

陈旭麓、顾廷龙、汪熙主编：《汉冶萍公司》（3册），上海人民出版社1984、1986、2004年版。

陈旭麓主编：《辛亥革命前后》，上海人民出版社1979年版。

陈学恂、田正平编：《中国近代教育史资料汇编·留学教育》，上海教育出版社1991年版。

陈玉庆：《国民政府清查整理招商局委员会报告书》，社会科学文献出版社2014年版。

陈真主编：《中国近代工业史资料》第3、4辑，生活·读书·新知三联书店1961年版。

傅文龄主编：《日本横滨正金银行在华活动史料》，中国金融出版社1992年版。

顾琅：《中国十大厂矿调查记》，商务印书馆1916年版。

湖北省档案馆编：《汉冶萍公司档案资料选编》（2卷），中国社会科学出版社1992、1994年版。

黄仁贤、高时良主编：《洋务运动时期教育》，上海教育出版社2007年版。

琚鑫圭、童富勇、张守智编：《中国近代教育史资料汇编》（实业教育·师范教育），上海教育出版社1994年版。

《李鸿章全集》，时代文艺出版社1998年版。

柳和诚编：《叶景葵年谱长编》，上海交通大学出版社 2017 年版。

宓汝成主编：《中国近代铁路史资料》（3 册），中华书局 1963 年版。

沈家五编：《张謇农商总长任期经济资料选编》，南京大学出版社 1987 年版。

沈云龙主编：《三水梁燕孙先生年谱》（上），文星书店 1962 年版。

盛宣怀：《愚斋存稿》，沈云龙主编《近代中国史料丛刊续编》（十三），第 122—125 册。

孙毓棠编：《中国近代工业史资料（1840—1895）》第 1 辑，科学出版社 1957 年版。

汪敬虞编：《中国近代工业史资料（1895—1914）》第 2 辑，中华书局 1962 年版。

王尔敏等编：《盛宣怀实业函电稿》（上、下），"中研院"近代史研究所 1993 年。

吴剑杰编：《张之洞年谱长编》，上海交通大学出版社 2009 年版。

武汉大学经济系编：《旧中国汉冶萍公司日本关系史料选辑》，上海人民出版社 1985 年版。

夏东元编：《盛宣怀年谱长编》，上海交通大学出版社 2004 年版。

夏东元编：《郑观应集》，上海人民出版社 1988 年版。

夏东元编：《郑观应年谱长编》，上海交通大学出版社 2009 年版。

徐义生主编：《中国近代外债史统计资料》，中华书局 1962 年版。

薛福成：《出使英法意比四国日记》，岳麓书社 1985 年版。

苑书义、孙华峰、李秉新主编：《张之洞全集》，河北人民出版社 1998 年版。

中国史学会主编：《洋务运动》（6—8 册），上海人民出版社 1961 年版。

［美］丁格兰：《中国铁矿志》，《地质专报》甲种下，1923 年。

二 专著类

曹汝霖：《一生之回忆》，春秋杂志社 1966 年版。

陈庆发：《商办到官办：萍乡煤矿研究》，中国社会科学出版社 2015 年版。

陈旭麓、顾廷龙、汪熙主编：《中国通商银行》，上海人民出版社 2000 年版。

代鲁：《汉冶萍公司史研究》，武汉大学出版社2013年版。
杜恂诚：《民族资本主义与旧中国政府》，上海社会科学院出版社1991年版。
樊百川：《清季的洋务新政》，上海书店出版社2003年版。
樊百川：《中国轮船航运业的兴起》，四川人民出版社1985年版。
方显廷：《中国工业资本问题》，商务印书馆1939年版。
方一兵：《汉冶萍公司与中国近代钢铁技术移植》，科学出版社2011年版。
费正清编：《剑桥中国晚清史（1800—1911）》（下），中国社会科学出版社1985年版。
冯天瑜、何晓明：《张之洞评传》，南京大学出版社1991年版。
高家龙：《大公司与关系网——中国境内的西方、日本和华商大企业（1880—1937）》，程麟荪译，上海社会科学院出版社2002年版。
郭道扬编：《中国会计史稿》，中国财政经济出版社1988年版。
贾士毅：《湖北财政史略》，上海商务印书馆1937年版。
江满情：《中国近代股份有限公司形态的演变——刘鸿生企业组织发展史研究》，华中师范大学出版社2007年版。
金士宣等编：《中国铁路发展史（1876—1949）》，中国铁道出版社1986年版。
李细珠：《张之洞与清末新政》，上海书店出版社2009年版。
李玉：《北洋政府时期企业制度结构史论》，社会科学文献出版社2007年版。
李玉勤：《晚清汉冶萍公司体制变迁研究》，中国社会科学出版社2009年版。
李玉：《晚清公司制度建设研究》，人民出版社2002年版。
刘明汉主编：《汉冶萍公司志》，华中理工大学出版社1990年版。
罗福惠：《湖北通史·晚清卷》，华中师范大学出版社1999年版。
罗荣渠：《现代化新论——世界与中国的现代化进程》，中国出版集团、商务印书馆2009年版。
皮明庥主编：《武汉通史·晚清卷》（上），武汉出版社2006年版。
萍乡矿务局志编纂委员会：《萍乡矿务局志》，萍乡矿务局志编纂委员会1998年内部刊印。

全汉昇：《汉冶萍公司史略》，香港中文大学1972年版。
全汉昇：《中国经济史研究》（二），中华书局2011年版。
沈祖炜主编：《近代中国企业：制度和发展》，上海人民出版社2014年版。
宋亚平：《湖北地方政府与社会经济建设（1890—1911）》，华中师范大学出版社1995年版。
田子渝、黄华文：《湖北通史·民国卷》，华中师范大学出版社1999年版。
汪敬虞主编：《中国近代经济史（1895—1927）》（下），经济管理出版社2007年版。
王亚南：《中国半封建半殖民地经济形态与新民主主义经济形态研究》，福建教育出版社1988年版。
王芸生编：《六十年来中国与日本》第6卷，生活·读书·新知三联书店2005年版。
武钢大冶铁矿矿志办公室编：《大冶铁矿志（1890—1985）》第一卷（上），1986年内部刊印。
夏东元：《盛宣怀传》，上海交通大学出版社2007年版。
夏东元：《洋务运动史》，华东师范大学出版社1992年版。
许涤新、吴承明等主编：《中国资本主义发展史》第二卷，人民出版社2005年版。
许毅：《从百年屈辱到民族复兴》第2卷，经济科学出版社2006年版。
严中平主编：《中国近代经济史（1840—1894）》，人民出版社2001年版。
杨荫溥：《民国财政史》，中国财政经济出版社1985年版。
杨勇：《近代中国公司治理——思想演变与制度变迁》，上海世纪出版集团2007年版。
杨再军：《晚清公司与公司治理》，商务印书馆2006年版。
易惠莉：《郑观应评传》，南京大学出版社1998年版。
虞和平主编：《中国现代化历程》第一卷，江苏人民出版社2001年版。
云妍：《近代开滦煤矿研究》，人民出版社2015年版。
曾鲲化：《中国铁路史》，燕京印书局1924年版。
张国辉：《洋务运动与中国近代企业》，中国社会科学出版社1979年版。
张后铨：《汉冶萍公司史》，社会科学文献出版社2014年版。
张后铨主编：《招商局史（近代部分）》，人民交通出版社1988年版。

张忠民等：《近代中国的企业、政府与社会》，上海社会科学院出版社 2008 年版。

张忠民等：《南京国民政府时期的国有企业（1927—1949）》，上海财经大学出版社 2007 年版。

张忠民：《艰难的变迁——近代中国公司制度研究》，上海社会科学院出版社 2002 年版。

郑润培：《中国现代化历程——汉阳铁厂（1890—1908）》，台湾新亚研究所、文星图书有限公司 2002 年版。

中国交通会计学会、交通部财务会计司编：《招商局会计史（1872—1992）》（上），人民交通出版社 1994 年版。

《中国近代煤矿史》编写组：《中国近代煤矿史》，煤炭工业出版社 1990 年版

周志初：《晚清财政经济研究》，齐鲁书社 2002 年版。

朱荫贵：《国家干预经济与中日近代化》，东方出版社 1994 年版。

左世元：《汉冶萍公司与政府关系研究》，中国社会科学出版社 2016 年版。

［美］陈锦江：《清末现代企业与官商关系》，王笛等译，中国社会科学出版社 1997 年版。

［美］费维恺：《中国早期工业化——盛宣怀（1844—1916）和官督商办企业》，虞和平译，中国社会科学出版社 1990 年版。

［美］费正清、赖肖尔主编：《中国传统与变革》，陈仲丹、潘兴明、庞朝阳译，江苏人民出版社 2012 年版。

［美］柯文：《在中国发现历史——中国中心观在美国的兴起》，林同奇译，中华书局 2010 年版。

［美］雷麦：《外人在华投资》，蒋学楷、赵康书译，商务印书馆 1959 年版。

［日］渡边公平：《日本钢铁工业》，吴杰译，上海译文出版社 1980 年版。

［英］肯德：《中国铁路发展史》，李抱宏等译，生活·读书·新知三联书店 1958 年版。

三　期刊论文类

车维汉：《论近代汉冶萍公司的衰败原因》，《辽宁大学学报》1990 年第

1 期。

代鲁：《汉冶萍公司的钢铁销售与我国近代钢铁市场（1908—1927）》，《近代史研究》2005 年第 6 期。

冯筱才：《科学管理、劳资冲突与企业制度选择：以 1930 年代美亚织绸厂为个案》，《史林》2013 年第 6 期。

郭莹、杨洋：《汉冶萍公司包工制及其变革述论》，《中国社会经济史研究》2018 年第 3 期。

经江：《解放前上海造船工业中的包工制度》，《学术月刊》1981 年第 11 期。

李海涛：《清末汉冶萍公司对美国市场的开拓及影响》，《江西社会科学》2019 年第 10 期。

李海涛：《清末汉冶萍公司资金结构变迁初探》，《湖北理工学院学报》2018 年第 5 期。

李海涛：《清末民初汉冶萍公司与八幡制铁所比较研究——以企业成败命运的考察为中心》，《中国经济史研究》2014 年第 3 期。

李海涛：《清末民初萍乡煤矿的市场角色转换及其历史启示》，《中国经济史研究》2018 年第 1 期。

李培德：《汉冶萍公司和八幡制铁所——中日近代科技交流的努力与挫折》，《日本研究》1989 年第 1 期。

李玉：《北洋政府时期股份有限公司董事会制度研究》，《江海学刊》2007 年第 3 期。

李玉：《关于中国近代企业制度研究的若干思考》，《江海学刊》2015 年第 10 期。

李玉：《晚清"官督商办"企业制度的"跷跷板"效应》，《南京社会科学》2016 年第 4 期。

马俊亚：《中国近代城市劳动力市场社会关系辨析——以工人中的帮派为例》，《江苏社会科学》2000 年第 5 期。

熊昌锟：《论近代中国工业化过程中的企业资本筹集——以萍乡矿局官钱号为例》，《清史研究》2020 年第 6 期。

杨洋：《汉冶萍公司技术自主权探析——以技术人才的培养和使用为中心》，《学术研究》2020 年第 4 期。

杨洋：《汉冶萍公司留学生技术人才培养与技术自主能力述论》，《中州学刊》2020 年第 4 期。

杨洋：《晚清时期企业体制变迁及现代化审视——以汉阳铁厂"招商承办"之再思考》，《安徽史学》2020 年第 4 期。

杨洋：《中国近代企业用人制度的构建及现代转型考察——以汉冶萍公司（1890—1938）为中心》，《社会科学研究》2019 年第 3 期。

杨洋：《中国近代企业职员管理现代化趋向研究（1890—1938）——以汉冶萍公司职员的招收和退出管理为中心》，《江汉论坛》2019 年第 2 期。

叶磊：《日本对汉冶萍借款模式的形成——以煤铁互售交涉案为中心的探讨（1898—1899）》，《史林》2020 年第 4 期。

张国辉：《论汉冶萍公司的创建、发展和历史结局》，《中国经济史研究》1991 年第 2 期。

张忠民：《汉阳铁厂早期（1890—1896）的企业制度特征》，《湖北大学学报》2017 年第 4 期。

赵葆惠：《张之洞与汉阳铁厂》，《齐鲁学刊》1988 年第 2 期。

赵晓雷：《盛宣怀与汉冶萍公司》，《史学月刊》1996 年第 5 期。

周少雄、姜迎春：《工业文明植入与传统社会阶层的嬗变——以大冶铁矿的开发为例（1890－1937 年）》，《湖北师范学院学报》2010 年第 3 期。

朱荫贵：《从 1885 年盛宣怀入主招商局看晚清新式工商企业中的官商关系》，《史林》2008 年第 3 期。

朱荫贵：《试论汉冶萍发展与近代中国资本市场》，《社会科学》2015 年第 4 期。

左世元：《李烈钧与萍乡煤矿》，《中国国家博物馆馆刊》2021 年第 1 期。

左世元：《孙宝琦与汉冶萍公司》，《中国国家博物馆馆刊》2020 年第 2 期。

左世元：《张謇与汉冶萍公司——兼论张謇的日本认识》，《中国国家博物馆馆刊》2019 年第 6 期。

四 学位论文类

李海涛：《近代中国钢铁工业发展研究（1840—1927）》，博士学位论文，苏州大学，2010 年。

李雨桐：《日本对中国东北矿产资源的调查与掠夺（1905—1931）》，博士学位论文，东北师范大学，2015年。

杨洋：《汉冶萍公司用人制度及实践研究（1890—1938）》，博士学位论文，湖北大学，2018年。

后　记

　　本书是我在 2017 年申报的教育部规划项目"汉冶萍与近代公司治理实践研究（1890—1925）"的最终成果。在项目申报过程中，得到了华中师范大学历史文化学院罗福惠教授、孙泽学教授、魏文享教授的精心指导。本书在撰写过程中，邀请了安徽工程大学李海涛博士写作了第三章，三峡大学杨洋博士写作了第二章第一节和第五章，湖北理工学院吴秀平老师写作了第四章的内容。李海涛博士和杨洋博士都是汉冶萍公司史研究的专家，在百忙之中写作部分内容，为本书增色不少。在此，对上述所有专家的付出一并表示最诚挚的谢意。

左世元

2021 年 5 月